一代直声 百年尽瘁

梁漱溟乡村建设运动研究

崔慧姝 著

天津出版传媒集团

天津人民出版社

图书在版编目（CIP）数据

一代直声 百年尽瘁：梁漱溟乡村建设运动研究／
崔慧姝著. -- 天津:天津人民出版社,2019.5
ISBN 978－7－201－14668－3

Ⅰ.①一… Ⅱ.①崔… Ⅲ.①城乡建设—研究—中国
—民国②农村社会学—研究—中国—民国 Ⅳ.
①D693.62②C912.82

中国版本图书馆 CIP 数据核字（2019）第 074949 号

一代直声 百年尽瘁:梁漱溟乡村建设运动研究
YIDAI ZHISHENG BAINIAN JINCUI

出　　版	天津人民出版社
出 版 人	刘　庆
地　　址	天津市和平区西康路 35 号康岳大厦
邮政编码	300051
邮购电话	（022）23332469
网　　址	http://www.tjrmcbs.com
电子信箱	reader@tjrmcbs.com

策划编辑	王　康
责任编辑	郑　玥
特约编辑	王　倩
装帧设计	汤　磊

印　　刷	三河市华润印刷有限公司
经　　销	新华书店
开　　本	710 毫米×1000 毫米　1/16
印　　张	17.25
插　　页	2
字　　数	300 千字
版次印次	2019 年 5 月第 1 版　2019 年 5 月第 1 次印刷
定　　价	68.00 元

目　　录

导　论

第一节　选题缘由及选题意义

一、选题缘由

"好的博士论文总是提出重要的问题,该问题的答案应当与现实世界所面临的真实难题相关联。"①梁漱溟乡村建设运动及其争议问题就是"与现实世界所面临的真实难题相关联"的重大问题之一。在现代社会科学,特别是现代政治学的视域下对其展开系统性的分析,能够为社会主义新农村建设、村民自治中出现的种种理论问题和现实问题的解决提供更为全面的参考和借鉴。

20世纪二三十年代,乡村在变乱时代大潮的裹挟中,危机日益加剧,中国大地由此兴起了一场轰轰烈烈、波澜壮阔的乡村建设运动。以梁漱溟、晏阳初、陶行知、卢作孚等为代表的有识之士,面对灾乱频仍的社会现实尤其是乡村困境,通过自己的思考和实践,各自提出了完整的理论设想并形成体系,随后进行了或长或短、内容不一的乡村建设实验运动,希望以此挽救中国乡村、实现中华民族复兴和现代化,并在社会上引起了极大关注和反响。本书所讨论的乡村建设运动,始于米迪刚和晏阳初在河北定县所提倡的农村建设和平民教育实验,止于1937年因日军大举进攻使各项事业的被迫中止。可以说,在大约十年的时间里,全国各地出现了一个乡村建设运动的热潮。据美国学者拉穆利统计,到1934年,我国各地从事诸种建设活动的公私团体有691个。② 台湾社会学家杨懋春教授根据《申报》年鉴统计,自1925

---

① [美]斯蒂芬·范埃弗拉:《政治学研究方法指南》,陈琪译,北京大学出版社,2006年,第92页。

② Harry J. Lamley, Laing Shu-ming: Raral Reconstrnuction, and Rural Work Discnssion Society, 1933-1935, *Chung Chi Jonrnal*, Col. 8, No. 2, may 1969, p. 60.

年至 1934 年全国各地兴办的乡村建设、农村改造、民众教育、自治试验计划共 63 处。[①] 上述乡村建设活动的时间跨度不同,范围各异,动机有差,侧重点不同,但都是试图在保存现有社会关系的前提下,用非暴力的方法,通过社会改良,振兴中国农村,刷新中国政治,进而实现社会的现代化。

在为数众多的乡村建设试验中,由知识分子主持的、最著名的有三家:梁漱溟主持的山东邹平的乡村建设实验,晏阳初主持的河北定县平民教育工作和江苏的乡村教育工作。民国乡村建设运动作为一场自觉的乡村现代化运动,是对晚清以来中国乡村各种社会问题的首次深层次的关注,在这场运动中,乡村政治的民主化和自治化、经济的市场化和合作化、文化的科学化和大众化等观念得到了宣扬和提倡。此次运动中出现的各种乡村建设思想对中国乡村现代化道路进行了可贵的尝试和探索,由此引出的乡村现代化课题在中国百年现代化历程中具有深远的意义。站在历史的潮流之中,以现代化为视角,对不同时期典型的乡村建设思想产生的背景和萌芽进行剖析,对其实践发展过程作一番考察,以揭示其在整个国家现代化进程中对乡村政治、经济、社会文化变革所作的思考和产生的意义,不仅具有重要的学术意义,也具有重要的现实价值。

本书着重探讨的是梁漱溟主持的山东乡村建设实验的相关内容及对其内容的争议研究。梁漱溟是中国近现代史上的著名学者、思想家、教育家和社会活动家,20 世纪新儒家的开山人物。他为复兴中国、复兴中国文化付出了毕生的精力,他的学术思想在海内外有着广泛的影响。在二十世纪三十年代繁杂的各种乡村建设实验中,梁漱溟主持的山东邹平乡村建设实验是为数不多的有系统理论指导的实验点之一。[②] 事实上,梁漱溟的乡村建设,虽然由于本身所存在的许多理论误区而未获成功,在新中国建立前后也曾被认定为"反动"和"封建"而遭到多次批判。然而作为一种在中国现代化过程中出现并引起极大反响的思潮和运动,其间仍蕴藏着许多值得借鉴的积极因素。尽管它未能把中国农村及整个中国社会引向现代化,但它所提出的某些主张,及其在乡村建设实验中所揭示的某些问题,诸如对中国传统文化包括政治文化与西方现代化关系的阐述,对乡村教育的重视,对改良农业

[①] 杨懋春:《近代中国农村社会之演变》,台湾巨流图书公司,1984 年,第 107 页。

[②] 善峰:《社会改造构想研究》,山东大学出版社,1996 年,第 256 页。

的提倡,对知识分子作用的强调等,不仅让人们认识到农村社会组织重建和农民素质全方位的提高是乡村现代化的前提,为乡村现代建设作出了有益的尝试,而且在一定程度上把民主和科学的理念传播到了乡村。更为重要的是,梁漱溟乡村建设理论和实践本身获取的经验和教训对于今天的农村现代化建设和农村改革,尤其是"三农"问题的解决都极具历史意义,值得分析和借鉴。本书正是借由分析梁漱溟的乡建思想及理论入手,通过回顾各个时代、各个派别相关专家学者对其提出的质疑和批判,着重挖掘梁漱溟乡建思想和实践的深层学术价值和现实借鉴意义,冀望对我国农村的现代化进程提供有益的镜鉴。

二、选题的现实意义

中国是一个农业大国,农村社会的现代化关乎整个社会的现代化发展,农民和农村建设是我国小康社会建设和和谐社会实现宏伟蓝图的关键着力点。改革开放以来的四十年实践,使经济体制、政治体制等诸多领域的改革取得了重大进展,伴随而来的是农村的经济、政治、文化生活领域的深层次转变和全方位提升。但站在二十一世纪改革进一步纵深的关键节点,面对改革发展的重重机遇和任务,具体到农业、农村和农民,不可否认,成绩显而易见,但问题依然存在,不容有丝毫忽视和懈怠。

梁漱溟曾经指出:"我们中国,百分之八十以上的人口都住在乡村,过着乡村生活,中国就是由二三十万乡村构成的中国。中国一直到现在还是以乡村为本,以农业为主,国命所寄托,还是寄托在农业,寄托在乡村"①,"中国文化是以乡村为本,以乡村为重,所以中国文化的根就是乡村"②。历年来党和国家都把乡村、农民的建设和发展问题作为"我国现代化进程中的重大历史任务"③和"全党和全国工作的重中之重"④,把"生产发展、生活宽裕、乡风文明、村容整洁、管理民主"的新农村建设作为构建社会主义和谐社会的重要环节。由此可见,在任何一个时代,农村问题和农民问题都是我国现代化

---

① 梁漱溟:《乡村建设大意》,邹平乡村书店,1936年,第12页。
② 梁漱溟:《乡村建设大意》,邹平乡村书店,1936年,第47页。
③ 《中共中央关于制定国民经济和社会发展第十一个五年规划的建议》,《人民日报》,2005年10月19日。
④ 《关于进一步加强农村文化建设的意见》,《人民日报》,2005年12月12日。

建设和发展的重点所在,相应的,任何时代对农村、农民问题的研究成果和失败教训都同样值得重视和研究,是我国当前进行新农村建设的理论源泉和实践基础。

具体到二十世纪三十年代,梁漱溟用他的人文主义价值观,对传统文化在现代化进程中如何适应和复生、如何从农村入手挽救中华民族危机的时代大问题进行了积极的思考,构思出一个具有东方特色的社会主义蓝图。这一蓝图在梁漱溟时代及以后相当一段时间内,由于种种原因,尚没有实现的可能。但正如萧伯纳所说,出差错的生活虽然不那么令人崇尚,但是总比无所事事的生活有意义得多。这种意义不仅是思考和实践本身的意义,更重要的是对后人汲取经验教训的意义。而从其引起的争议角度研究,其批评者的观点则恰恰为梁漱溟乡村建设理论和实践的种种局限性作了全面而又客观的注释与修补。因此,从梁漱溟的乡村建设思想和实践着手,围绕对其争议进行研究,无疑能从正反两方面分析不同派别、不同个人农村发展思路的得失,通过更为全面的比较鉴别为我国现时的新农村建设提供多方位的借鉴。

其次,无论是梁漱溟主张的乡建思想和实践本身,还是不同时期批评者对其思想实践的种种质疑与诘难,在那个特殊年代,他们都无疑是将个人之小我融汇与社会之大我的典范,都是本着其爱国主义和人文主义的热诚,将自身的全部睿智才思用于探讨解决民族危机的方法和困境。这种知识分子的社会良心和社会责任感,构成了维系中华民族绵延数千年而不衰的可贵的民族精神。中国社会的现代化仍在进行中,产生梁漱溟的时代和思潮,从一个大的历史维度看,到现在还远没有结束,相应的,知识分子所面临的社会问题、所要承担的社会责任将比以往更加复杂和艰巨,本书通过重新回顾和提炼这种知识分子的担当精神,希望可以在现实的及未来的社会主义建设中为现时代知识分子精神上面临的种种机遇和困境提供切实的激励和指引。

三、选题的理论意义

不可否认,以梁漱溟、晏阳初、黄炎培为领袖人物的曾轰动一时的乡村建设运动终因整个活动的改良倾向与时代生命的脱序而归于失败,整个活动的理论基础与实践过程也绝非臻于完美。然而在选择民族现代化道路的探索中,他们的初衷是强烈爱国主义的驱动,他们的奋斗是发乎心灵的,他们的努力更是艰苦卓绝可歌可泣的。从理论意义上来说,他们所提出的问题并为此所付出的努力,远比解决问题重要得多,值得肯定并借鉴。

具体到梁漱溟,与其他派别和个人明显不同的是,他所主持的乡村建设运动有其庞大而系统的理论基础和架构,涵盖佛学、儒学、文化哲学、社会主义等诸多门类,并最终在此基础上形成了自己完整系统的乡村建设理论,并以此为理论指导进行了多年的实践。但追根溯源,梁漱溟的乡村建设理论和实践都根本建构在以乡村为本位的基础之上。而乡村是我国社会进步和经济发展的基础和源泉的广泛共识,不管是在彼时还是今天都有着深厚的学理基础和现实需要。正因如此,在目前我国学术界对农村和农民问题的研究仍然是诸多专家学者的关注点,并基于自身思考在诸如村民自治、民间法、农村土地制度等有关农村和农民问题的各个领域提出了诸多思考和建议。有鉴于此,细致挖掘农村和农民问题产生及发展的历史渊源和脉络,梳理二十世纪初不同派别的专家学者对于农村、农民问题的思考和解决之道,对以梁漱溟为代表的乡村建设领袖人物的理论和实践进行深入剖析,通过争议角度全面评价以梁漱溟为代表的乡村建设道路的成败得失,无疑能对今天农村和农民问题的研究提供有价值的理论借鉴。

其次,已有的对梁漱溟乡村建设理论和实践的研究已经浩如烟海、汗牛充栋,相关成果不可谓不全面丰富。而本书旨在从对梁漱溟乡建思想及实践的批判角度出发,能在已有的对其研究基础上开拓出新思路,找到新切入点,得到对梁漱溟及其乡建实践的新认识,填补已往研究的空白,进而更深地挖掘出其内在的特殊价值。

再次,以梁漱溟为代表的一部分人,在面对二十世纪初的社会现实时,试图从中国传统文化尤其从政治文化的角度找出民族文化的根本精神,作为新文化的源头活水,并以它为载体来吸收、接受、同化、改造西方的近代进步思想,希望在此基础上寻找彼时中国农村的现实出路,进而挽救和复兴中国社会、政治、文化。而与其对立的西化派则主张对中国传统的礼乐教化进行全盘否定,这也是他们批评梁及其乡村建设运动的一个主要着力点。因此,在今天努力寻求各种文化体系的深层价值观念及民族文化心理积淀时,以各个时代、各个派别对梁漱溟乡村建设思想及实践的争议角度分析,从文化的时代性和民族性方面,从各民族具体的政治文化特征角度,从深层的文化继替方面,无疑能为传统价值和外部文化的对接融合得到更为中肯的解决方法,为究竟如何认识这些问题提供更为广阔的视角,并引发今天对一些现代化问题的思考。

最后,从对梁漱溟乡建思想和实践的批判角度出发,回顾不同时期面对同一问题不同意见之间的争锋,尤其是中华人民共和国成立后初期,由于观点相"左"而引发的层出不穷的批判运动,能引发当今人们的思考,面对学术领域中解决同一问题不同思路和意见之间的分歧,究竟该如何营造一种有益的、健康的意见环境。换言之,何谓健康正确的批评态度? 知识分子应该如何进行社会批评? 结合现时代舆论的发达、个人自由的空前解放,面对社会上层出不穷的热点和焦点问题,究竟该如何引导和建设一种积极互动、健康向上的意见氛围,以助社会主义公民意识的养成和民主政治的进一步发展完善,全面细致地分析探讨不同时期梁漱溟及其批判者双方的争议态势,或许能给我们指出一个新的方向。

第二节　研究回顾

本书的研究对象是梁漱溟乡建思想及实践的争议研究,涉及有关梁漱溟本人、其乡村建设思想及实践、对其乡建思想及实践的批评三方面,因此对这些问题的分析将成为本书的研究基础。

一、关于梁漱溟的研究

梁漱溟是二十世纪中国最重要的思想家之一,其理论带有极其鲜明的时代特色和个人烙印,是二十世纪新旧交替、社会动荡的时代大环境和其个人生活交织的一种反映。他对中国传统文化及其与现代化的关系、对中国乡村各要素与整体的变革与发展进行了全方位且深刻的思考,其理论涉及中西哲学、佛学、儒学等诸多方面。更让人钦佩的是,梁漱溟不单纯是一位坐而论道的思想家,更是一为身体力行的社会活动家,为了实现自己的理想,他不顾环境恶劣、抛家舍子对自己乡村建设理论进行了多年的实践,引起了广泛的社会关注,并取得了不菲的成绩。但是由于众所周知的原因,梁漱溟的学术创作和创造性的社会实践活动,在二十世纪五十年代初期过早地结束了。直至改革开放以后,梁漱溟重新活跃于中国的学术舞台,其理论研究再次成为学术研究的热点之一。

继《梁漱溟全集》(梁漱溟,山东人民出版社,1990 年)之后,又出版了《梁漱溟文化理论研究》(马勇,上海人民出版社,1991 年)、《梁漱溟评传》(景海峰、黎业明,百花洲文艺出版社,2010 年)、《梁漱溟研究集》(刘定祥,广西师范大学出版社,1994 年)、《梁漱溟的文化思想与中国现代化》(熊吕茂,湖南教育出版社,2000 年)、《梁漱溟与胡适:文化保守主义与西化思潮的比较》(郑大华,中华书局,1994 年)、《梁漱溟心理思想研究》(柳友荣,安徽人民出版社,2004 年)、《梁漱溟学术思想评传》(郑大华,北京图书馆出版社,1999 年)、《最后的儒家——梁漱溟与中国现代化的两难》(艾恺,江苏人民出版社,1993 年)、《梁漱溟社会改造构想研究》(善峰,山东大学出版社,1996 年)、《梁漱溟自传》(梁漱溟,江苏文艺出版社,1998 年)、《梁漱溟合作理论与邹平合作运动》(杨菲蓉,重庆出版社,2001 年)、《梁漱溟哲学思想研究》(郭齐勇、龚建平,湖北人民出版社,1996 年)、《我生有涯愿无尽》(梁漱溟,中国人民大学出版社,2011 年)、《中国最后一个大儒——记父亲梁漱溟》(梁培恕,江苏文艺出版社,2011 年)等多本著作与译著,见之于学术期刊的相关论文也有百篇之多。

这些研究主要集中在以下四个方面:

(1)梁漱溟的哲学思想,包括政治哲学、文化哲学、生命哲学、道德哲学与艺术哲学。如《略论梁漱溟人生哲学中儒佛二重性》(龚建平,《陕西师范大学学报》,1996 年第 2 期)、《梁漱溟生命化的人性本善论述评》(刘长林,《上海师范大学学报》,1996 年第 3 期)、《梁漱溟心性理论评析》(熊茂昌,《长德师范学院学报》,1999 年第 3 期)、《新儒家与文化重建》(徐文明,《学术界》,1996 年第 1 期)等。

(2)文化思想,包括佛学文化观和东西文化观。如《梁漱溟社会发展史动力观及其对人类社会历史发展的总体把握》(朱从兵,《世纪桥》,2000 年第 1 期)、《梁漱溟的新民观及其实践》(沈松平、俞成凤,《广西地方志》,2000 年第 6 期)等。对梁漱溟此类研究的共同点在于,他们认为梁漱溟的文化学术思想理论主要包括文化、哲学、新儒学和教育思想等,而其中核心则是其文化哲学思想。由这些思想出发构成的理论体系和实践活动,都是梁漱溟对其一生所关注的人生问题和社会问题的思考、阐发和解决。梁漱溟"一生关注的是人生问题和社会问题,其全部的文化学术思想理论与实践实质上都是围绕这个问题而展开的"①。

（3）教育思想。主要内容是对梁漱溟有关教育思想的阐述和分析,集中在对梁漱溟关于教育的大生命、教育的大功能和教育的大系统等观点的认识和评价。

（4）新儒学思想。梁漱溟是新儒家学说的开山鼻祖早已为海内外所公认,他所大力提倡的"理智""理性""直觉",以及在新时代语境下对孔子生命哲学的崇尚、提倡和谋求儒学的现代化的种种努力,在国内外产生了深远影响,并直接影响了其后时期新儒学的奠定和发展。在此方面的研究,例如《当代新儒家的先驱——梁漱溟》(彭启福,《北方论丛》,1998 年第 4 期)、《乡村建设的伦理之维——梁漱溟乡村建设的伦理内涵与时代价值》(吕甜甜,江苏大学硕士论文,2008 年)、《梁漱溟儒家政治人格及其乡村建设实践》(马瑞,《河南大学学报》,2000 年第 6 期)。

日本作为我国一衣带水的邻邦,梁漱溟其人其思想一直是日本学术界关注的焦点,对其思想文化研究也一直颇有建树。在其正式出版的二十世纪二十年代初《东西文化及其哲学》,一直到二十世纪四十年代梁漱溟的《乡村建设理论》(池田克已译,大亚细亚建设社,1940 年)、《中国之地方自治问题》(矢野安房译,《兴亚资料·政治篇》,1940 年第 13 号)等著作相继在日本翻译出版,日本学界随之开始了对其乡建思想和实践的持续关注和深入分析。日本最早的一篇集中研究梁漱溟乡建思想的文章是 1948 年小野川秀美发表的《梁漱溟的乡村建设论的形成》(京都大学人文科学研究所《人文科学》,1948 年第 2 卷 2 号)。作者认为梁漱溟片面强调"情义化"的一面,这可以看成是有意识地将中国古代社会与西方社会相互对比,通过强调两者的对决来说明古代的优越性,而从为了对决而被纯化的古代所抽取出来的是以"情义"为基调的"中国式的民治"正是他乡村建设理论的根据所在。这一时期日本学界对其关注的焦点还集中在伦理思想、佛教思想和儒学思想。如冈崎文夫、小柳司气太等都是研究梁漱溟此类思想的佼佼者,同时代研究梁漱溟其人其思想较有力的还有清水安三、土田杏村以及稍后的神谷正男、福井康顺、木村英一。直到当今,日本学界从梁漱溟的宗教、哲学、文化角度对其进行分析研究的热潮依然经久不衰,其主要代表人物有平野正、后藤延

---

① 　熊吕茂:《近十年来梁漱溟研究综述》,《湖南师范大学社会科学学报》,1995 年第 5 期。

子以及后来的中尾有则、西村俊一、家近亮子等学者,他们都从各自关注点写出了大量对梁漱溟的研究文章,为今天研究梁漱溟提供了大量不可多得的宝贵资料。

在欧美学界,对梁漱溟的研究比较早的是美国学者艾恺(Guy S. Alit-to),他的研究始于二十世纪六十年代。艾恺主张把梁漱溟的思想放到现代化与全球化的大背景中来考察,正是通过这样一种思路,艾恺写出了《The Last Confucian: Liang Shu - ming and the Chinese Dilemma of Modernity 2nd ed》(University of California Press, 1986)和《这个世界会好吗:梁漱溟晚年口述》(东方出版中心,2006)。其次比较全面的评述梁漱溟及其乡建运动的美国学者是夏威夷大学历史系教授拉穆利(Harry J. Lamley)的《Liang Shu - ming, Rural Reconstruction and The Rural Work Discussion Society, 1933 - 1935》(蓝厚理,《崇基学报》,1969 年 5 月第 8 卷第 2 期),同样是从历史描述的角度对梁漱溟三十年代的乡村建设运动作出回顾。除此之外,还有《Liang Shuming and Henri Bergson on intuition: cultural context and the evolution of terms》(Yanming An,Philosophy East and West,1997, Vol. 41, No. 3)等文章,大都是从文化哲学的角度对梁漱溟思想作出分析。综上所述,囿于文化和地域原因,欧美学界对梁漱溟及其乡村建设的研究并没有如日本一样形成较大的热潮和持久的关注。

二、关于梁漱溟乡村建设思想及实践的研究

梁漱溟对乡村建设的关注和思考起源甚早,而其整体理论体系的建立、完善和成熟,则要归结到二十世纪三十年代在山东邹平进行的乡村建设实践运动。具体到关于梁漱溟乡村建设思想和实践第一手资料的收集、抢救与整理,山东省尤其是邹平县有关单位和文史工作者做出了大量工作和努力,并在此基础上取得了丰硕成果,出版了多种专著和论文,为后人研究梁漱溟、研究那时的乡村建设运动提供了大量珍贵而详细的素材。如《梁漱溟与山东乡村建设》(山东省政协编,山东人民出版社,1991 年),《梁漱溟全集》(梁漱溟,山东人民出版社,1990 年)等。与此同时不同学术背景的专家学者从自身角度出发,从各个方面对梁漱溟进行了研究,写出了大量学术水平较高、极具价值的论著,如熊吕茂的《梁漱溟的文化思想与中国现代化》(湖南教育出版社,2000 年),《最后的儒家——梁漱溟与中国现代化的两难》(艾恺著,江苏人民出版社,2003 年),何建华、于建嵘的《近二十年来民国乡村建设运动研究综述》(《当代社会主义问题研究》,2005 年第 3 期),朱汉国的《梁漱溟乡村建设研究》(山西教育出版社,1996 年),李善峰的《梁漱溟社会改造构想研究》(山东大学出版社,1996 年),马勇的《梁漱溟评传》(安徽人民出版社,1992 年),郑黔玉的《试论梁漱溟乡村建设的文化哲学基础》(《贵州大学学报》,2000 年第 4 期),郑大华的《民国乡村建设运动》(社会科学文献出版社,2000 年),等等。除此之外,学界在不同时间、不同地点召开了多项学术研讨会,从多学科角度探讨梁漱溟的乡村建设理论和实践给彼时和现时中国农村社会带来的影响,并在某些角度达成了共识进而提出了深入讨论的可能性。如梁漱溟学术思想体系整体与乡村建设理论个体的关联研究,邹平乡村建设实践对全国乡村危机的缓解所做的现实贡献,梁漱溟与同时期其他乡建运动领袖如晏阳初、卢作孚等人的异同比较,邹平乡村建设运动在全国乡村建设实践中的地位与作用,等等,都提出了颇多具有理论意义和实践价值的观点,推进了更多专家学者对二十世纪民国乡村建设运动的关注和研究热情,为深层次、多领域的提炼梁漱溟乡村建设思想及实践对现时中国新农村建设和整体现代化的推进提供了深厚的理论基础和现实激励。

从海外范围来看,中华人民共和国成立之后,梁漱溟依然颇受日本学界的关注。对二十世纪五十年代知识分子的思想改造运动,日本学者认为像梁漱溟、张东荪这些在现代中国具有代表性的"东洋思想"主义者,他们如何批判原有的思想、如何评价马克思主义和毛泽东思想是意味深长的事情。平野正将梁漱溟界定为"儒学士大夫阶级"[①],其研究重点探讨了二十世纪上半期中国革命斗争最激烈时期梁漱溟所经历的思想变化。家近亮子则着重对梁漱溟乡村建设运动形成的历史背景进行了关联研究,认为梁漱溟乡村建设思想的形成固然受其家庭环境的影响,但更多是渊源于梁漱溟成长于华北地区的"地域性"[②]所致,具有一定的地域狭隘性。

二十世纪八十年代之后,随着梁漱溟的主要著作在日本陆续翻译出版

① [日]平野正:《梁漱溟の思想とその政治活動の本質:一九二二年代末—一九四二年代末》,《西南学院大学文理論集》,1985 年第 26 卷 1 号。

② [日]家近亮子:《梁漱溟における郷村建設運動論の成立過程》,《近代中国人物研究》,東京、慶応通信,1989 年。

和重印,且从梁漱溟逝世的 1988 年开始,亚洲问题研究会每年要举行一次
"梁漱溟先生纪念研讨会",以及从 1997 年 1 月开始的亚洲问题研究会的月
例研究会,梁漱溟的思想与著作经常成为被讨论的议题,梁漱溟研究尤其是
其乡村建设思想及实践研究由此在日本学界得到了进一步的深化,许多专
家学者从各个角度对梁漱溟的乡村建设思想和实践作出分析和评价,这些
文章为在多角度、深层次进行其批判研究提出了更加多元化的视角。其中
比较有代表性的包括以下学者及其文章:

1985 年,新保敦子写出《梁漱溟与乡村建设运动——以其于山东省邹平
县之实践为中心》(《日本の教育史学》,1985 年第 28 号)一文,从教育史的
角度来探讨梁漱溟、邹平实践中的意义及其局限性;1987 年,菊池贵晴通过
《有关梁漱溟与乡村建设的诸问题》(《中国第三勢力史論:中国革命におけ
る第三勢力の総合的研究》,東京、汲古書院,1987 年)一文,论述了梁漱溟乡
村建设过程中出现的诸问题,指出梁漱溟乡村建设之所以失败的根本原因
在于没有真正地了解和达到农民的深层需求,尤其是经济要求;1989 年家近
亮子写出了《梁漱溟乡村建设运动论的成立过程》(《近代中国人物研究》,
東京、慶応通信,1989 年)一文,经由回顾梁漱溟乡村建设运动发生、发展的
历史过程,提出梁漱溟乡村建设中所秉承的"传统思想"与华北的"地域性"
和西洋社会主义影响的内在渊源性;1991 年,宇野精一在《乡村建设理论》重
译本《序》中开篇就说"作为邻国一后学,我从心里敬慕梁漱溟先生",并将梁
漱溟的乡村建设与毛泽东的农民运动进行了比较,认为现实中虽然以儒学
的民主精神和自由立国为乡村建设基础的梁漱溟败给了以阶级斗争论为基
础的毛泽东等的农民运动,但是就现代社会所面临的困境,他呼吁我们必须
重新思考梁漱溟所致力和向往的世界,并认为重新出版梁漱溟的《乡村建设
理论》一书具有重要的意义。和崎博夫在该书的书带上写道:"在苏联及东
欧社会主义体制解体之际,我们推举此书作为东方馈赠给现代世界一本合
时宜的书。该书记述了对民族传统不断地反躬自问、以伟大的孔夫子的儒
学身体力行而投身于中国农村实践的近代中国巨人梁漱溟先生的深厚的学
问与热诚",并称此书为"中国思想史上不朽的名著"。1998 年小林善文在
《梁漱溟于乡村建设运动之道》(《史林》,1998 年 81 卷 2 号)一文中,不仅详
细评价了梁漱溟乡村建设理论的独特之处,而且从方法论角度分析了其乡
村建设实践的别具特色,并在最后对梁漱溟作为第三势力代表行动特色也

尽可能地予以了一定的关注;1999 年驹井正一《关于梁漱溟的"乡村建设"思想》[《金沢大学文学部論集(史学·考古学·地理学篇)》,1999 年 17号],对梁漱溟生平作了一番综合性介绍,他指出梁漱溟彼时乡村建设运动的理论意图和实践重点是着重于改造和建设中国新的社会组织结构,进而实现中国尤其是农村社会的现代化。虽然梁漱溟乡村改造思想在现时代急剧变化的中国乡村社会已经不能完全照搬适用,但以梁漱溟的探索精神和实践努力为榜样,建立合乎中国新时期现实的"乡村观"仍属必要;1999 年,木村博则独辟蹊径的在《家稷农乘学与农村建设理论——江渡狄岭与梁漱溟》(《比较思想研究》,1999 年 26 号)一文中,将梁漱溟与农本主义思想家江渡狄岭付诸比较研究,探讨不同时期、不同国家的两个农村建设先驱思想和实践的异同之处;2006 年汤本国穗写出《乡学村学的构成要素与梁漱溟思想》(《千葉大学法学論集》,2006 年 20 卷 4 号)一文,将关注点投向梁漱溟乡村建设实践中乡学村学实验在其整体建设思想中的演变过程、地位和作用,并在最后得出结论,梁漱溟以乡学、村学为核心的乡村建设实践的最终目的不是想要完全回归和复兴传统,而仅仅是以此为手段探索利用传统实现中国社会的改造和进步。

(一)对梁漱溟乡村建设理论的研究

1. 理论指导

学术界一般都认为梁漱溟的文化哲学观是其乡村建设的理论指导,对其文化哲学观的分析也主要是依据梁对世界文化的"三路向"分类,即:以意欲向前为根本精神的西方文化;意欲自为,偏于持中调和的中国文化;意欲反身向后,主张来世的印度文化。中国文化和印度文化是一种文化早熟,但无疑将是人类文明进化的最终依归。梁漱溟进而指出,一个民族的传统文化精粹是民族精神的体现和民族生命的寄托,中国要想实现民族复兴和社会现代化,必须以自己传统民族文化为根,不能完全照搬西方文化,而天人合一的儒家理想则正是中国人的精神家园。

金青山指出:"梁漱溟一直把他的文化哲学当作解决中国社会问题的出发点,认为要解决中国向何处去的问题,就得从文化入手。"[①]熊吕茂则指出,梁漱溟认为在中国同西方世界近代以来的冲突在根本上是文化问题,是"整

① 金青山:《简析梁漱溟乡村建设思想》,《史料研究》,2007 年第 5 期。

个文化不相同的问题",而不是经济、政治上的某一局部和层次的问题,中国近代以来种种政治经济上的改良与革命之所以失败,问题的根本就在于"中国社会的极严重的文化失调"。要解决文化失调的问题,就必须在坚守中国传统文化的基础上吸收西洋文化的先进之处,在互相学习借鉴的前提下使二者互相融和,以此实现中华民族文化和整个民族的复兴繁荣。"梁漱溟从中国文化入手提出了解决中国问题的根本方法,充分反映了他对中国文化之'民族精神'的体认和自信"①。

"梁漱溟非常推崇中国文化,努力使儒学现代化,而要从根本上改造中国文化,使其现代化,梁漱溟认为必须从占中国绝大多数人口的农村入手。"②贾可卿也认为:"梁漱溟文化理论的结论就是:全盘接受西方文化而以儒家人生态度制衡之,这一结论落实在实践中,即30年代他所领导的乡村建设运动。"③

大多数学者都从梁漱溟的文化哲学观来探析他的乡村建设运动的思想动机,也有些学者从他的教育思想入手,如张庆雄指出:"他坚信,靠教育可以改变民众,实现民众自救,而且他把教育的功用看作是一种文化的延续,是一种宽泛的教育。"④

2. 形成原因

学界通过研究得出,梁漱溟乡村建设理论和实践的推行有着深刻的国际、国内背景,并且与其对彼时中国社会环境的体察、其文化哲学思想一脉相承。"他的乡村建设运动思想和主张,源于他的哲学思想和对中国的特殊认识。"⑤

由当时的国际背景分析来看,二十世纪初期,随着西方社会经济、政治危机的出现,哲学领域也随之潮流涌动、风起云涌。第一次世界大战给人类社会造成的巨大灾难促使人们对西方社会进行反思。"梁漱溟的儒家社会主义理想也正是他在世界人文主义思潮回流的背景下反思资本主义弊端的

①　熊吕茂:《梁漱溟乡村建设运动的文化诠释》,《湘潭师范学院学报》,2002年第9期。
②　陈留根:《梁漱溟乡村建设思想探幽》,《新乡师范高等专科学校学报》,2004年第7期。
③　贾可卿:《梁漱溟乡村建设实践的文化分析》,《北京大学学报》,2003年第1期。
④　张庆雄:《梁漱溟乡村教育模式探析》,《广西教育学院学报》,2004年第2期。
⑤　郭蒸晨:《梁漱溟在山东》,人民日报出版社,2002年,第304页。

结果,他反身回向传统,从儒家的理性伦理中寻求中国现代化的生长点。"① 尤其是二十世纪二十年代以后,由于中国宪政运动的失败等原因,致使梁漱溟对从前的宪政主张逐渐产生了怀疑,最终经过重重思考,决定致力于"在保持现有社会关系的前提下,通过以儒家理论为核心的社会改良来振兴中国农村,刷新中国文化、经济和政治,进而实现中国现代化。这是梁漱溟文化建国的理想尝试,是他为二十世纪二三十年代的中国设计的既有别于全盘西化的自由主义,又不同于苏俄共产党的'儒家社会主义'之路"②。

梁漱溟对当时中国社会状况的分析是其乡村建设思想形成的又一个重要原因。陈留根认为:"民国建立以后,各军阀之间为争夺地盘展开内战,经济停滞,政治腐败,使得农村经济萧条衰败,'农村经济破产''农村崩溃'的呼声风行社会,有识之士企图从农村来挽救经济以拯救中国,像晏阳初的平民教育思想,陶行知的生活教育思想等陆续出台,以圣人自居的梁漱溟当然也不甘寂寞,提出了他的乡村建设思想。"③再者梁漱溟认为中国社会的特殊构造是"伦理本位,职业分途","应该说,他对中国社会的特殊构造的分析是深刻的,但对阶级的否定违背了马克思的阶级斗争说,这种观点也影响着他的教育思想和主张,他试图通过第三条道路即乡村教育以实现民族自救。他认为中国这种'伦理本位,职业分途'的特殊构造是由于文化的失调开始崩溃。因此,乡村的破坏主要是由于传统儒家文化被打破,新文化还没有建设。当务之急,首先要确立一种对传统文化经过补充改造的新的乡村文化"。④ 这种新的构造付诸行动就是乡村建设运动。

(二)对梁漱溟乡村建设运动具体实践的研究

1. 主要实践内容

尽管梁漱溟先后在广东、河南和山东进行了一脉相承的乡村建设运动,但由于在广东和河南的实践时间不长,相对不够深入,学者们多倾向于对梁在山东邹平实验区的研究。

多数学者在研究梁漱溟在山东邹平的乡村建设实践的时候,都会对其进程作一个简单的介绍,如潘旦在《论梁漱溟的乡村建设运动及其现实意

---

① 贾可卿:《梁漱溟乡村建设实践的文化分析》,《北京大学学报》,2003 年第 1 期。
② 贾可卿:《梁漱溟乡村建设实践的文化分析》,《北京大学学报》,2003 年第 1 期。
③ 陈留根:《梁漱溟乡村建设思想探幽》,《新乡师范高等专科学校学报》,2004 年第 7 期。
④ 刘彦芬:《试析梁漱溟乡村建设运动》,《聊城大学学报》,2004 年第 2 期。

义》一文中,首先就有了一个简单梳理,①刘蓉宝则以梁漱溟在广东进行的简短实验为其乡村建设实践的开端,通过时间梳理,对梁漱溟的乡村建设实践进行了详细的回顾。在研究梁漱溟乡村建设实践的主要内容上,大多数学者都会将其分为几个方面,比如贾可卿在其《梁漱溟乡村建设实践的文化分析》一文中指出,梁漱溟关于乡村建设实践的主要内容主要体现在经济、政治、教育或曰文化三个方面。这种文化、政治和经济三分法在很多学者的文章中都有所体现,但在大体相同的情况下,也有稍不同于此种分法的。如潘旦在其《论梁漱溟的乡村建设运动及其现实意义》一文中就把梁漱溟乡村建设实践的主要内容界定为教育、经济和道德三方面,并不像大多数学者那样将梁漱溟的乡村建设实践定义为政治运动。

2. 主要特点

对于梁漱溟乡村建设的特点,学术界既有从宏观角度也有从微观角度来探析的。郭蒸晨就从宏观视野出发,认为梁漱溟试图通过乡村建设实践建立的理想社会,是介于资本主义和社会主义之间,具有社会主义初级阶段的特点。张利群在其文《论乡村建设理论的历史作用和现实意义》中从微观角度进行了深刻的剖析认为,梁漱溟乡村建设的特点有四,其一即综合性,实践内容涉及经济、教育、政治、风俗等方方面面;其二是平民性,即出发点在于关注乡村底层民众,试图改善农民生活;第三是注重教育,注重以教育手段改造农民思想、改变乡村面貌;第四是民主因素的闪现,即强调调动广大农民的积极性,实现乡村的自治和自救。

(三)对梁漱溟乡村建设运动的评价

1. 对其性质的评价

学术界的主流观点认为,梁漱溟领导的乡村建设运动本质上是一种社会改良运动,它的非暴力的改良主张与中国共产党领导的以农村包围城市革命运动本质上是对立的,但也在本质上相异于国民党推行的社会改良政策,即以梁漱溟为代表的乡建派是介于共产党和国民党二者之间的中间派,无论所采取手段如何,本质上是爱国的,是对中国现代化建设道路苦心孤诣的探索。刘蓉宝指出,"不难看出,乡村建设运动是一个乡村改良主义的运

---

① 潘旦:《论梁漱溟的乡村建设运动及其现实意义》,《浙江海洋学院学报》,2005 年第 12 期。

动,是一般知识分子寻求第三条道路的运动"①。持此观点的还有刘彦芬,她指出"梁漱溟希望走出一条既不同于国民党维持乡村既有制度,又不同于共产党以革命手段改变制度的第三条道路,即改良主义道路来解决乡村问题,并身体力行进行实验,取得了一定的成果,形成了一种新的社会和政治运动"②。熊吕茂也认为"综观梁漱溟的乡村建设理论和实践,我们不难看出,梁漱溟所从事的乡村建设运动,在本质上是当时知识分子的乡村改良运动,是一般知识分子寻求第三条道路的即改良主义道路的运动"③。马东玉则认为梁漱溟"追求的文化实质上是'唯一真正人的文化',所以说他是改良主义者,也仅仅是从他当时所搞的乡村建设,比照'革命'的道路,就中国的暂时框架而言的"④。也有些学者从文化精神的角度分析其性质,如潘旦认为"梁漱溟发起的乡村建设运动,不仅仅是一场中国农村和农民的挽救运动,也是一种体现民族自救与创新的精神运动"⑤。

2. 对其成败得失分析评价

综观学术界对乡村建设理论和实践的成败得失分析来看,主要存在以下三类观点:

第一类是"大肯定,小否定"。这部分学者认为,虽然彼时各派乡村建设运动存在这样或那样的缺陷,无论从目标设定还是手段运用上都不可能彻底解决中国问题,甚至客观上充当了国民党反动政府的帮手,一定程度阻碍了中国革命的顺利进行,但无论如何乡村建设运动是爱国知识分子民族责任担当和爱国精神的迸发,是对中国社会改造和复兴进行的深刻思考和艰难尝试。他们实践中的许多经验在彼时客观上确实起到了进步和推动作用,即使在今天看来仍然具有时代价值,需要正视、肯定和借鉴。

第二类是"大否定,小肯定"。持此观点的学者认为,在宏观上看梁漱溟的乡建理论及其实践无疑应该基本否定,但在某些具体建设内容上应该给予肯定。如郭蒸晨在其《对邹平乡村建设实验的实证研究》一文中所说:"尽管我们说乡村建设的路是一条在中国走不通的路,一条失败的路,一条不能

① 刘蓉宝:《试论梁漱溟的乡村建设思想》,《湖南省社会主义学院学报》,2002 年第 1 期。
② 刘彦芬:《试析梁漱溟乡村建设运动》,《聊城大学学报》,2004 年第 2 期。
③ 熊吕茂:《梁漱溟的乡村建设理论与实践评析》,《岭南学刊》,2000 年第 3 期。
④ 马东玉:《梁漱溟传》,东方出版社,1993 年,第 99 页。
⑤ 潘旦:《论梁漱溟的乡村建设运动及其现实意义》,《浙江海洋学院学报》,2005 年,第 12 期。

根本解决中国问题的路,但从微观上,从他们的某些具体做法上,仍不失其进步的积极的意义。"①

　　第三类观点是"成败不定"。不同于以上两种评价观点,少数学者认为,梁漱溟的乡村建设运动不能简单地以成功或失败来定性。如温铁军在香港中文大学中国研究服务中心举办的"中国大陆乡村建设"座谈会上指出,二十世纪三十年代的中国乡村建设运动"不能说失败,但也不能说成功"②,主张应结合具体的社会环境和条件对乡村建设理论和实践进行评价和借鉴,而不是简单的贴标签。

　　3. 现实启示意义

　　随着学术界对乡村建设理论和实践运动研究的深入和全面,在全新领域如乡村建设实践对农村基层社会的影响、二十世纪三十年代国民党政府推行的县政建设实验等也取得了一定成果。如于建嵘对国家行政权对乡村社会的渗透的分析,③王先明、李伟中对县政建设和乡村现代化进程之间的互动进行的探讨,④李国忠从比较角度对乡村建设运动和苏维埃运动分别施与中国农村的影响进行的研究⑤。诸如此类,不一而足,极大开阔了视野,拓宽了研究范围。

　　随着时代主题的变化和发展,近来越来越多的学者把关注的焦点移向其对当代新农村建设和社会主义和谐社会建设的现实启示。刘蓉宝从三农问题的角度分析,从几个方面来论证梁漱溟乡村建设理论和实践对当今改革开放的意义,如"与时俱进,充分认识新时期农村农民问题的重要性""重视农民教育,大力加强农村精神文明建设""深化农村改革,进一步推动农村经济发展"等,认为只有"这样才能真正实现梁漱溟乡村建设的理想"。⑥张利群则指出梁漱溟的乡村建设理论和实践对今天建设小康社会和和谐社会有如下启发:其一,小康社会的建设主体和动力都在于农民;其二,解决农

　　① 郭蒸晨:《梁漱溟在山东》,人民日报出版社,2002 年,第 323 页。
　　② 温铁军、熊景明、黄平、于建嵘:《中国大陆乡村建设运动》,《开放时代》,2003 年第 2 期。
　　③ 于建嵘:《岳村政治——转型期中国乡村政治结构的变迁》,商务印书馆,2001 年,第 158 页。
　　④ 王先明、李伟中:《20 世纪 30 年代的县政建设与乡村社会变迁——以五个县政建设实验县为基本分析样本》,《史学月刊》,2003 年第 4 期。
　　⑤ 李国忠:《苏维埃运动、乡村建设运动与中国农村的社会变迁比较》,《赣南师范学院学报》,2002 年第 5 期。
　　⑥ 刘蓉宝:《试论梁漱溟的乡村建设思想》,《湖南省社会主义学院学报》,2002 年第 1 期。

业、农村和农民的问题必须通过各方面综合考虑、整体改革;其三,加快农村民主化进程和社会民主化进程;其四,通过提高农民的素质从而提高国民素质;其五,通过改造农村、改造农民来改造社会、改造国民性①。杨斌、周坤则从着重从农村文化建设角度出发,挖掘梁漱溟乡村建设中注重文化建设的时代意义,指出"注重农村的文化建设,最主要的是适合不同地区、民族的文化建设,培养、增进农民的乡村认同感"②。

三、关于对梁漱溟乡建思想及实践争议的研究

"誉满天下,谤亦随之",乡村建设从开始就面临着多方面的质疑与批评,梁漱溟的乡村建设理论及其二十世纪三十年代在邹平的乡建实践,由于种种原因在当时和以后成为各专家学者评议和争论的热点和焦点。

(一)二十世纪三十年代对其的批评

从其初始发展的二十世纪三十年代,梁漱溟的乡村建设理论及实践就遭受了或平和或尖锐的批评。比较有代表性的包括以胡适、城市救国论者吴景超、全盘西化论者陈序经、丁文江为代表的独立评论派和以社会学理论家孙本文、孙冶方、千家驹、李紫翔、陈翰笙、薛暮桥等马克思主义理论家为代表的以《中国农村》月刊为阵地的中国农村经济研究会对乡建改良派包括梁漱溟的批评。1933 年吴景超在独立评论第 62 号上发表《知识分子下乡难》一文,揭开了独立评论派批判乡村建设派的序幕。随后,《发展都市以救济乡村》《再论发展都市以救济乡村》《我们没有歧路》《第四种国家的出路》和《乡村文化与都市文化》等文章的相继发表,将这场批判推向白热化。但是客观来看,对梁漱溟乡建思想批判最具代表性的是 1935 年 4 月新知书店出版的"中国农村派"代表人物千家驹、李紫翔主编的《中国乡村建设批判》论文集,其代表性的文章有千家驹的《中国的歧路》、孙冶方的《为什么要批判乡村改良主义工作》、张志敏的《评梁漱溟先生的乡村建设理论之方法问题》、薛暮桥的《农村建设问题》、李紫翔的《评梁漱溟乡村建设理论》等,对二十世纪三十年代在全国各地兴起的乡村建设运动,包括梁漱溟在山东邹

---

① 张利群:《论乡村建设理论的历史作用和现实意义》,《历史学研究》,2005 年第 3 期。
② 杨斌、周坤:《梁漱溟乡村建设观对当前新农村文化建设的启示》,《青海社会科学》,2009 年第 6 期。

平所从事的乡村工作,从理论到实践均有所批判。这些文章从中国社会政治历史的发展,分析了产生农村改良主义运动的背景,并指出在当时的社会背景下,用和平的方法改造农村社会是行不通的。这场论争一直持续到二十世纪四十年代。

(二)二十世纪五十年代对其的批判

1949 年,中华人民共和国成立,梁漱溟梦寐以求的全国统一稳定的政权出现于这片多难的土地上,并领导着它的人民向着几代知识分子为之努力的现代化迈进。历史用事实证明了梁漱溟乡建理论及其实践的局限和失败。但仅仅证明和由此引起的梁漱溟的自我省察并不足以概括中华人民共和国成立后直至二十世纪七十年代初梁漱溟所有的思想和生活轨迹。这种改变始于 1953 年 9 月 12 日全国政协常委扩大会上那场著名的历史公案,随之展开了一场颇有声势的批判梁漱溟运动。

1. 毛泽东对梁漱溟的批判

严格说来,毛泽东对梁漱溟乡村建设的批判,曾发生过两次。第一次是在 1938 年的延安,二人围绕梁漱溟的《乡村建设理论》一书中的许多观点展开了多次交谈,毛泽东主要就梁漱溟关于中西社会文化、中国传统社会的基本认识和改良路线三个方面进行了批判,其中许多见解对于今天分析评判梁漱溟的乡村建设都有指导意义。

毛泽东对梁漱溟的第二次批判,是中华人民共和国成立后的 1953 年,起因源于梁漱溟在一次会议上的发言,这次批判毛泽东共从十五个方面对梁漱溟的思想作了全面的否定,全面否定了梁漱溟的乡村建设,最后号召大家都来批判梁漱溟,并由此直接导致了二十世纪五十年代社会各界对梁漱溟批判运动的兴起。

2. 社会各界对梁漱溟的批判

由于毛泽东对梁漱溟的公开批判,加之中共中央从 1954 年 10 月起发起了第三次对资产阶级唯心主义思想的批判,因此从 1954 年底,社会各界尤其是知识界,开始公开批判梁漱溟。1955 年在全国范围内展开了批判梁漱溟的高潮。以 1955 年 5 月 11 日冯友兰在《人民日报》上率先发表《批判梁漱溟先生的文化观和"村治"理论》为开端,开始了从文化理论、哲学理论和乡村建设理论等几个方面对梁漱溟思想的批判。自此以后,哲学界、理论界名人纷纷撰文加入批判行列,时间长达半年。这段时间从中央级报刊到地方报刊,都纷纷刊登数量惊人的批判梁漱溟的文章,据不完全统计,批判文章达近百篇。后来这些批判文章中一部分水平较高者被整理出版为《梁漱溟思想批判》,先后出版了两集,收入文章三十一篇,此外还有几部专著出版。到年底,这一批判运动基本结束,以后虽也有偶尔的零散文章,但已基本上不再形成一场运动。正是由于这样一场运动,导致了梁漱溟生命历程的一场重大转折,使他在以后的学术舞台和政治舞台上销声匿迹长达近二十年之久。

这次对梁漱溟思想的批判,相当一部分是不着边际的攻击和谩骂,对其乡建思想和实践的批判则更是一种指责和定罪,在某种程度上说,它实际是十年后"文化大革命"的预演。对此,著名的梁漱溟研究专家、美国的艾凯博士评价说:"这场主要目的在于搞臭梁漱溟的批判运动,似乎成了一场谩骂与诋毁的运动。大多数批判文章概念模糊、逻辑混乱。例如他们指责梁作为乡村领导人是美帝国主义、日本帝国主义、蒋介石、国民党、韩复榘、地主、工业资本家、买办、富农、恶霸的走狗。但他们根本不管这一大串大杂烩似的坏人之间的利益是很难一致的。例如,在邹平改进农业技术,增加生产,所带来的结果'仅仅对大地主有益'(事实上,邹平几乎没有大地主)。他们所列举的一切例证,无非证明梁确是一个罪恶之徒。有些人甚至求助于最无耻的诽谤:梁漱溟和他的一些同事是亲日分子,甚至是汉奸。"①不过也有一些批判其乡建思想和实践严肃的学术性的文章值得注意,这些文章虽然也免不了带有时代的烙印,但一定程度上还是严肃性的学理性的,值得重视和分析。主要代表有冯友兰的《批判梁漱溟先生的文化观和"村治"理论》、贺麟的《五十年来的中国哲学》,李达的《梁漱溟政治思想批判》《批判梁漱溟坚持落后反对工业化的谬论》《批判梁漱溟的"乡村建设运动"》《批判梁漱溟关于阶级斗争问题的反动观点》《批判梁漱溟否认阶级和阶级斗争的反动观点》,等等。

3. 梁漱溟自身对其乡建运动的省视

对于梁漱溟乡村建设思想及实践从争议角度进行研究,还有一个视角无法忽略,即其本人对此的审视和反省。其主要内容集中在梁漱溟本人的

---

① [美]艾恺:《最后的儒家——梁漱溟与中国现代化的两难》,王宗昱、冀建中译,江苏人民出版社,1993 年,第 338 页。

文章和相关资料中,以时间为线索,大致包括以下内容:1935 年 10 月 25 日,梁漱溟在山东乡村建设研究院的演讲《我们的两大难处》;1938 年写成的《请开全体审查会,并请政府当局出席切实检讨抗战工作案》;乡村建设实践被迫结束后,1941 年由重庆中国文化复印社印行的《答乡村建设批判》一书。应该指出,由于其当时所处的历史环境和国家形势背景,梁漱溟以上对自己乡建工作的剖析或审视还仅仅停留在具体工作的思考和补充,更多的是一种学理上的论争,并没有从根本上对自己的观点和主张有任何的怀疑和动摇。直至中华人民共和国成立后,出于对国家翻天覆地变化的切实感受和对于未来的满怀希望,梁漱溟才开始真正从内心深处对自己的乡村建设思想和理论作出了深刻的剖析和自我修正,主要包括以下内容:1950 年由重庆北上后第一篇公开发表的文章《国庆日的一篇老实话》,他直言不讳地承认"这确是一个新中国的开始";历经全国各地的多次考察之后,1951 年 10 月 5 日梁漱溟在光明日报上发表了题目为"两年来我有了哪些转变"的文章,承认了自己的许多见解是错误的;1952 年,他写出了包括《我的努力与反省》《检讨我的立场、观点和过去一切行事》和《自我检讨提纲》;最具代表意义的是梁漱溟在 1953 年所写的《何以我终归落于改良主义》一文,对自己的思想理论进行全面深刻分析,明确承认自己的看法是错误的,走自己所主张的乡村建设是行不通的。应该说,梁漱溟此段时间所写关于内省和自我批判的文章多出于中华人民共和国成立后的实际发展和自己的切身感受,他对自己的乡建思想和实践的诸多观点所作的自我修正不可谓是不深刻和真诚的,对于全方面深层次研究他的乡村建设主张是不可多得的珍贵资料。

也正是在梁漱溟写出《我何以落归改良主义》的同一年,1953 年,由于那场著名的历史公案,梁漱溟接受了近二十年的批判,期间针对这些批判,同时也是那个特殊年代自我批评和改造的政治需要,梁漱溟又连续写出了一系列自我批评、自我反省文章,涉及乡村建设思想与实践的主要有 1964 年的《谈我的思想问题》、1970 年的《发愿文》、及 1977 年的《我致力乡村运动的回忆与反省》等文章。客观来看,不能概而论之这些文章完全是那个特殊年代的政治产物,毕竟梁漱溟一生所践行的理念追求谓之为"唯真唯实,独立思考"。当然这些文章也不能完全排除特殊年代的政治烙印,但更多的是对自己的乡村建设工作的内在省察和补充,具有其自身不可抹杀的理论价值和实践价值,值得研究和探究。

第三节　创新点和不足

一、可能存在的创新点

（一）尝试在选题视角方面能够推陈出新

综观从二十世纪二三十年代一直到二十一世纪的今天,国内外学术界对梁漱溟乡村建设运动的研究状况及梁漱溟其人其思想和具体实践的研究已经取得了较大的成果。随着时代的发展,这些研究比以前更加深入也更加全面,在对其评价方面也更加实事求是,不再完全以阶级斗争的观点来对其"一刀切"地否定,更多倾向于结合现实环境对其进行了一分为二的客观分析评价,这是近年来新的研究进展。但是在一定方面的研究也存在不足,尤其关于对其乡村建设思想和实践所引起的争议的专门研究则还存在学术空白。因此,从本书的选题角度来看,从各个时代、各个派别对于梁漱溟及其乡建思想和实践的争议研究入手,无疑是一个更加巧妙和深刻的角度,能对其思想和实践进行一个更为客观和全面的审视,以挖掘出更加科学和有价值的借鉴之处所在。

（二）对民族传统政治文化在政治发展中作用的关注

梁漱溟乡建思想及实践的内容可以归结为八个字"文化重构,社会改造"。客观来说,梁漱溟及其反对者之间的诸多观念,尤其是政治发展道路选择上的差异,归根结底是文化观念尤其是政治文化观念的差异。应该承认,无论处于时代发展的何种阶段,无论国际地位如何变化,外来文化和传统文化的差异永远存在,纷争也永远存在,但毫无疑问中国传统政治文化中蕴藏着某些积极因素需要坚守,并在现时和未来的政治发展中予以转化和发扬。因此在社会主义建设新时期,如何挖掘传统文化的有益成分,如何探索中国传统政治文化的现代化路径,如何发挥传统政治文化在现代政治发展中的积极作用,将是我们永远要面临的问题。作为政治文明基础的政治文化现代化不仅是我国现阶段政治发展的巨大助推力,也将是整个社会主义现代化发展的关键环节。因此,本书在分析梁漱溟及其批评者的对立观点时,尝试探讨梁漱溟彼时政治发展道路选择中的合理因素,寻找中国传统政治文化对现代化政治发展的有益积极成分,探索如何在全球化时代背景下更好地建立民族文化认同以构造新型的政治文化,期望得到一些新观点。

（三）对梁漱溟乡村建设理论和实践进行了细致、全面的阐述和挖掘

梁漱溟乡村建设理论是梁漱溟忧于乡村现状、心系民族前途的呕心沥血之作，是其教育、文化、经济、政治等思想的集大成，提出了许多前人未发、世人未及的独特观点和方法，并以此指导了自己长达七年的实践，在近代乡村发展史上留下了浓墨重彩的一笔。在此过程中，认同和争议并存，成绩和教训都值得正视和留存。本书在前人研究的基础上，最大程度地详细回顾和描述了梁漱溟乡村建设的点点滴滴，以及围绕其乡村建设所兴起的各种意见、观点和评价，力图完整、真实、客观地还原此历史进程，挖掘其现代价值。

二、研究存在的不足

在研究基础方面，各个时代、各个派别对于梁漱溟乡建思想和实践批判的资料比较分散，有关分析更是散见在不同时代、不同刊物之中，大都年代久远、查找困难。目前专门对梁漱溟乡建思想和实践批判进行系统研究的文献更是少之又少，这使得本研究可以接收到的研究指导和可资借鉴的研究成果有限。因此，需要投入较大的时间和精力展开一系列原始资料的收集。

在论点总结方面，由于作者的学识经验、能力等均有限，因此本书在总结、提炼论点方面存在一定的难度，这可能会影响到本项研究的深度和水平，使得研究工作还需要在后续研究过程中不断进行深化和提升。

在基础理论和分析工具方面，深层次的评判和分析梁漱溟乡村建设理论和实践本身，以及时人对其的批评，需要综合从文化、政治文化直至中国传统政治文化入手，由于作者能力有限，可能存在一些不足和缺憾。

第四节　研究思路和研究方法

一、研究思路

本书从二十世纪二十年代的历史和时代背景出发，分析梁漱溟乡建思想得以产生、发展和成熟的缘由、理论来源和发展历程，结合其乡建理论设计，详细回顾了梁漱溟二十世纪三十年代在山东邹平进行的乡村建设实践，由此引出不同时期各派别对其实践的评价和争论，从政治发展的角度全面

分析这些论争的相异之处,借以挖掘梁漱溟及其批判者对立两面各自的合理之处,指出其各自观点中对今天的社会主义新农村建设和现代化建设中的有益借鉴。

二、研究方法

(一)坚持历史唯物主义的指导思想

历史唯物主义是本书的基本指导思想。恩格斯指出:"现代唯物主义把历史看作人类的发展过程,而它的任务就在于发现这个过程的运动规律。"①历史唯物主义要求历史地、辩证地看待问题。梁漱溟及其同仁所从事的乡村建设事业,当然不是一个革命性的运动,本质上是当时的"知识分子乡村改良主义运动",其失败具有必然性。但不可否认无论是梁漱溟乡建思想及其实践本身所持的基础和立场,还是批评者基于自身立场所提出的不同甚至反对意见,都是基于当时中国大环境,基于各自对建设之路的不同认识,基于"天下兴亡,匹夫有责"的爱国热情和责任心,对祖国和民族的复兴之路所作出的苦心孤诣的思考和披肝沥胆的实践,是值得肯定和继承的。他们对于中国农村的具体分析认识,及其建设过程所采取的诸多措施,有诸多闪光点;对于今天的社会主义新农村建设提供了宝贵的借鉴和教训,值得深入研究、细致分析。因此需要从历史唯物主义观点出发,力求既不脱离当时的国内国际环境,不跳脱历史发展步骤苛求跳跃式进步,又遵循时代发展要求,用科学的眼光去寻找前辈先贤那时那地的构想和实践中的合理之处,努力对梁漱溟的乡建思想和实践作出一个恰如其分的评价,并从各个时代、各个派别对国家建设、农村建设的不同构想中挖掘出今天和谐社会建设和新农村建设的借鉴所在。

(二)实地调研法

关于对梁漱溟乡村建设思想的研究大多只停留在史料研究的层面,实地调查研究的则很少,有的甚至以讹传讹,扭曲了梁漱溟先生的本意。本研究最大的便利之处在于第一手资料的收集。笔者于2010年4月亲自前往梁漱溟于二十世纪二三十年代进行乡建实验的山东省邹平县进行了资料搜集和考察,走访了当地数位研究梁漱溟及其乡建实验的专家,参观了梁漱溟纪

---

① 《马克思恩格斯选集》(第三卷),人民出版社,1995年,第64页。

念馆和梁漱溟墓,获得了大量一手资料,拍摄了大量梁漱溟进行乡建实验的文字、影像和实物资料。本书在写作过程中参照这些资料,如《邹平县志》对梁漱溟乡村建设实验较为客观、权威的记载,梁漱溟纪念馆、邹平县档案馆、山东省档案馆对民国时期梁漱溟山东乡村建设实验的详细记录,相关时期的《申报》《大公报》等相关报道,以及中华人民共和国成立初期的会议纪要和相关档案,这些资料都为本项研究提供了基础材料。

（三）历史研究法

历史研究法即运用历史资料,按照历史发展的顺序对过去事件进行研究的方法,亦称纵向研究法。承认历史的态度和方法是政治研究的一个不可缺少的基础。本书在写作时通过对彼时政治环境和制度、政治文化及各派别政治思想的回顾和分析,力求详细并系统地描绘梁漱溟乡村建设思想和实践的发展演变趋向,以及不同时期和环境下不同派别和个人对此思想和实践的评价和争议,通过分析梁漱溟乡村建设思想和实践及其争议对当时中国社会带来的影响,冀望从中得到对现时社会主义新农村建设和政治现代化进程的有益成分。

（四）比较研究法

比较是理论分析和现象研究中最常用的、最基本的方法之一。比较研究法是对于两个或多个研究对象,以比较的方式来寻找它们之间的相关性和差异性,以及它们之间不同的特征本质。具体而言,它是指一种考察的程序,即依据各种标准,将被视为可比较的现象所呈现的同异予以澄清,其目的在于寻求和分类那些现象产生与发展的因素及他们当中的互相关系之模式。① 因此,采用比较研究法,可以通过对比发现有价值的、可借鉴的东西,为研究所用。本书内容将会涉及三方面的比较:首先是针对同时期乡村建设运动中不同人物、派别的理论、实践及其相互间横向比较研究。如将梁漱溟的邹平乡村建设与晏阳初的河北定县平民教育、黄炎培的中华职业教育社等不同派别、主张之间的比较。其次是不同时期乡村建设运动的纵向比较研究,把七十年前的民国乡村建设运动和当代的新农村建设进行比较,以期从中获得有益的启示和借鉴。最后也是最主要的,是把梁漱溟自身的思想和实践与其批评者、批判者的主张相对比,对于其思想和实践进行一个更

---

① 龙冠海:《社会学》,三民书局,1991年,第71页。

为客观和全面的审视,以挖掘出更加科学和有价值的理论价值和实践价值。

(五)文献分析法

文献分析法的运用主要是针对一定的研究范围和研究课题,通过文献资料调查、查找来获得相关资料信息,以此全面详细且准确地了解研究对象,完成研究目的。本书拟通过各种学术研究刊物、报纸杂志、新闻媒体、数据库等,收集该领域的相关研究成果,对批判梁漱溟乡建思想和实践的观点进行归纳分析,以确定本研究的基本观点、分析框架,在此基础上探讨梁漱溟乡建思想和实践所存在的不足和其在新时代新形势下所提供的借鉴所在。

第一章
二十世纪二三十年代中国农村状况与乡村建设运动

　　乡村是社会的缩影,无论是在帝制时代还是当代,已出现过很多类似的表述。乡村成为突出问题是在近代中国发生的,正如卡尔·博兰尼在《巨变——当代政治、经济的起源》中开篇所言,"19 世纪的文明已经崩溃"①。二十世纪古老中华帝国的乡村社会也不能幸免,伴随着一场前所未有的巨变呈现于近代中国的历史舞台。杜赞奇在《文化、权力与国家——1900—1942 年的华北农村》一书中就点出引发乡村中国巨变的诱因:"在 20 世纪前半期的乡村中国,有两个巨大的历史进程值得注意,它们使此一时期的中国有别于前一时代。第一,由于受西方入侵的影响,经济方面发生了一系列的变化;第二,国家竭尽全力,企图加深其对乡村社会的控制。"②正是在此社会变动的影响下,乡村社会为各方人士所重视,并成为学术关注和理论实践的对象。事实上,近代中国乡村结构性变迁直到二十世纪初年,才在废除科举和实行地方自治的两大历史事件中揭开了序幕,"对于乡村而言,现代化进程所导致的直接后果是,乡村开始被工业化、城市化的现代化浪潮的快速发展抛在城市发展之后,传统时代原本城乡一体化的文化、社会结构发展模式被打破了。20 世纪初期的'乡村危机'即是这种社会结构发展失衡状况的一种表征,因此,20 世纪二三十年代的中国乡村历史具有了与此前时代完全不同的内涵与意义"③。

---

　　① ［英］卡尔·博兰尼:《巨变——当代政治、经济的起源》,黄树民、石佳音、廖立文译,台湾远流出版社,1989 年,第 59 页。
　　② ［美］杜赞奇:《文化、权力与国家——1900—1942 年的华北农村》,王福明译,江苏人民出版社,1996 年,第 1 页。
　　③ 王见明、常书红:《传统与现代的交错、纠葛与重构——20 世纪前期中国乡村权力体制的历史变迁》,选自复旦大学历史学系、复旦大学中外现代化进程研究中心编:《近代中国的乡村社会》,上海古籍出版社,2005 年,第 45 ~ 46 页。

第一节 二十世纪二三十年代的农村状况

自戊戌变法以后,因为政治社会本身也以城市为中心,无论政府还是革命党,无论是建设还是革命都与农村关系不大,在历史舞台上表演的主角和配角都来自城市社会,乡土社会和农民大多作了个舞台布景,偶尔城市里发生的事件牵涉到农村,于是农村就因此在历史的舞台上跑了下龙套。"中国新型的从事现代化的人士一般都失去了他们的农村根基。结果,许多人销声匿迹了。1895 年以后的一代国民党的年轻的革命者是不那么熟悉农村的典型的城市人。在他们通过西化以拯救中国的努力中,他们掌握了西学和西方技术的许多方面,但常常发现自己与中国的平民失去联系。"①甲午战争以后直到国民党政府统治时期,才使"立场不同的观察家们一致认为中国已经陷入深刻的农业危机之中"②。其时的中国、中国农村和广大农民深受帝国主义和封建主义的双重压迫,民生凋敝,苦不堪言,濒于破产。中国农村的日益崩溃,主要体现在以下三个方面:

一、外患内战交攻

中日甲午战争以后,虽然中国农村的商品经济有了一定发展,农产品出口有了一定增长,但主要是服从于帝国主义进一步掠夺原料、把中国作为主要商品倾销地和在中国投资办厂牟取高额利润的需要发展起来的。③ 以最具代表性的农作物棉花为例,据华商联合会调查,仅 1923 年一年,日、英在华棉纺织业即用棉五百五十二万余担。此外,在其本国用棉花中,也有很大一部分是帝国主义在华开办的棉纺织业用去的④。"北迄燕、齐、豫而竭乎满洲、内蒙,西届秦、晋、蜀而宣乎甘肃、新疆,多见产出;即原来产棉之区最著者如江、浙、闽、广等省,近亦扩充棉区,几乎全国均从事植棉矣。"⑤除棉花之

---

① [美]费正清:《剑桥中华民国史 1912—1949》,杨品泉等译,中国社会科学出版社,1998 年,第 29 页。

② [美]阿瑟·恩·杨格:《1927—1937 年中国财政经济情况》,陈泽宪等译,中国社会科学出版社,1981 年,第 336 页。

③ 况浩林:《简明近代中国经济史》,中央民族学院出版社,1989 年,第 216 页。

④ 章有义:《中国近代农业史资料》(第二辑),生活·读书·新知三联书店,1957 年,第 184 页。

⑤ 章有义:《中国近代农业史资料》(第二辑),生活·读书·新知三联书店,1957 年,第 196 页。

外,生丝、大豆、烟草、花生、桐油、茶叶、蔗糖等中国传统出口经济作物,其或沦为帝国主义原料产地,或在国际市场遭遇帝国主义强烈竞争以致失去优势。

随着帝国主义商品倾销的加剧,我国的进口额也急剧增长,这个时期进口的商品主要包括棉纱、石油、钢、铁、卷烟等,有相当一部分是为农村提供的,农民生活消费中的商品部分日益增加,中国农村以小农业和家庭手工纺织业相结合为基础的自然经济进一步解体。至 1927 年,中国农村已是"为厂布之原料,大都外货也,造屋之钉,大都外货也。缝衣之针,外货也,取火之磷,外货也,偻而指之,不可胜数"①。据统计资料显示,在 1929 年至 1931 年世界资本主义大危机期间,帝国主义对中国贸易中的不等价交换更为严重,仅因不等价交换中国每年就至少要损失 15000 万美元。② 除此之外,帝国主义在中国的一些垄断组织,通过不等价交换,并且通过买办、奸商直接深入农村操纵农产品的初级市场,通过控制和垄断原材料和产品市场,大肆掠夺中国农村市场,阻碍中国民族资本主义发展,农民在帝国主义与封建势力相勾结进行的残酷剥削下,日益贫困,纷纷破产或濒于破产。

二、政治秩序失范

民国之后,正如毛泽东所说:"封建时代的自给自足的自然经济基础是被破坏了;但是,封建剥削制度的根基——地主阶级对农民的剥削,不但依旧保持着,而且同买办资本和高利贷资本的剥削结合在一起,在中国的经济生活中,占着显然的优势。"③近代以来,在新的历史条件下,中国农村土地兼并和集中的趋势愈加发展。尽管在这一时期资本主义因素有了一定发展,但占据统治地位的仍然是封建土地所有制。尤其到了二十世纪二三十年代,军阀混战,政治腐败,握有军事、政治、经济特权的大地主、大军阀,以帝国主义为靠山,大肆兼并土地,其中不只农民的土地,甚至包括官田和荒地。根据二十世纪三十年代对江苏、浙江、广东、广西四省部分县、村的调查:江

---

① 章有义:《中国近代农业史资料》(第二辑),生活·读书·新知三联书店,1957 年,第247 页。
② [苏]斯拉德科夫斯基:《中国对外经济关系简史》,郗藩封译,财政经济出版社,1956 年,第191 页。
③ 毛泽东:《中国革命和中国共产党》,《毛泽东选集》(第二集),人民出版社,1991 年,第628 页。

苏无锡 20 个代表村中 5.7% 的地主占有 47.3% 的土地;浙江四县占农户 3.3% 的地主,占土地总面积的 53%;广东占农户 2% 的地主,亦占 53% 的土地;广西东部七县占农户 2% 的地主,竟占有 71% 的土地。① 商人、高利贷者也在盘剥农民的过程中,趁机兼并农民的土地。还有一些已投资于民族资本主义工业的资本家和官僚资本家,也大力购买土地。而帝国主义除了在政治、经济、军事上力图控制中国外,也凭借其特权,在中国大肆掠夺土地和农田。有资料显示,自鸦片战争以后,外国资本主义就开始侵占中国农田,特别是教堂和商人。② 如沙俄在修筑中东铁路时,总计夺走土地二百一十七万亩,尚不包括哈尔滨市内所占土地。③ 这样对土地大肆兼并和掠夺的直接后果就是,中国农村土地日益集中于军阀、官僚、地主、商人和帝国主义之手,大批农民失去土地,无地或只有极少土地的农民越来越多。中共中央党史研究室郭德宏曾综合分析过二三十年代的土地问题。他指出,1924—1937年,地主占总农户的比例约为 3.11%,富农为 6.38%,中农为 24.02%,贫雇农为 61.4%。而这四个阶级的土地占有量分别为 41.47%、19.09%、25.87%、20.77%。④ 土地日益集中,地权极度不合理,使得农村经济进一步恶化,农民生活极度贫困,阶级矛盾进一步加剧,农村社会愈加动荡不安。

与此同时,近代封建土地所有制中封建宗法关系日渐削弱。尤其是经受了近代农民运动的不断冲击,不仅在经济上削弱了地主经济,在政治上打击了地主阶级,并且在思想上对农民进行了灌输和教育,动摇了宗法伦理道德观念,封建土地制度和宗法关系不可避免地受到了一定程度削弱。首先,主要表现在此时农村租佃关系日趋自由,租佃契约大部分是口头的,书面契约的形式较少,就是立有文约也很简单,仅仅记载地租数量,一般没有其他附加条件。主佃双方在契约上是平等的,不存在人身依附关系,佃农有退佃和迁徙的自由,特别是由于定额租和货币地租的发展,使佃农在生产中不再受地主的监督,可以获得更多的自主权。⑤ 其次,随着这一时期商品经济的

---

① 陈翰笙:《现代中国的土地问题》,载冯和法:《中国农村经济论》,黎明书局,1934 年,第 214～215 页。

② 岳琛:《中国农业经济史》,中国人民大学出版社,1989 年,第 277 页。

③ 章有义:《中国近代农业史资料》(第二辑),生活·读书·新知三联书店,1957 年,第 8 页。

④ 郭德宏:《中国近现代农民土地问题研究》,青岛出版社,1993 年,第 42 页。

⑤ 岳琛:《中国农业经济史》,中国人民大学出版社,1989 年,第 316 页。

发展,永佃制逐渐衰落,如《1914 年大理院判例上字第 708 号》规定:"当事人立约之初,虽泛言永远不得强租夺佃,如系有法律上之正当理由,仍可认一方有解约(如佃户欠租之类)或增租(如经济情形确定大变动之类)之权利。"①由此农民获得更多自由。最后,土地买卖中宗法关系的束缚被逐渐打破。1913 年北洋政府大理院在处理涉及家族关系的土地买卖时不再保护族人优先购买这一习惯,后来并在法律上"明示禁止"②,土地买卖中的宗法束缚由此被打破。

总而言之,西方文明入侵之前,虽然物质和精神生活演进缓慢,但固有的政治组织、经济组织和社会公共组织大体而言能够应对社会不断变化的新要求,而西方文明的输入仿佛一夜之间加速了中国农村的变化。"与这种社会类型相适应的道德还没有成长起来,我们的意识最终留下了一片空白,我们的信仰也陷入了混乱状态。传统失势了"③。这种变化打破了农村原有的秩序,侵蚀了乡村的伦理观念,混淆了农民坚持几千年的价值判断标准,使农民的物质生活和精神生活同时陷入混乱状态,政治统治和社会秩序失范。

三、农民生活困苦

二十世纪二三十年代的中国农村,随着经济衰退和政治失范而来的必然现象就是农民生活的极端贫困和政府、地主对农民日益加剧的剥削和掠夺,田赋、漕粮及附加税普遍增加,地租剥削不断增加,田赋正附税不断加码。地主仍然以地租作为剥削农民的主要手段,地租的主要形态仍然是实物地租④。以各省为例,据记载,1927 年江苏的附加税有水利捐、自治捐、户籍捐等十数种,广东有军费、自治费、保安队费等不下三十种。⑤ 除此之外,地主转嫁到农民身上的田赋税之高也到了惊人的地步,苛捐杂税名目繁多、层出不穷,农民苦不堪言;高利贷盘剥形式繁杂,利率惊人,日益增长。如北

---

① 章有义:《中国近代农业史资料》(第二辑),生活・读书・新知三联书店,1957 年,第 85 页。
② 章有义:《中国近代农业史资料》(第二辑),生活・读书・新知三联书店,1957 年,第 75 ~ 77 页。
③ 梁漱溟:《梁漱溟全集》(三),山东人民出版社,1990 年,第 366 页。
④ 况浩林:《简明近代中国经济史》,中央民族学院出版社,1989 年,第 233 页。
⑤ 陈翰笙:《中国农民担负的税赋》,载章有义:《中国近代农业史资料》(第二辑),生活・读书・新知三联书店,1957 年,第 577 页。

京在 1900 年以前典当质押利率多为月息二分或二分五厘,以后一律增加到三分。① 仅 1933 年一年,全国 22 个省 56% 的农民需要借款,48% 的农民需要借粮,察哈尔一省的借款户就高达 79%。② 此外,军阀连年混战,兵匪勾结,任意抓夫派款,烧杀劫掠。据调查,1927 年 11 月至 1928 年 5 月,山西雁北战区各县所出兵差,货币占 0.94%,实物占 99.06%。从 1930 年 4 月到 10 月,豫东战区各县所出兵差,货币占 5%,力役和实物占 95%。从 1930 年 10 月到 1931 年 3 月晋南屯留、襄垣、沁县三个县,为驻军供应的兵差,采用货币形式的占 7%,力役和实物形式的占 93%。③ 除此之外,商人通过压价、抬价、操纵季节差价、勒称等手段,对农民进行最大限度的剥削;更由于天灾频仍、政府腐败,各地防治自然灾害设施常年失修,导致农民死亡人数不断上升。据统计,全国各种灾荒区域 1913 年不下四千三百余万公顷,1918 年不下四百零七余万公顷,1926 年,东三省发生了二十年来未有的大旱灾,湖北全省有六十四县大旱,安徽发生了六十年未有的大水灾。此外,直隶、江苏、河南、江西、浙江、广东等省也遭受各种灾害,直接导致各地饥民千百成群,食草根树皮皆尽,至以观音土为饭,④仅 1931 年至 1936 年,全国饿死的人数就高达 698.8 余万人。⑤ 农民身处如此惨境,不仅体力遭受严重摧残,更加上资金缺乏,耕畜、种子、生产工具因之更加短缺,导致农业生产无以为继,产量逐年锐减,农村状况更加满目疮痍,陷入循环恶化怪圈。1935 年在上海《大晚报》上有人曾对河南的农民作过这样的描写:"户鲜盖藏,途有饿殍,年富力强者,多铤而走险,致盗贼起于郊野,哀鸿遍于村原,耕者离其机杼,扶老携幼,逃亡四方。"⑥全国到处因饥饿而死的农民,不可胜数。在 1929 年至 1932 年间,计饿死者,陕西 150 万人,甘肃 350 万人,山西 120 万人,四川 650 万人,山东 150 万人。⑦

---

① 章有义:《中国近代农业史资料》(第二辑),生活·读书·新知三联书店,1957 年,第 556 页。
② 严中平:《中国近代经济史统计资料选辑》,科学出版社,1955 年,第 342 页。
③ 王寅生:《中国北部的兵差与农民》,国立中央研究院社会科学研究所专刊,1931 年,第 2 页。
④ 章有义:《中国近代农业史资料》(第二辑),生活·读书·新知三联书店,1957 年,第 617 页。
⑤ 鲁振祥:《三十年代乡村建设运动的初步考察》,《政治学研究》,1987 年第 4 期。
⑥ 参见《大晚报》,1935 年 6 月 28 日。
⑦ 陆定一:《两个政权——两个收成》,《斗争》,1934 年 9 月 23 日。

第二节 民国时期乡村建设运动概况

二十世纪二三十年代,面对如此凋敝破败的农村经济和困顿不堪的农民生存状况,许多有着社会良心和责任感的革命者和学者都深刻体认到农村与城市之间的巨大差异,并把注意力越来越集中到粮食生产短缺、土地分配不均和农民的困境上,相关理论和实践接踵而至,如火如荼。除了梁漱溟、晏阳初等因为深切感受到"乡村之不安"而走向乡村的实践者,报章杂志也频频发出"救济农村"的呼声,各政治党派也在积极规划针对乡村的救治之道。①

客观来说,乡村建设运动的普遍开展和形成热潮不是凭空而起、一蹴而就的。它在农村经济日益走向衰落的历史背景下兴起,以二十世纪二十年代的乡村教育运动的蓬勃兴起为发端,在二十世纪三十年代初沛然形成一股热潮并蔚为大观。由于社会背景、政治主张、重点内容的不同,二十世纪二三十年代的农村建设运动大致可以分为三类:一类是知识分子出身的社会活动分子,他们企图通过社会改良活动来改变农村破产状况,其中影响比较大的包括晏阳初、梁漱溟、黄炎培等领导的各个乡村建设团体;另一类是中国共产党,他们试图通过革命的手段来解决农村问题;第三类是以南京国民政府为代表的国民党各级政府。1933 年 5 月南京国民政府行政院专门成立了"农村复兴委员会",试图领导全国的农村建设运动。同时一些地方当局,尤其是一些地方军阀为了加强对本地的控制,也积极倡导和开展农村建设运动,其中规模比较大、成效比较显著的包括:山西的阎锡山、广东的李济深、广西的李宗仁、山东的韩复榘等。他们的意图,显然是试图通过各种措施救济农村,以达到控制农村维持统治的目的。②

乡村建设运动初期,对此类运动的命名种类繁多,不一而足,而"乡村建设"一词正式出现在 1931 年,最早使用这一词的正是梁漱溟领导的山东乡村建设研究院,"皆以'村治'与'乡治'两名词不甚通俗,于是改为'乡村建

---

① 复旦大学历史学系、复旦大学中外现代化进程研究中心编:《近代中国的乡村社会》,上海古籍出版社,2005 年,第 4~5 页。

② 朱汉国:《梁漱溟乡村建设研究》,山西教育出版社,1996 年,第 16 页。

设'",且取其"含义清楚,又有积极的意味"①。"乡村建设"一词使用后,迅速为大多数乡村工作者接受和认同,原来一些在农村设立实验区的教育机构、学术团体和大专院校,纷纷将工作重点从单一的乡村教育转向综合的乡村建设。据国民党政府实业部统计,二十世纪三十年代初期,全国从事乡村改良运动的团体达六百多个,他们建立的乡村实验点或实验区有一千多处,②其中比较有代表性的包括:

一、定县:中华平民教育促进会

定县平民教育促进会成立于 1923 年 8 月,晏阳初为总干事长。晏阳初(1890—1990),名兴复,又名遇春,云霖,四川巴县人。晏阳初自幼接受新式教育,成绩优异,1913 年进入香港圣保罗书院求学,1916 年秋转入美国耶鲁大学,1918 年 6 月毕业。是年,晏阳初响应北美基督教青年会的号召,奔赴一战的法国战场为在那做苦力的十几万华工服务。在此过程中,他发现华工大都聪明善良、品德优良,只是因贫困而缺乏教育机会,所以文盲比例极高。因此晏阳初暗下决心立志终生从事平民教育事业。1920 年回国后,晏阳初先后奔赴长沙、烟台、嘉兴等地从事平民教育实验。1923 年 8 月,在社会各界人士的帮助和支持下,"中华平民教育促进会"(以下简称"平教会")宣告成立,以"除文盲,作新民"为宗旨,晏阳初任总干事长。

"平教会"在成立初期,主要在城市开展平民识字教育。经过一两年的实践,晏阳初等人逐渐意识到中国的文盲大都集中在农村而非城市,因此逐渐将工作由城市转移到乡村。1926 年夏,"平教会"选定河北定县为乡村教育实验区,随后在定县开展了大规模实验工作,并根据实际工作的需要,逐渐健全和完善了其内部工作系统。晏阳初及其追随者期望以定县为基地,"在中国建立一个模范县,将全力以赴的在这个县干上十年、二十年或有可能三十年",直到这个县"变成中国在二十世纪应该具有的样板"③。

"平教会"共设总务处、研究委员会、秘书处三处机构,其中研究委员会下设十个部,包括平民文学部、生计教育部、卫生教育部、公民教育部、学校

式教育部、社会式教育部等十个部,其"并不满足于仅仅教人阅读,还想帮助农民实现农业现代化,引进先进的农业方法和提高中国农民的生产效率"[①]。1930年7月"平教会"在详尽调查基础上,分别按照实际情况制定了"十年计划"和"六年计划",将全部工作分为若干设计,每一设计又就工作时间、经费、性质、人才等定为若干单元,明确规定了要达到的目标和结果,以及落实和检察措施,自村而区而县,文字、生计、卫生和公民这四大教育连锁进行,互为基础,同时并举,力求具体详密。1932年第二次全国内政会议以后,定县被河北省政府划为县政建设实验县。

"平教会"工作重点主要集中在农民的文艺教育、生计教育、卫生教育和公民教育上。在文艺教育上,他们重视推广艺术教育、农村戏剧,编有千字课本三种,创作或改编了多种思想健康向上、为农民群众喜闻乐见的剧本。关于生计教育,"平教会"在社会调查的基础上制定了一整套对农民进行生计训练的方法,通过生计巡回训练学校、表证农家和实验推广训练,组织信用合作社,训练农民完成经济组织,对一些农作物品种进行改良和栽培试验,从而达到农村经济建设。在卫生教育方面,"平教会"在初期即对定县的医疗卫生状况进行调查,重视卫生常识的宣传教育工作,建立了中国第一个以县为单位的保健制度,对一些传染性疾病进行积极预防,注重妇婴卫生,提倡节制生育运动,推行现代科学助产方法,改变了之前农村缺医少药、有病得不到医治的状况,使定县卫生状况得到了极大改善。在公民教育方面,"平教会"重视国族精神研究,同时进行农村自治研究,组织公民训练"欲培养村民的公共心与团结力"[②]。1933年春河北省县政建设实验县在定县成立后,"平教会"根据组织原则和定县的实际情况,进行了一系列县政改革的研究实验,把县政机构分为公民服务团、乡镇建设委员会和乡镇公民大会、县政府三级,改组县政府,裁局并科,合署办公,表证示范村,并在全县进行推广。令人惋惜的是,由于1936年华北局势日益恶化,定县"平教会"县政改革实验并未全部完成,被迫中断。

定县"平教会"自1929年迁至定县进行大规模研究,至1936年因华北局势恶化迁至湖南长沙,"平教会"在定县整整工作了七年,投入了大量的人

---

① 《晏阳初全集》(一),湖南教育出版社,1989年,第143页。
② 《晏阳初全集》(一),湖南教育出版社,1989年,第329页。

力、财力、物力,定县"平教会"实验也因其丰富的经验和巨大的成绩,在二十世纪三十年代的乡村建设运动热潮中举足轻重。

二、徐公桥:中华职业教育社

中华职业教育社于 1917 年 5 月在上海成立,主要负责人是黄炎培。黄炎培(1878—1965),号楚南,字任之,江苏川沙县人。黄炎培自幼接受中国传统私塾教育,但在二十世纪初接触西方文化后转而致力于兴办新式学堂推广新式教育。1926 年 10 月,职教社决定以江苏昆山徐公桥为第一试验区,致力于改进农村生活。1927 年因时局和经费等种种原因,其他各单位纷纷退出,职教社决定独立继续举办徐公桥乡村改进试验区,致力于"使全区儿童,完全入学,不识字之青年成人,完全减除,知识开明,风俗敦厚,发挥互爱互助之精神,共谋本区文化之进展。其经济目的,在使农业改进,生产增多,家给户足,百废俱举,村容野容,焕然改观,健康安乐,厉疫不兴,养生送死,毫无遗憾。其组织目的,在使人人能自治,能合群,视公事如己事,扩大爱家爱乡之心以爱国"①。

改进会以会员大会为主体,只有徐公桥区各村已成年之男女村友,了解会社宗旨、有志改进乡村、热心社会事业的人,才有资格成为会员。会员大会负决策之责,其下设委员会,再设办事部,此两机构主要负监督和执行的责任。初始,在办事部下设总务、建设、农艺等七部,各部之下又分设若干股,后因此组织过于琐细,不利于开展工作,于是取消部下设股的安排,并将原来的七部合并成总务股、建设股、农事股、教育股和保安股五股。随着改进事业的进一步发展和改进会活动的扩大,又先后设立了经济稽核委员会、款产保管委员会、民事调解委员会和赞助委员会,主要负责经费收支审核、调解民间纠纷、负责与各地方联络以争取支持等职责。

徐公桥实验区的重要工作包括:

(1)普及教育。大力推广义务教育和民众教育,大力兴办学校,试验流动教室办学法,设立农民教育馆,建立起一整套实施普及义务教育的措施和制度。据统计,到 1934 年 7 月徐公桥实验区有 6 所小学,在校学生 585 名,

---

① 江恒源:《中华职业教育社之农村工作》,载章元善编:《农村建设实验》(第一集),中华书局,1935 年,第 40 页。

短短 6 年期间,增加小学 5 所,在校学生 425 名,识字成人增加了 964 人①。

(2)推广合作。为了帮助农民减轻高利贷和押当的剥削,解决农民生产困难,促进农民经济流通,增加生产效能,徐公桥实验区先后成立了借贷合作社、信用合作社和公共仓库。

(3)改良农事。徐公桥实验区设立之后,设立了三个棉试验区,两个稻试验区,重视螟害和小麦黑穗病的防治,普遍推广使用打稻机、抽水机、碾米机等新式农具,提了农作物的亩产量。举办家庭工艺训练班,招收青年妇女学习花边和刺绣,从事家庭工艺品生产,保证了合作农家的经济利益。

(4)公共卫生和设施建设。徐公桥试验区于乡村改进会内设公共诊所和药库,改变了之前徐公桥地区没有医院的历史。重视民众的公共卫生,经常举办卫生展览和演讲会,为贫苦农民免费看病,并负责时疫的预防和治疗工作,极大地改善了农村和农民的卫生和健康状况。同时针对农民吸食鸦片和赌博现象严重的问题,试验区不但采取警管区措施,查禁烟赌,这种严格查禁和引导娱乐相结合的措施收到了良好效果,"全区烟赌绝迹"。

除此之外,试验区人力组织修路、修桥,极大改善了此地区农民的交通状况。至 1934 年 6 月试验期满,徐公桥全区先后筑石路 4 条,计长 3 千米,筑泥路 5 条,计长 5.5 千米,②修建木桥 24 座,石桥 7 座,所需费用皆通过个人集资、公家补助和向外募捐解决。③

总而言之,徐公桥试验区在很大程度上促进了乡村自治,使教育范围大大普及,客观上起到了生产改良、生活文明的促进作用。至 1934 年 6 月试验期满后,徐公桥乡村改进试验区按照预定,交还地方接办。

三、邹平:山东乡村建设研究院

梁漱溟(1893—1988),字寿铭,曾名焕鼎、寿民、瘦民,二十岁后又取名漱溟。祖籍广西桂林,生于北京,祖先是元朝宗室后裔,姓也先帖木耳。元

① 江恒源:《试验六年期满之徐公桥·序》,载姚惠泉、陆叔昂编:《试验六年期满之徐公桥》,1934 年,第 92～93 页。
② 江恒源:《试验六年期满之徐公桥·序》,载姚惠泉、陆叔昂编:《试验六年期满之徐公桥》,1934 年,第 63 页。
③ 江恒源:《试验六年期满之徐公桥·序》,载姚惠泉、陆叔昂编:《试验六年期满之徐公桥》,1934 年,第 15 页。

朝灭亡,留居河南汝阳,改汉姓梁,后定居广西桂林。梁漱溟累世仕宦之家,书香门第,其父辈朋友的为人处事作风给幼年青年时的梁漱溟以极大的影响,相当程度上助其养成了一生唯真求实、刚正不阿的治学和行事原则,而其早年的学术积累和社会历练则为其二十世纪二十至三十年代投身于乡村建设运动作出了顺理成章的注解和诠释。

(一)家庭影响

梁家历代笃信儒家学问,对梁漱溟做人和教育影响最大的,当属他的父亲梁济。梁漱溟评价父亲"不是一天资高明的人",但因受家庭影响,自幼就养成了传统儒家的品格和心性,秉性笃实,心地忠厚,意趣超俗,侠骨热肠,"不耻恶衣恶食,而耻匹夫匹妇不被其泽"[1]。梁济对子女的教育也与时人不同,不主张儿女继续之乎者也的科举之路,谆谆告诫学子要将出洋留学当作一件正当要紧的事去做,"勿惜费,勿惮劳,即使竭尽大半家资亦不为过"[2]。

正因为梁济对子女教育有着这样的指导思想,使梁漱溟接触到了新的人生观和社会观,领略了大量的西方近现代思想文化,激发了梁漱溟对现实政治的极大热情,从思想上给梁漱溟打开了一扇全新的窗。这对他后来思想的形成与转变产生了极大的影响。

梁济对子女教育的态度对梁漱溟此后一生的致力所在和一生的成就都是有极大影响和奠基作用的。首先,梁漱溟曾言到自己少年时期用以评判一切人和一切事的标准就是实用主义,"先父的思想,乃成为我的思想。先父为一实用主义者,我亦随之而成为一实用主义者"[3]。其次,梁济在尊重其每一个子女内心意愿的前提下的教育模式,循循善诱的教导方式,为他们提供了相当宽松自由的家庭环境,在很大程度上培植了梁漱溟接受新思想、追踪新潮流的心理准备,也促成了他唯真唯实、独立思考、不人云亦云,刚直不阿的学术品格,"成就了我一生的自学,自进,自强"[4]。不管是年轻时从拥护君主立宪到转而同情支持革命,进而加入京津同盟会,具体参与政治暗杀活动,抑或是接触社会主义直至深深受其影响写出《社会主义粹言》,再到笃信佛教,终生茹素,或坚定确立了乡村建设的思想,都是其独立思考、唯真求实

---

① 汪东林:《梁漱溟问答录》,湖南人民出版社,1988 年,第 2 页。

② 《梁漱溟全集》(一),山东人民出版社,1990 年,第 573 页。

③ 《梁漱溟自述》,河南人民出版社,2004 年,第 15 页。

④ 汪东林:《梁漱溟问答录》,湖南人民出版社,1988 年,第 4 页。

的结果,从自己的观点和观察出发,绝不人云亦云,随波逐流,"我常有自课于自己的责任;不论何事,很少须要人督迫。并且有时某些事,觉得不合我意见,虽旁人要我做,我亦不做"①。最后,梁漱溟曾说自己毕生最关心的是人生问题与社会问题,且终生坚持捍卫中国优秀的传统道德,成为当代新儒家首创山林的先驱。如果追根溯源的话,其对社会问题的关心,对传统道德的捍卫,也与父亲梁济深沉的爱国情感和社会责任感分不开。"多年后,父亲对他的学生们说,祖父给他的印象太深,使他'非为社会问题拼命不可'"②。作为梁济的儿子,梁漱溟从父亲那继承了对社会、对国家的责任感,对中华民族传统的大生命和儒学的真价值的维护由此发源。

(二)朋友相交

梁漱溟中学毕业后,没有继续升学,而是进入同盟会《民国报》担任外勤记者,由于目睹了政坛种种丑行,遂对现实政治失去信心,心情烦闷,退出《民国报》,转而居家研究佛法。1916 年,梁漱溟写成《究元决疑论》一书,随即得到包括蔡元培、梁启超等风云人物赏识,以中学学历进入北大担任北大印度哲学讲习。此时正是新思潮风行之时,西欧近代思潮和各种社会主义学说各行其道,虽然他并不排斥新思潮,但是由于其家庭背景及独立思考、脚踏实地的研究品格,对不分青红皂白一棍子打死儒学还是颇不以为然。于是他把注意力集中在东西文化哲学的研究工作上,于 1920 年出版《东西文化及其哲学》一书,首开文化比较研究方法的先河,在人生思想上归结到儒家思想的人生,并指出世界文化未来将是中国文化的复兴。应该说,这本书在梁漱溟的人生中是意义非凡的,它改变了他的生活,包括自己生活态度和社会对他的态度。他放弃了自己坚持已久的出家思想,主张大家应过儒家生活而非佛家生活,并于年底结婚,他还认定了"应当再创宋明讲学之风",征集朋友共学。这一思想的转变,对他的家庭生活,对他以后从事的教育和乡村建设实践,有着终生的意义。

在这一时期,有很多父辈和朋友对梁漱溟一生产生过很大的影响。较早对梁漱溟产生影响的是,梁漱溟小时曾就读和受益的蒙养学堂和《启蒙画报》的创办人彭翼仲。为了开启民智,开发社会,培养人才,提倡维新与社会

---

① 《梁漱溟全集》(二),山东人民出版社,1990 年,第 674 页。
② 梁培恕:《梁漱溟传——我生有涯愿无尽》,香港明窗出版社,2001 年,第 11 页。

改良,彭翼仲1902年在北京首创中国人的报纸事业,散尽家财先后开办了《启蒙画报》《京话日报》《中华报》三种报纸,包括梁济在内诸多志同道合的朋友也是倾家荡产倾囊相助。后其因《中华报》揭露和抨击朝政而获罪,被发配新疆,所有报纸也被封闭。梁漱溟也曾充满感情的提到:"从父亲和彭公他们的人格感召,使我幼稚的心灵隐然萌露对社会、对国家的责任感,而鄙视那般世俗谋衣食、求利禄的'自了汉'生活。"①

在梁漱溟年轻时候对其影响较大的还有其顺天中学堂时的同学郭人麟。1906年,梁漱溟考入具有新学性质的顺天中学堂,在此一直学习到1912年,并认识了被其尊为"人生导师"的郭人麟,"自与郭君接近后,我一向狭隘底功利见解为之打破,对于哲学始知尊重;在我的思想上,实为一大转进"。②由此可知,郭人麟的影响在梁漱溟的内心世界引起了极大的震动,对梁漱溟毕生人生信念的追求和职业选择都起到至关重要的作用。

稍稍年长后,在梁漱溟十四岁到十八九岁时,由于当时中国现实问题的强烈刺激,借由日本传递过来的梁启超主编的《新民丛报》《新小说》,梁漱溟变得更加留心时事、向志事功,不仅对中国问题及中国传统知识分子所关怀的天下、国家等问题抱有强烈的激情,并一度走向革命道路。正是在此环境下,梁启超、章太炎、章士钊等风云人物所写的意新笔健、激荡风云的文章,不仅深为梁漱溟喜爱,每篇必读,更对其早期的政治主张及性格起了重大影响,成为其思想演变和成熟的重要思想来源。梁漱溟曾说道在他心目中有几个倾慕钦佩的人物"梁任公先生当然是头一个"③。在辛亥革命前,章太炎曾一度与孙中山等革命党人联合鼓吹革命,其政治主张对热心于时局的梁漱溟产生过重大影响,其对梁漱溟为文为政的影响不亚于梁启超。"章太炎先生的文章,曾经极为我爱读,且惊服其学问之渊深。我搞的《晚周汉魏文钞》就是受他文章的影响。那时我正在倾心学佛,亦相信了他的佛学。"而说到章士钊,梁漱溟自幼就喜欢看他的政论文章,欣赏他文章字里行间的逻辑性,对章士钊那种独立思考、不畏压力的行事风格也非常倾慕,"彼此精神上实有契合,不徒在文章之末"④。

---

① 梁漱溟:《忆往谈旧录》,中国文史出版社,1988年,第17页。
② 阎秉华、李渊庭:《梁漱溟年谱》,广西师范大学出版社,2003年,第20页。
③ 梁漱溟:《我生有涯愿无尽》,中国人民大学出版社,2004年,第299页。
④ 梁漱溟:《梁漱溟自述》,河南人民出版社,2004年,第30～32页。

如果说彭翼仲、郭人麟、梁启超、章太炎、章士钊等人对梁漱溟的影响还大都停留在思想感染和转化上,那么其生活上、思想上的朋友对其影响则更为具体和长久。林宰平和伍庸伯对于梁漱溟来说,是极为重要的朋友,且"亦师亦友",他们不仅在学问和人品上深为梁漱溟所敬重,且在漫长的岁月中给予梁漱溟极为重要的家庭支持和事业影响。"闽侯林宰平先生讳志钧,是我衷心尊敬膺服的一位长者",①"林先生是我很佩服的,在思想上,乃至为人都是我很恭敬、很佩服,也是对我有影响的一个人。""其次再说一下伍先生。伍先生的价值很高。假如有人问我,你一生所亲自见到的、最佩服的人是谁? 那我就回答是这个。"他认为伍庸伯"是一个纯正的儒家,脚踏实地的儒家","把儒家的路子走得最正确"。由这种敬佩出发,梁漱溟认为自己"有一个很重大的责任,很重大的责任是什么呢? 就是替伍先生,把他的学问、为人,我要介绍给世界,给后人"②。

(三)学术背景

1911 年,梁漱溟从顺天中学堂毕业,被派到《民国报》任外派记者。期间因见识了政治上种种黑暗腐败、钩心斗角,对于他这样初出茅庐、热血沸腾的革命青年来说,理想幻灭、茫然无措的痛苦感使他精神上极度压抑和烦闷,遂 1912 年两度自杀,并最终从"入世"转为"出世"。1913 年他辞去《民国报》记者之职,闭门家居,潜心佛学,过起了隐居生活。1916 年,他在《东方杂志》发表了《究元决疑论》一文,这篇文章不仅为他赢得了著名佛学学者的身份,更使其获得了学术界的广泛注意和称道传诵。这其中不得不提到蔡元培,正是蔡元培不拘一格、兼容并包的办学方针,使得梁漱溟以中学学历而进入北大,年仅二十四岁正式担任了北大哲学系讲师,正式开启了他长达七十余年的学术生涯和颇具戏剧性的人生。

1917 年到 1924 年这七年,梁漱溟在北大陆陆续续讲授了印度哲学、唯识学、儒家哲学等课程,期间由于种种社会现实和自身原因,梁漱溟最终弃佛归儒,开始了他人生最后一个也是贯穿他以后一生的思想历程转变,期间,他陆续发表了《印度哲学概论》《唯识述义》和《东西文化及其哲学》等著

---

① 梁培恕:《梁漱溟传——我生有涯愿无尽》,香港明窗出版社,2001 年,第 94～96 页。
② [美]艾恺:《这个世界会好吗:梁漱溟晚年口述》,一耽学堂整理,东方出版中心,2006 年,第 128～137 页。

作,最终成为二十世纪中国最著名的文化保守主义者和现代新儒学的开启者。其中《东西文化及其哲学》影响最为深远、意义最为重大。如果说《印度哲学概论》和《唯识述义》主要是"替释迦说个明白",那么《东西文化及其哲学》主要是"批评东西文化各家学说,而独发挥孔子哲学",标志着梁漱溟从"古印度人的出世思想"到"中国的儒家思想"转变的完成和新儒学思想的形成,并为其带来了空前的社会反响和巨大的学术声誉。但也就是在这时,梁漱溟却出人意料的辞去了令人欣羡的北大教职,转而实践自己在《东西文化及其哲学》中形成的新儒学思想,并选择了办学和教育改革实验作为实践自己新儒学思想的开端。但由于种种原因,尽管梁漱溟的教育改革在某些方面取得了一定的成效,但最终还是无法完全符合他的理想预期,带着失望和抑郁,梁漱溟结束了他单纯对教育改革的实验计划,开始了他对先"乡治"后"村治"转而"乡村建设"的长达十多年的思考。

二十世纪二三十年代,梁漱溟相继在河南和山东进行了一系列教育和乡村建设理论和实践摸索,接办了《村治月刊》,写出《中国自救运动之最后觉悟》《我们的乡村运动》《邹平乡村建设运动一般》《乡村建设理论》等文。内容主要是围绕乡村自救与建设,涉及教育、生产、自卫等诸方面内容,后结集出版《乡村建设理论》《梁漱溟先生教育文录》等,内容大都包括其中。这一时期,据梁漱溟自己说:"于一向所怀疑而未能遽然否认者,现在断然的否认了;于一向之有所见而未敢遽然自信者,现在断然的相信它了!相信了什么? 相信了我们自有立国之道,更不虚怯。"由此信念出发,梁漱溟终于"于所舍者断然看破了,于所取者断然不予放过了,便有天清地宁,万事得理之观"[①]。从此以后终其一生,梁漱溟的主要思考和实践活动都在于力图重建乡土中国,通过乡治,求得中国农村的新生命,以求得中国的新生命,毫无疑问这种努力和追求的代表和顶峰即山东乡村建设研究院的成立及随之展开的邹平乡村建设运动。

山东乡村建设研究院的前身是于1929年冬在河南成立的河南村治学院,其支持者为冯玉祥和时任河南省政府主席的韩复榘。后因中原大战冯玉祥惨败,河南村治学院被下令关闭。在山东省政府主席韩复榘的继续支持下,1931年,河南村治学院的原班人马包括梁耀祖、梁漱溟等率领一些人

---

① 阎秉华、李渊庭:《梁漱溟年谱》,广西师范大学出版社,2003年,第72页。

来到山东,将村治学院改为"山东乡村建设研究院",试验区设在邹平。

研究院共分三部分,分别是承担乡村问题研究任务的乡村建设研究部,承担乡村建设干部的训练和吸收青年从事乡村工作的指导任务的乡村服务人员训练部,先后包括邹平、济宁、菏泽三部分的乡村建设试验区。

山东乡村建设研究院在邹平的试验内容主要包括:(1)建立乡学村学,普及教育。村学乡学是梁漱溟依古代吕氏乡约为蓝本设计的一种政教合一的乡村组织,主要包括学校式教育和社会式教育两项工作,"两项工作连锁如环,学校式教育、社会式教育适当运用,乃村学(乡学)活动准则"①。(2)乡村自卫。"至是则农民将尽为有训练有组织之民众,凡需寄托于农民自卫之事业,即无异于寄托于自卫组织之上,则此自卫组织自足以策动各项事业之进行。故以此为自卫组织之运用,不但为民众组织之基础,并足为一切事业之核心也"②。(3)采取多种措施促兴农业,以期实现梁漱溟"促兴农业以引发工业"的主张。(4)进行了一系列文卫建设。(5)改革县政府组织机构,山东建设研究院"以教育机关、学术机关兼为行政机关"③,并对相关行政机构进行了一系列修正和重建。

从1931年6月山东乡村建设研究院在邹平宣告成立并进行乡村建设实验,到1937年12月日军占领山东,山东乡村建设研究院被迫中断,梁漱溟及其同仁在邹平进行了长达七年之久的乡村建设实验,邹平实验由于其完备的理论体系和独树一帜的指导思想,在当时产生了重大影响,其中的一些具体方式也为国内外其他实验区所研究和采纳。

通过比较可以知道,梁漱溟所从事的乡村建设运动,与晏阳初、黄炎培等人在改造农村的具体思路和方法上存在很大的差异。梁漱溟自己曾说过:"诸位是在现状下尽点心,作些应尽的事,而我则是要以'中国'这个大问题,在这里讨个究竟解决。"④同时,梁漱溟认为晏阳初等人"是由教育出发,而我们则是由政治的烦闷,才从事乡村建设"⑤,认为"若单从教育文化上下

① 《梁漱溟全集》(五),山东人民出版社,1990年,第460页。
② 山东邹平实验县政府编:《邹平乡村自卫实验报告》,《乡村建设》,第6卷第4期。
③ 素贞:《从试验县到实验县——介绍邹平的乡村建设》,《乡村建设》,第1卷第10期。
④ 《梁漱溟全集》(四),山东人民出版社,1990年,第878页。
⑤ 《梁漱溟全集》(五),山东人民出版社,1990年,第625页。

功夫,都不免枉用心力"①。所以梁漱溟的乡村建设运动,不仅不同于共产党的农村革命运动,不同于国民党政府的农村救济运动,与他的知识分子伙伴的农村改良实验也有着根本的差异。可以说,梁漱溟领导的乡村建设运动是基于自身对农村、农民问题的独特思考,试图指导甚至取代二十世纪二三十年代整个农村运动的一种尝试和努力,而正是这样一种独特,不仅让其在二十世纪轰轰烈烈的乡村建设运动中独树一帜,也同时赋予了后世研究的特殊理论价值和现实意义。

① 《梁漱溟全集》(四),山东人民出版社,1990年,第878页。

第二章
梁漱溟的乡村建设理论和实践

中国从鸦片战争沦为半殖民地半封建社会开始,一直到中华人民共和国成立之前,中国社会、中国农村可以说是水深火热、百废待兴。在这近百年间,在中国现实问题的强烈刺激下,无数仁人志士努力探索,提供了多至不可数的解决问题途径,发起了许多解决问题的实践探索,梁漱溟即其中之一。

毫无疑问,梁漱溟对中国复兴之路的探索也经历了迂回曲折的百转千回。最初梁漱溟认为中国最理想的选择就是经由乡村自治采用英国宪政模型,以建立一个理想中的中华人民共和国。而当时作为最基层的乡村,最底层的农民群众,状况却是惨不忍睹让人揪心,不止梁漱溟所寄望的自治、建设达不到,甚至最基本的生存状况也是不容乐观,基本的文化水平、觉悟意识也远远达不到西方宪政国家公民的最低要求。在北大教书时,梁漱溟进而主张教育不能纯以培育个人为目的,而必须同时拥有社会功能,所以严格意义上说,梁漱溟乡建思想的最初是由其对于民众教育的思考发展而来的。梁漱溟曾说:"所谓的'乡治',包括后来的'村治''乡建',都是我办教育思想的发展,即讲学、搞学问要与做社会运动合而为一,不是单纯地在课堂上讲哲学,书斋里做研究,而是有言又有行,与社会改造融为一体,打成一片。"①

1927 年是全国乡村建设运动的最初"觉悟"阶段。这一年的 3 月,毛泽东开始"觉悟到乡村中的不满可能会变成'无产阶级'革命的动力"②。也是在 1927 年,冯玉祥开始支持乡村计划,彭禹廷的团体开始形成,陶行知建立了他的晓庄师范。"就连最著名的晏阳初的中华平民教育促进会也将工作

---

① 汪东林:《梁漱溟问答录》,湖南人民出版社,1988 年,第 72 页。
② 毛泽东:《湖南农民运动考察报告》,《向导周报》,1927 年 5 月 20 日。

的根据地转移到了农村,中华职业教育社也将注意力集中在乡村工作上。"①
同样是 1927 年,梁漱溟确立了他"如何替民族开这条路来,则我所谓'乡治'
是已"的"立国之道"②,开始了他实践乡村建设计划的第一步。他把可能实
现目标的地方放在了广东,但由于彼时当局的主观意愿和国内军阀战争此
起彼落的客观现实环境,最终无疾而终。失意无奈之下,梁漱溟只好返回北
京,但是依然没有放弃对农村的关注,放弃自己农村立国的理想,在返回途
中依次参观了陶行知的南京晓庄师范、黄炎培在江苏昆山举办的中华职业
教育社、晏阳初和平民教育促进会在河北定县的翟城村试验区和山西阎锡
山举办的村政事业,并根据所见所闻写出《北游所见纪略》一文,对彼时的中
国农村状况进行了细致入微的观察和分析,对未来中国的改造之路进行了
披心沥胆的呼吁和呐喊。

　　回北京后,梁漱溟偶然结识了与其"农村立国"思想极为一致的王鸿一、
彭禹廷、梁仲华等人。适时他们一方面在北京出版宣传乡村自治的刊物《村
治月刊》,一面在冯玉祥和河南地方势力的支持下,在河南辉县开办了一所
村治学院。由于见解一致、思路相近,王鸿一等人热情邀请梁漱溟加入河南
村治学院,主持学院的具体工作。他认为村治是彼时中华民族最终的自救
之道,"圣人复出,不易吾言矣! 求中国国家之新生命必于其农村求之;必农
村有新生命而后中国国家乃有新生命焉"③。这可以说是梁漱溟乡村建设思
想的初步阐发,为其以后大规模的乡村建设实践活动奠定了初步的理论基
础。1929 年,梁漱溟接编《村治月刊》,并接连在上面发表《主编本刊之自
白》《中国民族自救运动之最后觉悟》《我们政治上第一个走不通的路——欧
洲近代民主政治的路》《中国问题之解决》等文章,一面全面系统地阐述了自
己农村立国、改造旧中国建设新中国的理论渊源和主张,一面有条不紊地进
行村治学院的教学工作。但好景不长,中原大战爆发,河南是主战场,村治
学院自然难以维系,无奈之下只能仓促结束,梁漱溟的乡建实践又一次遭受
挫折。万般无奈之下,因缘巧合,梁漱溟只能带其河南村治学院大部分人马
来到山东,来到邹平,在军阀韩复榘的支持下,开始了他为期最长、影响最

---

　　① ［美］艾恺:《最后的儒家——梁漱溟与中国现代化的两难》,王宗昱、冀建中译,江苏人民出
版社,1995 年,第 235 页。
　　② 阎秉华、李渊庭:《梁漱溟年谱》,广西师范大学出版社,2003 年,第 73 页。
　　③ 《梁漱溟全集》(四),山东人民出版社,1990 年,第 906 页。

大、成果最显著的山东乡村建设事业,并一直持续到 1937 年,历时七年多,直至日寇侵华,被迫中断。

第一节　乡村建设之思想基础

梁漱溟一直以来被视为中国近现代史上的著名思想家、社会活动家和现代新儒家的开山鼻祖,虽然他经常自谦"很呆,很笨""不好谈学问""虽亦履任大学讲席,亦屡有著述出版,都是误打误撞出来的;自家亦莫名其妙"①,但其在中国近现代史上留下的数百万言皇皇巨著,尤其是《乡村建设理论》一书中对中国现代化道路呕心沥血的孜孜探求,提出的包括教育、文化、经济方方面面的农村建设构想,都将永远为历史所铭记,成为现在和未来农村建设的源头活水。

一、儒学与佛学思想

梁漱溟乡村建设理论与实践运用最广泛的底色无疑是儒学与佛学的相互补充与转化。"他是一个行动的人物,他也是为行动而思考。在行重于知这一点上,他是当代新儒家中最能适应原始儒家精神的人"②。与此评价相同,艾恺也认为梁漱溟是"最后的儒家","在近代中国,只有他一个人保持了儒者的传统和骨气。他一生的为人处事,大有孔孟之风"③。西化派的著名人物国民党元老吴稚晖说梁漱溟是一个印度学者,而有三分西洋思想,七分中国思想,④有的学者则称他为"佛光烛照下的一代儒宗"⑤。从年轻时立志要"为孔子、释迦说个明白",到稍后的由佛入儒,怀抱入世精神立志以乡村建设复兴农村、复兴中国,到二十世纪四十年代为国内和平辗转反侧、奔走呼号,再到中华人民共和国成立后的坚持留在党外,不畏强权和高压,秉承爱国知识分子气节仗义执言,梁漱溟都无愧于切实履践了"为往圣继绝学,

---

① 梁漱溟:《我生有涯愿无尽》,中国人民大学出版社,2004 年,第 65 页。

② 韦政通:《儒家与现代中国》,台湾东大图书公司,1984 年,第 219 页。

③ [美]艾恺:《最后的儒家——梁漱溟与中国现代化的两难》,王宗昱、冀建中译,江苏人民出版社,1992 年,第 4 页。

④ 参见吴稚晖:《一个新信仰的宇宙观及人生观》,南京中央军事政治学校政治部宣传科,1927 年。

⑤ 汪东林:《梁漱溟问答录》,湖南人民出版社,1988 年,第 33 页。

为万世开太平"的儒家箴言。就其新儒学发展的逻辑线索而言,如果说"五四运动"前后是他新儒学思想的形成期,他的《东西文化及其哲学》主要是一种理论的探索的话,那么他的二十世纪二十到三十年代乡村建设思想和实践,归根结底也建立在他的儒学思想基础上,是其儒学思想的实践期。"这书的思想差不多是归宗儒家,所以其中关于儒家的说明自属重要。"①

应该说,梁漱溟一生都推崇学以致用。他自己也曾说道:"儒家修学不在屏障人事,而要紧功夫在日常人事生活中求得锻炼,只有刻刻慎于当前,不离开现实生活一步,从'践行'中求所以'尽性',唯不学乃可以上达。"②梁漱溟是以儒家的"践行尽性"来要求自己的。早在 1921 年 5 月,梁漱溟决意离开北大去实践自己理想中的教育模式时,最主要的原因就是实践自己此前在写作《东西文化及其哲学》一书中形成的新儒学思想,并决定选择办学作为实践自己新儒学思想的开端。1922 年,基于儒家认为人类外部的直接环境能影响每个人内部的精神和道德的转换这样一种信念,梁漱溟与一些学生移居什刹海,同学同住,力图复兴宋明讲学之风,"使讲学与社会运动打成一片"③。在写作《中国文化要义》时,他也特地说道:"我不是'为学问而学问的'。我是感受中国问题之刺激,切志中国问题之解决,从而根追到其历史、文化,不能不用番心,寻个明白。"④正是为了切实解决中国问题,梁漱溟以儒家的践履精神、以知识分子的社会责任感要求自己,抛下大城市的虚浮繁华来到乡村,在二十世纪二十到三十年代全力推进了虽然理论和实践道路上不无瑕疵,但成果显著的乡村建设,力图挽救农村复兴中国。他孜孜以求、投入全部心血和精力、涵盖经济、政治、教育、军事各方面的乡村建设运动,是他儒家"践行尽性"理念的最具代表性和最深入的注解。

梁漱溟也以"践行尽性"的要求来要求当时的中国知识分子。正是这种要求和期望,构成了他乡村建设运动中的重要一环,这就是乡村建设中知识分子的作用。从儒家的传统治国论出发,梁漱溟说:"(知识分子)是代表理性,维持社会的。其在社会中的地位是众人之师,负着领导教化之责,很能超然照顾大局,不落一边。在辟建理想新社会的工作上说,他是最适合条件

---

① 梁漱溟:《我生有涯愿无尽》,中国人民大学出版社,2011 年,第 58 页。
② 《梁漱溟全集》(七),山东人民出版社,1990 年,第 159 页。
③ 《梁漱溟全集》(一),山东人民出版社,1990 年,第 540 页。
④ 《梁漱溟全集》(三),山东人民出版社,1990 年,第 4 页。

不过的。"①由此梁漱溟在乡村建设方案中着重提及了知识分子的作用,将其作为建设乡村的主动力。他指出,乡村问题的解决"必须靠有知识、有眼光、有新的方法、新的技术的人与他合起来,方能解决问题"②。他尖锐地指出,知识分子待在城市还是趋往乡村,已经不仅仅是一个简单的选择问题,而是一个道德问题。他认为所有的知识分子都是农民养活的,都欠农民的债,因而应该到乡村成为"众人之师",为乡下人工作,尽其天职,负起领导教化乡下人之职,"与乡间人接近而浑融",担当乡间人的"耳目""喉舌""头脑",最终就可以"创造新文化,救活旧农村",完成乡村建设的各种任务,建立起一个理想的"新社会"。③

除了以儒家知识分子"践行尽性"的原则态度要求自己和其他进行乡村建设实践的知识分子,梁漱溟在乡村建设中采取的多种措施,包括最后的理想社会的图景,无不是按照自己儒家思想设计并实行的。

第一,在探索乡村建设思想的理论基础和建设方向时,梁漱溟就自然而然直截了当地以原始儒家思想作为依归。在分析中西文化路径差异时,梁漱溟提到了时下西方第一文化路向所面临的痛苦和困境,西方"以对物的态度对人,人类渐渐不能承受这态度",而要摆脱这种痛苦和困境,梁漱溟认为根本解决之道在于把"一双向外的视线从看天文地理一切物质而看到动植物一切生物,由看到生物而看到生命,绕了一个周围,不知不觉回转到里面来"④。并用西方彼时的悲观情绪统统解释为与他们欣赏中国文化态度有关,进而揭示了中国文化在彼时的必要性和优越性,指出"简而言之,世界未来的文化就是中国文化的复兴"。而这个"东方文化",简而言之,就是原始儒家的人生态度以及与此相关的礼乐。梁漱溟认为,由于宗教为理智主义所毁,法律又造成许多不幸,所以西方社会在将来必须"靠着尚情无我的心理",用礼俗维持社会秩序与个人修养,放弃建立在"利用大家的计较心"之上的法律和宗教。梁漱溟进而断言未来的西方社会的救赎之道"虽不敢说以后就整盘的把孔子的礼乐搬出来用,却大体旨趣就是那个样子"⑤。由西

①　《梁漱溟全集》(二),山东人民出版社,1990 年,第 482 页。
②　《梁漱溟全集》(二),山东人民出版社,1990 年,第 350 页。
③　《梁漱溟全集》(二),山东人民出版社,1990 年,第 557～567 页。
④　梁漱溟:《东西文化及其哲学》,商务印书馆,2005 年,第 199 页。
⑤　梁漱溟:《东西文化及其哲学》,商务印书馆,2005 年,第 176 页。

方社会发展弊病的教训出发,加上自己对未来世界文化发展趋势的认识,梁漱溟自信地预言只有在继承作为中华民族文化认同的代表的儒家思想的优良传统的基础上,有选择的吸取外来文化,才能完成传统文化的现代转化,使中国文化在"旧邦新命"中得到创新,进而挽救中国农村和中华民族。

第二,梁漱溟乡村建设的一个重要目标就是"重建一新的社会组织构造",而这个"新的社会组织构造"就是"中国古人所谓'乡约'的补充改造"①。所谓"乡约",最早为北宋时期吕大钧兄弟所创办的一种村民活动和互助的制度,又称"吕氏乡约",是我国封建时代自给自足的封建经济和儒家宗法制度的产物,后经朱熹、王阳明等人大力提倡和阐发,普及全国而传之后世。它核心上的儒家道德、道义上的劝告和地方自立组成的内在性质极为梁漱溟所推崇,认为其"合乎我们以前所讲的原理原则,为我们所要求的一个组织,是一个伦理情谊化的组织,而又是以人生向上为目标的一个组织"②。梁漱溟相信它可以在根本上保留住孔子那种对人类道德的信念,造就出新的积极的儒者,后经其补充改造,成为其乡村建设的基本组织架构和执行原则。

第三,在乡村建设的具体措施中,梁漱溟主张"农业为本""以农业引发工业"。1923 年春他在山东曹州中学演讲时就已经提出"农村立国"的话,对 1924 年王鸿一起草的《中华民国治平大纲草纲中》规定的"农村立国制",他也"颇点头承认"。1927 年后,经过自己长期的思索和实践,他更加无怀疑地相信了中国问题只有从农村入手才能得以解决,这是他乡村建设思想发展的开端,以后直至中华人民共和国成立,他始终主张"以农立国",并为此进行了大量实践,写出了大量文章,宣传自己乡村建设的思想。由此出发,在乡村建设的具体措施中,他依然主张"农业为本""以农业引发工业",而非从商业发达工业,力图探索出一条超越西方工业化模式、并符合中国国情的工业化道路,以避免欧美日本工业化过程中所出现的那种工业剥夺农业、城市掠夺乡村、生产与消费相脱节的流弊。

第四,受儒家道德理想主义思想的支配,在乡村建设培养乡建干部的过程中,梁漱溟极为重视对其精神道德的训练。他以丹麦教育为例,认为丹麦

---

① 《梁漱溟全集》(二),山东人民出版社,1990 年,第 320 页。
② 《梁漱溟全集》(二),山东人民出版社,1990 年,第 322 页。

教育之所以成功,是在于"丹麦教育是一种非生产的教育","是一个人格感应的教育",是在技能训练与书本教育之外的"人生的教育""精神的教育"。他随后进一步从理论上阐述"精神"对人生、对乡建事业的重要性,"'精神'是本体,'有体必有用',不在用上求而用自有。反之,在中国入手便讲知识技能,专在用上求,忽略了生命的本体,结果无体亦无用"①。

综观梁漱溟的思想发展轨迹,可以清晰地看到,梁漱溟的儒家思想并不是凭空而来、一蹴而就的,而是经历了长期的探索和无数的曲折才最终开花结果蔚为大观。毫无疑问,不论是从时间维度还是其自身儒学观点来考察,对其儒学思想演化过程影响最为直接和重要的无疑是其自年轻至年老极为看重并终生身体力行的佛家思想。"他是兼以儒佛两家的态度对待自己的生命。"②年轻时期由于对社会政治现实和人生意义的认识转变,使梁漱溟"语及人生大道必归宗天竺,策数世间治理则矜尚远西"③,时时处处以出家为僧自励,日诵佛书,严守出家人的信条,以佛教教义作为判断一切是非标准的依据,出家为僧的信念愈来愈强烈。且随着学习心得的日积月累,1915年前后开始撰写和发表有关佛学的论著,如1915年的《甲寅》第10号刊登了他批评章太炎佛学观点的《佛理》,1916年在《东方杂志》发表《究元决疑论》,"批评古今中外的各家学说,唯独推崇佛学"④。换言之,梁漱溟崇信佛法,认为人生的一切问题都只能在佛教教义中去寻找答案。

虽然后来由于父亲去世带来的精神刺激和进入北大后周遭新青年学派所带来的环境压力迫使梁漱溟"怀抱一种意志一种愿望,即是为孔子为释迦说个明白"⑤,但在晚年回答访问者时,梁漱溟承认自己一直是持佛家思想,至今仍然如此。其子梁培恕也在其回忆文章中深情地认为佛家思想一直在父亲的心里,是父亲的"底色","即或不显,其实在深处"。⑥ 老年的梁漱溟曾这样回忆起自己早年的佛学思想、佛家精神对其稍后从事的乡村建设运动所带来的深刻影响和推动:"真正的和尚出家,是被一件生死大事,打动他

① 《梁漱溟教育论文集》,开明书店,1948年,第59页。
② 梁培恕:《中国最后一个大儒——记父亲梁漱溟》,江苏文艺出版社,2011年,第1页。
③ 《梁漱溟全集》(一),山东人民出版社,1990年,第594页。
④ 汪东林:《梁漱溟问答录》,湖南人民出版社,1988年,第33页。
⑤ 梁漱溟:《我生有涯愿无尽》,中国人民大学出版社,2011年,第55~56页。
⑥ 梁培恕:《中国最后一个大儒——记父亲梁漱溟》,江苏文艺出版社,2011年,第2页。

的心肝,牵动他的生命;他看到众生均循环沉沦于生死之中,很可怜的,所以超脱生死,解决生死,遂抛弃一切,不顾一切。现在我来做乡村运动,在现在的世界,在现在的中国,也是同和尚出家一样。"之所以如此,是"因为此事太大,整个占据了我的生命,我一切都无有了,只有这件事"。除此之外,在进行乡村建设的过程中,也应当如佛家中人一样,"在佛家原是为众生,悲悯众生,为众生解决生死;这种不忘众生、念着众生的心理,做乡村运动的人,应当仿效"。而这种效仿的最高境界,在梁漱溟看来,应该是一种"自动出家"的状态,直至达到"真的像和尚一样感到孤独,常常念着众生,常常念着一件事,常常像要解决一个很急切的问题似的"。"如果乡村运动者不是自动出家,在内心并没起了激动,仍系鬼混度日,这是最冤枉最无味的生活。"①

二、文化哲学思想

文化问题,始终是梁漱溟所关心和着力探索的主要问题之一,也是梁漱溟乡村建设理论和实践的一块重要基石。他关于乡村建设的方法、手段、目的等,和他对于文化的实质、中国文化的本源、世界文化的现状和趋势的认识,都是一脉相承、殊途同归的。

二十世纪二三十年代的中国,正如梁启超在《五十年中国进化概论》中所言,"曾几何时,到如今'新文化运动'这句话,成了一般读书社会的口头禅。马克思差不多要和孔子争席,易卜生差不多要推倒屈原。这种心理对不对,另一问题,总之这四十几年间思想的剧变,确为从前四千余年所未尝梦见"②。无可避免地,梁漱溟的文化哲学思想也被裹挟在这一时代浪潮中,经历了见仁见智纷扰不休的淬炼,最终尘埃落定自成一家。可以说,梁漱溟的乡建思想和实践实际上是其文化思想的进一步发挥和应用。他的文化思想是个庞大而芜杂的体系,"三大文化路向说,是他的文化哲学;'理性'为体,'本能''理智'为用,是他的文化心理学;民主、科学与儒家的复兴,是他对中国文化出路的选择"③。管中窥豹已属不易,能够完全领略其中精髓更属奢望,因此我们只对与其后来乡村建设思想发展和实践有关的部分作一

---

① 梁漱溟:《我生有涯愿无尽》,中国人民大学出版社,2004年,第99页。
② 洪治纲主编:《梁启超经典文存》,上海大学出版社,2003年,第263页。
③ 郑大华:《梁漱溟学术思想评传》,北京图书馆出版社,1999年,第83页。

简要分析。

（一）文化哲学思想的具体阐发

梁漱溟对中西文化的基本认识，集中反映在他的《东西文化及其哲学》一书中。他认为生活中人有无尽的且无法满足的"意欲"，从"意欲"的满足与否出发，他提出人生中有人对物、人对人以及人对自身三大问题，与此对应，人类有三种不同的"生活样法"或曰"文化路向"。第一种即"遇到问题都是对于前面去下手，这种下手的结果就是改造局面，使其可以满足我们的要求"①的西洋文化；第二种是"遇到问题不去求解决，改造局面，就在这种境地上求我自己的满足"②的中国文化；第三种是"遇到问题他就想根本取消这种问题或要求"，通过自身努力反身向后的印度文化。由此梁漱溟断言："所有人类的生活大约不出这三个路径样法：（一）向前面要求；（二）对于自己的意思变换、调和、持中；（三）转身向后去要求；这是三个不同的路向。这三个不同的路向，非常重要，所有我们观察文化的方法都以此为依据。"③

梁漱溟进而分析认为，与中国文化和印度文化相比，西方文化有两样特长，"一个便是科学的方法，一个便是人的个性伸展，社会性发达，前一个是西方学术特别精神，后一个是西方社会上特别精神"④，并指出自己对这两样东西完全承认并学习。由此出发，梁漱溟认为中国彼时问题的根本原因既不是简单的没有顺从西方近世潮流，没有走近代民主政治的路，可以单凭机械的模仿西方的政治制度就可以解决的。"中国人求前途，求新生命，乃求之于孕育发展资本主义帝国主义之欧洲近代政治制度，无乃不可乎。中国今后而有前途，则其开出来的局面，不能不比他既往历史进一步，不能不视西洋近代史高一格，这亦可说一个定命论。"⑤但同时他认为也不是简单地走俄国共产党发明的路即发动暴力革命就可以解决。他从自己的中国文化社会观出发，认为中国社会形势升沉不定，土地集散转移很快，农民散漫非常，只有个人，没有阶级，"工农阶级既有这许多不可救药的缺憾与困难"，"小资产者又摇摆不定"，故根本难以形成革命所需的阶级基础；加之在其看来，"今日我们无论如何还算个独立国家或半独立国家，各帝国主义者"绝不能

---

① ② 《梁漱溟全集》（一），山东人民出版社，1990年，第381页。
③ 《梁漱溟全集》（一），山东人民出版社，1990年，第382页。
④ 《梁漱溟全集》（一），山东人民出版社，1990年，第353页。
⑤ 《梁漱溟全集》（五），山东人民出版社，1990年，第173页。

算作我们的革命对象,军阀因为不是秩序问题也不能成为革命对象,"凡以军阀为民主革命的对象,以有钱有地的人为社会革命的对象,均属错误笑话"。他认为"革命的眼前对象目标亦正自难找到",因此对共产党的革命论也是深表怀疑、不以为然。"我不知以文化路数历史背景绝不相同的中国社会,要想抄袭共产党方法办党以造一大革命力量,果如何可能?"①最终,梁漱溟把中国的所有问题都归结为文化问题,归结为中国文化的早熟。他认为"社会的无秩序"和"政治的无办法"是近代中国社会的两大特征,而这两大特征都是中国文化早熟、盲目学习西方而导致"东不成西不就"的失败的结果,他说:"若开头是非常大的天才,其思想太玄深而微密,后来天才不能出其上,就不能另外有所发明,而盘旋其范围之中。"由此就"耽误了中国人,没有什么别的缘故。"②中国问题的最大原因就是文化失调,极严重的文化失调,因此他解决问题的方法,不是革命,也不是"往西走",而是"往东走",所谓的"往东走",就是乡村建设,"创造新文化,救活旧农村"。

他不同意那种认为中国文化一无是处因而应全盘否定并抛弃的观点,认为随着人类生产力的进步和生存层面问题的解决,相较于西方文化,中国文化和印度文化才能真正满足人类的心灵需要,最终实现复兴和发扬。梁漱溟进而提出了自己的文化主张,即"第一,要排斥印度的态度丝毫不能容留;第二,对于西方文化是全盘承受,而根本改过,就是对其态度要改一改;第三,批评的把中国原来的态度重新拿出来"③。

经过分析可知,梁漱溟的中西文化观,仍未脱离清末以来"中学为体,西学为用"的窠臼,所不同的是为它涂抹上了些许现代色彩,转换成一种更加鼓舞人心的表述方式,实质上并没有抓住问题的关键要害。这种文化观点一直到二十世纪三十年代,甚至到四十年代末他写《中国文化要义》时,都没有发生质的变化,终其一生,他始终相信中国文化在许多方面有着西方文化所不及的优势,并力促其复兴并发扬光大。联系到本书所着重讨论的其乡村建设思想和实践,可以说仍然是这种文化思想的延伸和具体化。

---

① 《梁漱溟全集》(五),山东人民出版社,1990 年,第 267 页。
② 参见《乡村建设》旬刊,第五卷 15 期。
③ 《梁漱溟全集》(一),山东人民出版社,1990 年,第 528 页。

（二）文化哲学思想之宇宙观基础

梁漱溟文化哲学思想的最高基础即是"生命主义"的宇宙观思想。① 显而易见，关于"中国文化早熟"的理论梁漱溟是直接受他的"意欲"主义的历史观和"意欲"路向的文化观所主导的，而"意欲"主义的历史观和"意欲"路向的文化观则是受他"生命主义"的宇宙观所支配的。如他在《勉人斋读书录》一文中写道："宇宙为一大生命，生物进化与人类社会之进化同为此大生命之开展表现，抑且后者固沿自前者之势来。"②他认为宇宙就是一生活，生活在宇宙之先，随后"宇宙实成于生活之上，托生活而存在。这样大的生活是生活的真相，生活的真解"③。他在《杜威教育学之根本观念》一文中说："生命是活的，宇宙最活的就是人心，果能体认人心，就可体认出宇宙的生命来了。"④

梁漱溟认为，人是有人身和人心的区别的。人身是物，同无机生物、有机生物等物一样是有对的，分彼此的。它们不能体认出宇宙的生命，因此不能代表宇宙本体，不能作为宇宙大生命的核心。而人心则不同，它不是物，具有超有对而达到无对的本能，能够体认出宇宙的生命，是与宇宙本体同的宇宙大生命的核心。这种观点在他后来的《人心与人生》一书中得到了更为详尽的表述。他在此书中写道："宇宙本体浑一无对，人身是有对的，妙在其剔透玲珑的头脑通向无对，而寂寞无为的自觉便像是其透出的光线，一即一切，一切即一，宇宙本体即此便是。人心之用寻常可见，而体不可见；其本益即宇宙本体耳。"⑤从这里可以看出，人身和人心在梁漱溟眼中是不同的，区别它们是非常重要的。平常能看见的都是"人心之用"而非"人心之体"，所以他认为人心可以包罗"宇宙之大，万有之繁"，与"宇宙大生命"完全统一。由此可以看出，梁漱溟所提出的"宇宙大生命"和"宇宙本体"即是人奋发向上的精神。

在梁漱溟看来，宇宙大生命的开展表现是逐渐开展的，由无生物到有生

① 刘邦富：《乡村建设运动的现代思考》，载梁漱溟乡村建设理论研究会编：《乡村：中国文化之本》，山东大学出版社，1989 年，第 50 页。

② 梁漱溟：《中国民族自救运动之最后觉悟》，中华书局，1933 年，第 369 页。

③ 梁漱溟：《东西文化及其哲学》，商务印书馆，2005 年，第 48 页。

④ 《梁漱溟教育文集》，江苏教育出版社，1987 年，第 224 页。

⑤ 梁漱溟：《人心与人生》，学林出版社，1984 年，第 145 页。

物,由动植物到人类,经过了很长的发展过程,因此人类理性的开展也是一个循序渐进的过程。比较中、西、印文化来看,中国的古代圣贤过早地开发了人类的理性,造成了中国文化的早熟,决定了传统中国文化的性质和方向。而西方文化和印度文化则由于各自历史和传统不同,走到了与中国文化完全不同的路向。因此可以说,梁漱溟"文化三路向"说与生命主义的宇宙观之间有密切关系,前者以后者为理论基础,而"文化三路向"说进而在次一级层次上支配了他的乡村建设思想和实践,可见,生命主义的宇宙观是其乡建思想和实践的最高层次的思想基础。

(三)文化哲学思想之心理学基础

如果说'三大文化路向'是梁漱溟的文化哲学的话,那么'理性'为体,'本能''理智'为用则是他的文化心理学。梁漱溟文化心理学的起步虽然与其文化哲学同步,但相比较而言,文化心理学的发展直至完善的历程则相对较长。从1921年讲演东西文化及其哲学的初见端倪开始,到二十世纪三十年代初的持续酝酿,再到1949年《中国文化要义》对中国民族文化心理的初见雏形,直至1975年7月写成而1984年才出版的《人心与人生》对文化心理学的系统阐发,一共历经半个多世纪。虽然其完善成熟比较其乡村建设的思想和实践相对较晚,但其文化心理学对乡村建设理论的发展过程仍然产生了潜移默化、见微知著的作用,不容忽视。

1921年,梁漱溟在济南讲演东西文化及其哲学时,受克鲁泡特金互助论影响,把人类心理分为本能和理智两类,认为本能是人类的本性,把善归为人类本能,恶归为人类理智。梁漱溟认为,生物的进化是由其生活样法决定的,而生物的生活样法,不外乎定于一所自养、趋于本能、趋于理智三种,而人类与其他动物的最本质区别就在于"反本能的倾向"也即"理智",并且成为人类超越生物界、突破个体生存和种族繁衍以获得生命之自由的基础。他认为:"克鲁泡特金真可说是一个大贤;就在见解上也比罗素对些,而逼近于孔家。罗素说无私的感情抬出一个灵性来,实不如克氏所说无私的感情只是一种本能为合于孔家道理。"①两年后,也就是《东西文化及其哲学》出版之际,他逐渐意识到自己"于儒家的人类心理观实未曾认清,便杂取滥引现

---

① 《梁漱溟全集》(一),山东人民出版社,1990年,第512页。

在的一般心理学作依据,而不以为非。"①对以前的心理学见解有所检讨和反省,"慢慢发觉把本能当作人类本性(或本心)极不妥当。事实上有许多不通之处"②。到二十世纪三十年代中期,他接受了原来自己不同意的罗素的观点,把人类心理分为三方面,明确提出内涵迥异于"理智"的"理性"概念,并将其演绎成中国的民族精神。他认为由"理智"的不断发展出发,为了争取生命自由的不断扩大,进而开发出至高无上的"理性"。理性相比较理智而言,以"无私的感情为中心,即从不自欺其好恶为判断焉"③,认知对象是"情理",是向内的、高级的、能动的,具有先天的合理人性。因此,梁漱溟再三强调"理性",认为"人类之所以为人类,在其具有理性"④,也就是说,人类最基本的特征是"理性",而不是"理智"。他认为理性"是天下所予我者。是人生之意义价值在焉。外是而求之,无有也已"⑤。

1949 年,梁漱溟在《中国文化要义》一书中,第一次对"理性"作了比较完整和系统的界定,同时依据他对"理性"的理解对中华民族文化心理作了分析。他认为理性只为中国人所具有,为中国人所认识、所发挥,是中国的民族精神。自此以后,一直过了二十多年,在 1979 年写就的《人心与人生》一书中,梁漱溟又对他自成一家的文化心理学作了全面的系统阐发,认为自人生而言人心,人心于本能、理智、理性三者缺一不可,但本能相较于理智、理性而言,只是人生中"围绕着两大问题而预为配备的方法手段",如果"本能突出而理性若失者,则近于禽兽矣",而"理智者人心之妙用,理性者人心之美德",但是理智和本能一样也只是生活的一种工具,不能表现出人类的本性,要想表现出这种本性,需要理性的支配和制约,因而,梁漱溟反复强调,"理性为体,理智为用,体者本也,用者末也","理性是主人,理智、本能、习惯皆工具",⑥用以观照和支持他贯穿一生、终生未改的文化观。

由"本能-理智-理性"的文化发展观出发,梁漱溟认为西方文化是从身体出发,慢慢发展到心,循序渐进,发达了理智,而理性开发较晚,所以他工

---

① 《梁漱溟全集》(一),山东人民出版社,1990 年,第 324 页。
② 《梁漱溟全集》(七),山东人民出版社,1990 年,第 137 页。
③ 《梁漱溟全集》(三),山东人民出版社,1990 年,第 603 页。
④ 《梁漱溟全集》(五),山东人民出版社,1990 年,第 540 页。
⑤ 《梁漱溟全集》(三),山东人民出版社,1990 年,第 125 页。
⑥ 《梁漱溟全集》(三),山东人民出版社,1990 年,第 603～606 页。

具发达,改造了自然,物质生活丰富但缺乏对生命本质和人性的正确认识,所以精神上产生了种种疏离、困扰和痛苦。而中国文化恰与西方文化相反,它在某些方面径直从心开发出来,颠倒了发展的次序,理智尚未能圆满开启,就先开发出理性,追求物我和谐,清静无为,成了理性早启,所以虽然"中国人的一切起居享用都不如西洋人,而中国人在物质上所享受的幸福,实在倒比西洋人的多,盖我们的幸福乐趣在我们能享受的一面,而不在所享受的东西上"①,中国人采取与自然融洽游乐的态度,没有过分的期望与要求,避免了西方那种与自然对立、物质生活与精神生活二分的痛苦,清明安和,尚情无我。因此,梁漱溟特别推重理性所具有的这种情感成分的道德自觉,认为理性是人异于动物的根本所在,它在中国传统文化的反映,就在于儒家所推重的道德的自觉和伦理的情谊,而这种道德自觉和伦理情谊,在梁漱溟的乡村建设思想和实践中,无异于奠基之石、活泉之水、夜航之灯。他在《乡村建设理论》中反复强调理性对从事乡村建设事业对开启农民心智和热情的重要性,认为中国人的"理性",是有力量的"理",是能够发动行为的"理"②,父慈子孝的伦理情谊和好善改过的人心向上就是它最外在的表现。正因为中国人有这种"理性",梁漱溟认为能以此为契机,一面将中国五千年来由这种"理性"开发出的价值观念、伦理情谊和道德准则重新提振,一面用以勉励广大乡村民众齐心好学向上求进步的精神,把彼时满目疮痍的旧中国农村建设成为"一面与我们固有精神完全相合不冲突,而同时对于西洋近代团体组织的长处也完全容纳没一点缺漏"的"新组织"。③

三、社会主义思想

可以说,不同于新文化运动时期"西化派"与"守旧派"互不相容、非此即彼的思维方式,梁漱溟所探寻的中国、中国农村和中国文化的发展道路,绝不是中国文化被西方文化所完全涵化,他主张的是对传统文化和外来文化做一番合乎时代要求的文化选择和重构,即在吸收异质先进文化营养的同时,对传统文化的结构、规范、思维方法进行一系列自我更新。所以梁漱溟

---

① 《梁漱溟全集》(三),山东人民出版社,1990年,第132页。
② 《梁漱溟全集》(二),山东人民出版社,1990年,第314页。
③ 《梁漱溟全集》(二),山东人民出版社,1990年,第295页。

为了寻求实践的理论指导，"出入乎东西百家"，不仅深入研读了中国的孔孟、王阳明、泰州学派等儒学思想和佛学唯识宗等，还广泛涉猎和吸收了西方哲学思想及马克思社会主义思想，从而形成了自己独具特色的思想体系。基于前文对其文化哲学思想中对柏格森、罗素、克鲁泡特金、叔本华等哲学思想的吸收转化已有论述，此处仅对其乡村建设理论和实践中所体现出的马克思主义和社会主义思想色彩作一陈述。

在其早期自述中，梁漱溟已对其自身"激进于社会主义"①有所叙述。可以说，梁漱溟之所以青年时期对社会主义产生了极大兴趣，主要源于对经济问题的关注。虽然"当时风气，政治改造是一般人意识中所有；经济改造则为一般人所无"，但与其他人所不同，梁漱溟"忽然感触到'私有财产'是人群一大问题"。由此观点出发，梁漱溟通读了彼时日本人幸德秋水所著《社会主义神髓》一书，得出"财产私有是社会一切痛苦与罪恶之源"，认为只有废除财产私有制度才能正本清源，使人民生活安宁幸福。经由这些思考所得，同年冬天，梁漱溟写成《社会主义粹言》一书，虽然"仅属人生问题一面之一种社会理想，还没有扣合到中国问题上"②，但其已经详细表达了自己的社会主义观点。这些观点，后来或多或少地在其乡村建设理论和实践中有所贯穿和闪现，成为其乡村建设理论和实践的重要理论来源。

梁漱溟承认自己的思想开展之处"得益于马克思和共产党各方面之启发不少"③。"我们的乡村建设原是一种社会主义"④，"就是经济上的生产和分配都社会化，这样就是实现了社会主义"⑤，由此不难看出，"社会主义"就是梁漱溟乡村建设的最终理想社会，他本人也不否认乡村建设原就是一种社会主义。虽然梁漱溟认为社会主义是人类社会应遵循的生活，"不过他心目中的社会主义不限定于马克思主义的社会主义"，他有着"自己的社会主义观或云对社会主义的展望与期待"。⑥换言之，梁漱溟乡村建设的最终目标实质上是一种儒学色彩的空想社会主义，⑦是想通过复兴与改革传统文化

---

① 梁漱溟：《我生有涯愿无尽》，中国人民大学出版社，2011 年，第 35 页。
② 梁漱溟：《我生有涯愿无尽》，中国人民大学出版社，2011 年，第 36～38 页。
③ 梁漱溟：《我的努力与反省》，漓江出版社，1987 年，第 88 页。
④ 《梁漱溟全集》(二)，山东人民出版社，1990 年，第 547 页。
⑤ 《梁漱溟全集》(二)，山东人民出版社，1990 年，第 412 页。
⑥ 梁培恕：《中国最后一个大儒——记父亲梁漱溟》，江苏文艺出版社，2011 年，第 31 页。
⑦ 朱汉国：《梁漱溟乡村建设研究》，山西教育出版社，1996 年，第 123 页。

并举,通过自己真正理解的圣人原则为基础的实验,发展出一个全新的却是全世界最终为之惊叹的社会和经济组织形式,这种形式不仅能使中国充分享受现代化所带来的好处,还能避免西方过度都市化和工业化所带来的困境。而之所以说他的乡村建设理论和最终的"社会主义"图景是以其儒家思想作为基础,浸润着浓厚的儒家色彩的空想社会主义,主要体现在以下四个方面:

第一,受几千年来儒家重农轻商思想的影响,再加上自己对中国经济和社会情况的观察,和前辈圣贤孟子一样,梁漱溟也看到道德上的至善和经济条件是分不开的。他认为彼时的社会制度"确实教人狭小自私","一面制造罪恶,一面更妨碍人类美德的发挥"。他又进一步看到了经济上的不平等妨碍着儒家真正价值的实现。"理想社会之所以能达到美善境地,就在其解除生产竞争的压迫","这个问题(私有财产)不解决,一切都没有办法"。① 总之他既反对资本主义的经济制度,也反对社会本位的经济制度,他要实验他所主张的儒家伦理本位的经济制度,要在农村开其端倪,并用合作形式来体现他的儒家伦理本位的经济制度。经济上主张"先农而后工,农业工业结合为均宜的发展"②。

第二,在乡村建设的社会组织构造上,梁漱溟主张以儒家"为政以德"的治国方略为理论基础,重点建立以儒家推崇的伦理情谊和人生向上的精神为基础的乡村"新礼俗"。他在不同场合曾多次强调,乡村建设"是建设一个新的社会组织构造——即建设新的礼俗","乡村建设就是要创造一个新文化,创造新文化要以乡村为根,要以中国的老道理为根"。③ 由此"老道理"和"新礼俗"的建立,实现一个"政治上的'权',综操于社会,分操于人人"的理想社会,实现"多数政治的人治"。

第三,梁漱溟所主张的"伦理本位"观念,就是他所概括的"中国社会的固有精神",冀望把封建时代的儒家家庭伦理和宗族观念加上西洋社会的优长之处,推广到全社会,既能复兴他认为的优秀传统文化,又不落伍于当今世界大潮。"新社会是伦理本位,合作组织,而不落于个人本位或社会本位

---

① 《梁漱溟全集》(二),山东人民出版社,1990年,第228页。
② 《梁漱溟全集》(二),山东人民出版社,1990年,第557页。
③ 《梁漱溟全集》(一),山东人民出版社,1990年,第653页。

的两极端"。① 这里的"伦理本位",有两种相互关系的解释,一种特指家庭本位,由家庭伦理推广到整个社会,实现社会组织伦理化。一种泛指以他人为本位的社会自治组织机构。梁漱溟所指的更侧重于后一种内涵,也就是在理性社会中,实现社会组织伦理化,人人都能做到注重"义务观念"而非"权利观念",保持传统的以他人为本位,尊师尚贤的传统只强调个人的参政义务而不是个人的权力观念,只服从于理性而不是个人的功利。

第四,梁漱溟主张未来的社会必须"理性代替武力""教育居于最高位",这也与儒家几千年的治国之道相契合。他认为未来政治和教化是合而不分的。一方面,政治充分伦理化,以理性自觉而不以武力来维持社会政治秩序,以基于理性自觉的"新礼俗"来代替法律。另一方面,教化、教育要服从于政治,"新礼俗"的形成固然依赖于人的理性自觉,也需要理性高度发达的政治领袖即"圣贤"实施教育教化功夫来影响民众。将来的国家,不再单靠武力来维持秩序,而是代之以教化来治理,与其说是一个政治组织,不如说是经济团体或教育团体,"将来的政治大概其主要内容就是经济和教育了,所谓国家一面是经济的团体,一面也就是教育的团体"②。

第二节　乡村建设理论之具体阐发

实践需要理论指导,理论同时也得以在实践中不断修正完善,正是在此过程中理论最终将自成一家,并得以指导以后的实践。在从事乡村建设实验的同时,梁漱溟完成了《中国民族自救运动之最后觉悟》《乡村建设论文集》《梁漱溟教育文录》《乡村建设大意》《乡村建设理论》《答〈乡村建设批判〉》等论著的写作,其中《中国民族自救运动之最后觉悟》和《乡村建设理论》是他这一时期的代表作,全面阐发了乡村建设理论的框架和意义,既杂糅了自己全部的思想资源对乡村建设作出理论支持和实践可行性分析,又全面而详细地阐发了其乡村建设的具体设计和施行方案,有着自己具体而又宏大的思想基础。

----

① 《梁漱溟全集》(二),山东人民出版社,1990 年,第 447 页。
② 《梁漱溟全集》(二),山东人民出版社,1990 年,第 564 页。

一、中国社会特殊论

1937 年 4 月,梁漱溟在山东乡村建设研究院向他的学生介绍如何阅读《乡村建设理论》一书时说:"对于旧社会的分析认识——这句话是我全书的根据,以后的发挥都根源与此,都是讨论这个问题的话。"[1]概而言之,"中国社会特殊论"就是梁漱溟对"旧社会的分析认识"这一问题最言简意赅却又鞭辟入里的回答。即梁漱溟认为,和西方"个人本位,阶级对立"的社会组织构造不同,中国的社会组织构造是"伦理本位,职业分途"。[2]

首先,梁漱溟认为,如果以社会、家庭、个人三者衡量社会紧密程度,由于中国自古就缺乏团体和集体生活,因此中国社会所具有的特殊之处就在于其对"伦理关系"的看重。"伦理关系即是情谊关系,亦是表示相互间的一种义务关系",因情而有义,父义当慈,子义当孝,兄义当友,弟义当恭,夫妇、朋友乃至一切相关之人,随其亲疏、厚薄,莫不自然互有应尽之义,因这种随处可见的"义"的出现,造成中国人"互以对方为重,一个人似不为自己而存在,乃仿佛互为他人而存在",这种关系不仅仅体现在家庭内部,由家庭关系推广而成的家族、亲戚、乡党、师徒、东伙、朋友、同僚等等一切关系的维持,"在我则倚重礼俗","或比之于父子之关系,或比之于兄弟之关系,情义益以重"。在经济方面,中国人既非个人本位经济,也非社会本位,也是"伦理本位的经济",父子、夫妇有共财之义,兄弟、宗族有分财之义,亲戚、朋友有通财之义,"在经济上皆彼此顾恤,互相负责;有不然者,群指目为不义"。在政治方面,君臣和官民间也多是以伦理原则为准绳,"比国君为大宗子,称地方官为父母,举国家政治而亦家庭情谊化"[3],而不是像西方国家一样有国家与团体、公法与私法之分。

接下去,梁漱溟概括的中国传统社会的第二个特殊之处即"职业分立"。梁漱溟认为,由于中国一切皆以伦理为本位,其财产也不属于个人所有,而是为亲者、疏者、近者、远者共而有之,财产不集中,未形成大规模的经济经营,"非无贫富、贵贱之差,但升沉不定,流转相通,对立之势不成",因此"各

---

① 梁漱溟:《怎样阅读〈乡村建设理论〉》,《乡村建设》,6 卷 19 期。
② 梁漱溟:《我生有涯愿无尽》,中国人民大学出版社,2004 年,第 238 页。
③ 《梁漱溟全集》(二),山东人民出版社,1990 年,第 168~169 页。

人作各人的工,各人吃各人的饭,只有一行一行不同的职业,而没有两面对立的阶级",不管为士、为农、为工、为商,各有前途可求,所以中国只有职业性而没有阶级性,结果就是中国政治也不得不伦理化,由政治之伦理化更加巩固了社会之职业化。"伦理与职业辗转相成,彼此扣合,其理无穷"。由此分析,梁漱溟得出结论:"'伦理本位、职业分立'八个字,说尽了中国旧时的社会结构——这是一很特殊的结构。"①

二、"老根新芽"说

根据自己对中国特殊的"伦理本位,职业分立"社会结构的认识,加上此前对中西文化的切实体味,梁漱溟提出了他解决中国问题的理论与主张。他认为,中西不同的社会构造,决定了中国的建设路向必然不同于西方,必须与社会主义和个人主义两条路外,寻找第三条路。梁漱溟认为当时中国最大的问题"为旧社会构造的崩溃与新社会构造的如何建立",根本解决之道就在于"须从小范围着手,即从乡村小范围地方团体的自治入手,亦即是由近处小处短距离处做起",以期国人新习惯、新风尚的养成,以"重建一新社会组织构造"。② 梁漱溟进而指出,因乡村破坏而有救济乡村的乡村建设,只是乡村建设之由来的浅一层原因,"创造新文化,那便是乡村建设的真意义所在。乡村建设除了消极的救济乡村之外,更要紧的还是在积极的创造新文化。所谓乡村建设,就是要从中国旧文化里转变出一个新文化来"③。他认为中国的各种问题——政治的、经济的、道德的,都不过是根本上的文化危机的表现。接着,他进一步分析了什么是中国的老文化? 如何对待中国的老文化? 什么是中国的新文化? 如何创造中国的新文化? 这就是他的"老根新芽"说。

所谓"老根新芽"说,是梁漱溟于1934年7月在山东乡村建设研究院乡村服务人员训练处发表演讲时提出的。他在演讲中说,中国好比一棵大树,近几十年来外面有很多力量来摧毁它,所以它慢慢地在焦枯。先是从叶梢上慢慢地腐烂,进而枝条,进而枝干,现在已经扩散到树根,现在连树根都快

---

① 《梁漱溟全集》(二),山东人民出版社,1990年,第172~174页。
② 《梁漱溟全集》(二),山东人民出版社,1990年,第21页。
③ 《梁漱溟全集》(一),山东人民出版社,1990年,第611页。

朽烂了。如果连树根都彻底朽烂了,那就彻底没有挽救的余地了。"所以现在趁这老根还没有完全朽烂的时候,必须赶快想法子从根上救活它;树根活了,然后再从根上生出新芽来,慢慢地再加以培养扶植,才能再长成一棵大树。等到这棵大树长成了,你若问,'这是棵新树吗?'我将回答曰:是的!这是棵新树,但他是从原来的老树根生长出来的,仍和老树为同根,不是另外一棵树。"具体到中华民族和中国未来新文化的创造,他这样说:"一个民族的复兴,都要从老根上发新芽;所谓老根,即指老的文化、老的社会而言。这在丹麦即是如此……中国亦要从一个老根上(老文化、老社会)发新芽。自一面说,老的中国文化、老的社会已不能要了,一定要有'新芽'才能活;可是自另一面说,新芽之发还是要从老根上发,否则无从发起;所以老根已不能要,老根子又不能不要","所谓发新芽者是说另外的一个创造,而这个创造是从老根来的。中国民族复兴,一定得创造新文化……我们现在所需要的,必须是一个新生的,复活的,创造的,慢慢找回来的。"①

中国的新文化要从中国文化的老根上发出新芽来。那么什么是中国文化的"老根"呢?梁漱溟认为其分有形和无形两部分,"有形的根"是"乡村","无形的根"是"中国人讲的老道理"。梁漱溟的这段"老根新芽"说,不仅反映了他对中国传统文化的基本态度和对中国未来新文化的基本构想,也成为其乡村建设理论和实践的出发点和落脚点。正因为中国文化"有形的根"已遭到破坏,"无形的根"也发生了动摇,所以中国陷入了混乱状态,而要改变这种状态,就要"从创造新文化上来救活旧农村",这便是"乡村建设"。

三、社会本位教育主张

梁漱溟曾经说过:"什么是教育?统同是教育。在学校里读书是教育,在家庭做活也是教育;朋友中相得的地方是教育,街上人的谈,亦莫不是教育。教育本来是很宽泛的东西。至于教育的功用,不外为'绵续文化以求其进步'……人类不能不有生活,有生活就不能不有社会,有社会就不能不有教育,教育是很天然的。"②早在北大任教时,梁漱溟就已经对现代教育体制的弊病看得很清楚。在梁漱溟看来,当时的北大及其他学校的教育,把本来

① 《梁漱溟全集》(五),山东人民出版社,1990 年,第 506~507 页。

② 《梁漱溟全集》(五),山东人民出版社,1990 年,第 480~481 页。

是"天然"的、人人应得的教育变成了一种只有少数富家子弟垄断的贵族教育，广大贫穷和普通民众因为高昂的学费，反而失去了接受教育的机会；在课程设置和讲授方法上也都是照搬照抄西方那一套制度和方法，理论脱离实际，至多只是讲一些知识技能而已，培养出来的学生"多不能营农工商业之劳动"，是一些"除求差谋事外，一无所为"的精神贵族。梁漱溟十分赞赏丹麦教育以民族文化来启发人生态度和民族意识的做法，认为古代教化和讲学之风具有与丹麦教育相同的性质，中国教育模式宜以丹麦教育为借鉴，"始终以人生问题为中心"，"中国教育除非从此没办法则以，如其有办法，必自人生行谊教育之重提，而后其他一切知识技能教育乃得著功；抑必将始终以人生行谊教育为基点而发达其他知识技能教育焉"。①

正因如此，教育在梁漱溟的乡村建设实验中居于领导地位。梁漱溟在乡村建设运动中设立了乡农学校，并以它为中心机关，将其定位于建成新的社会组织的雏形，并进而完成中国社会改造，完成中国新文化建设，"从乡村慢慢开展成一个大的社会"②。为此他还专门拟定了一份《社会本位的教育系统草案》，意在将乡农学校的组织办法推广到全国，逐渐使乡农学校推而广之，直至组织起县学、省学、国学，把学校教育和社会教育结合起来，从教育农民、培养农民的智慧入手来改造乡村、建设中国。梁漱溟在晚年回忆时曾经说道："从通常学校的功能衡量乡农学校，它不是学校，它首先是以自然村为范围建立的小型社会，其次才是学校，住在一个地理区域（大多是自然村）内的每一个人都参与其中，学着过一种新生活。"③

除了将乡农学校设计成社会教育的大机关外，梁漱溟对其还有一个功能定位，即试图用教育组织系统取代现行政权系统，实现所谓的行政机关教育化。也就是说，梁漱溟希望通过乡农学校直至县学、省学、国学这种社会教育机构废除官僚主义政府，通过学校这种组织形式以及作为教师而与农民相联系的乡建干部，将政府机构与农民相联系，实现"政府学校化"合"社会学校化"。他希望通过这种方式，发动广大民众要求民主和参与政治的热情，最终"纳社会运动于教育之中，以教育解决社会问题"④。

---

① 《梁漱溟全集》（五），山东人民出版社，1990年，第415页。
② 《梁漱溟全集》（二），山东人民出版社，1990年，第337页。
③ 梁培恕：《梁漱溟传——我生有涯愿无尽》，香港明窗出版社，2001年，第187页。
④ 梁培恕：《梁漱溟传——我生有涯愿无尽》，香港明窗出版社，2001年，第184页。

客观来说,梁漱溟的这种设计确实要比当时其他乡建团体仅仅侧重于教育或其他枝枝节节的问题高明得多,在当时确实是一个了不起的认识和创举,对于今天的教育改革也是不无裨益的。

四、先农后工的经济道路

在梁漱溟的乡村建设方案中,经济建设一直被他置于很重要的位置,对经济问题的重视,可以说是梁漱溟区别于其他乡建团体的一个重要特征。从其乡治思想开始萌芽,直到二十世纪三十年代轰轰烈烈的邹平乡建实验,他一直都注意到经济建设在乡村建设中的重要性。1930年,他在为山东乡村建设研究院撰写的《旨趣及办法概要》中写道:"所谓乡村建设,事项虽多,要可类归为三大方面:经济一面,政治一面,教育或文化一面……但照天然的顺序,则经济为先;必经济上进展一步,而后才有政治改进教育改进的需要,亦才有作政治改进教育改进的可能。"①自称对经济是门外汉的梁漱溟在《乡村建设理论》中,曾用了很大的篇幅讨论中国经济问题,由他对中国社会、政治、经济、文化等方面的特殊认识,梁漱溟提出了较为系统的关于乡村经济建设的方案和设想。

梁漱溟认为,就像政治问题的解决一样,中国经济问题的解决也有自己的特殊性。"有两点要请大家特别注意:一点是经济问题政治问题在中国两下纠缠的特别紧;一点是问题的解决都落到社会自身,而难靠政府。"因此,他认为中国的政治问题必须与经济问题同时解决,中国经济上的生产问题也必须与分配问题同时解决。而彼时中国经济面临的最大困难,无外乎缺乏统一的国权和其他所需的政治条件,因此欧美的资本主义和苏俄的社会主义都走不通。梁漱溟认为适合中国经济发展的路线,"就是散漫的农民,经知识分子领导,逐渐联合起来为经济上的自卫与自立;同时从农业引发了工业,完成大社会的自给自足,建立社会化的新经济构造"②。分析起来,梁漱溟所设计的这条道路包含以下要点:①非个人营利也非国家统制,而是从农民的联合以达于整个社会的大组织;②从农业引发工业,而非从商业发达工业;③为消费而生产而非为营利而生产。而其中最重要的一点,就是"先

---

① 《梁漱溟全集》(五),山东人民出版社,1990年,第228页。
② 《梁漱溟全集》(二),山东人民出版社,1990年,第495页。

农业后工业,由农业引发工业","从农业引发工业,农业工业为适当的结合,以乡村为本而繁荣都市,乡村都市为自然均匀的发展。——这是在中国今后一定的路线,自然而然要走上去的"。①

为什么要"先农业后工业,由农业引发工业"？梁漱溟根据他对中国社会的分析,认为在彼时的中国社会主要依靠的是农业经济,各方面经济尤其是工业备受国际经济侵略与压迫,而相比较工业,农业需求更加急迫、根基相对较厚,所受压迫相对和缓,"盖中国图兴产业于世界产业技术大进之后,自己手工业农业破产之于,外无市场,内无资本,舍从其社会自身辗转为生产力、购买力之递增外,更有何道？""当前的问题,既在急需恢复我们的生产力,增进我们的生产力;而农业与工业比较,种种条件显然是恢复增进农业生产力切近而容易。"②同时,吸取西方资本主义发展初期时的教训,他在《觉悟》一书中说:"现在资本主义的工业,是发财的路而不是养人的路……农业则不是发财的捷径,而正是养人的路;尤其从'合作'发达起来的农业,最是养济众人的一条大道。"由此因素,梁漱溟"认定中国经济建设的路线是'从农业引发工业',同时我们反对的是从商业来发展工业的路子"③。但是与章士钊等重农派不同,梁漱溟并不反对工业化,他只是认为中国必须农业发达以后才能工业化。而且在梁漱溟看来,农业发展起来,农民的供求需要,不仅在数量上将会增加,在品种上将会增多,而且在质量上将会提高。这对民族工业商业的发展将会造成广阔的有利的条件和大环境,这不仅解决了资本和市场的问题,而且奠定了农业、工业、商业互相递进、良性循环的基础。换言之,即他认为中国近代工业的发展,不能像资本主义发展初期的西方那样从发展商业中发展起来,而是应当随着农业的发展而发展起来,随着农业的恢复和发展以及生产力的提高,民众购买力的随之增加,许多工业自然因需要之刺激相缘相引而兴起,在农业引发工业的基础上,使农业和工业、商业互相促进、协调发展。所以梁漱溟说:"所谓中国建设必走乡村建设之路者,就是说必走振兴农业以引发工业的路。"④

不仅如此,梁漱溟还详细地论述了中国如何发展农业和工业的具体措

---

① 《梁漱溟全集》(五),山东人民出版社,1990 年,第 579 页。
② 《梁漱溟全集》(五),山东人民出版社,1990 年,第 1043 页。
③ 《梁漱溟全集》(五),山东人民出版社,1990 年,第 994 页。
④ 《梁漱溟全集》(二),山东人民出版社,1990 年,第 14 页。

施。他认为要"促兴农业"和"从农业引发工业",必须要从"消极"和"积极"两个方面下功夫,立志从各方面扫除农村经济和农业发展的障碍,解决妨碍农民生产问题的四大难题,减轻农民负担,安定社会秩序,预防自然灾害,便利农民运输,引入先进的科学技术,培养训练指导经营合作的人,促进合作组织,流通金融资本,"将世界上已有的好办法尽量的采用过来,则农业自可渐进于发展矣"。

第三节 乡村建设实践之邹平实验

二十世纪三十年代长达七年的邹平乡村建设实验,是梁漱溟实践乡村建设运动最主要的阶段,也是他理论最完备、最成熟、成果最显著、影响最大的阶段,"邹平模式"在当时备受关注,许多社会名流和专家学者纷纷前往邹平参观考察借鉴取经。

一、组织机构

山东的乡村建设实验是从创办乡村建设研究院开始并以其为中心进行的。1931 年 3 月,国民党山东省政府拨款十万元,在济南设立筹备处,直隶于山东省政府。因邹平县位置、交通、经济、文化等情况均符合院组织大纲的要求,于是被划为乡村建设实验区。1931 年 6 月 15 日,山东乡村建设研究院正式成立。根据梁漱溟的设计,山东乡村建设研究院主要目的主要在于通过"以'人'为本"的合作方式的乡村经济建设,"培起乡村力量,更无其他"①。研究院下设乡村建设研究部、乡村服务人员训练部和乡村建设实验区,其他附属于研究院的机构还有农场、医院、图书馆、社会调查部和邹平师范学院。

研究部的学员一般要求接受过高等教育,但对于那些对乡村问题有一定心得和兴趣的人可以不受此限。研究部学制两年,每次招收四五十人,主要招收对象是山东本省人,不收取任何费用,外籍学生可以参加,但费用需自理。学员在研究部主任和导师的指导下,个别钻研或集体讨论,将理论和实践相结合,先做乡村建设根本理论、社会进化史、党义等课程的基本研究

---

① 《梁漱溟全集》(五),山东人民出版社,1990 年,第 231～232 页。

和农村改良、农村经济、产业合作、乡村自治、乡村教育、乡村自卫等课程的专项研究。

乡村服务人员训练部设立的主要目的是就地取材,培养乡村工作人员,因此招收学员要求多为本地初中文化水平的青年,且必须世代乡居,本人仍住乡村且并未失去乡村生活习惯者,并分区就地进行考试,每届受训一年。训练部的课程主要分为阐扬孙中山遗训发挥乡村建设的基本理论,如三民主义、建国大纲等;第二为精神陶炼课,鼓舞乡村服务人员的志趣和精神;第三项为乡村自卫方面的知识技能;第四项是乡村经济方面的知识技能,如农业常识和技术、社会调查和统计等;第五项是乡村社会政治方面的知识技能,如乡村自治组织、风俗改良、公共卫生等课程。由于课程较多,时间有限,所以每届课程设置依据实际情况前后有所增减不同,但大致不超出上述范围。学生四十余名为一班,每班设班主任和助教一名,以班主任为中心,"与学生同起同居共饮食","以时常聚处为原则",全面负责学生的身心教育,包括精神陶炼、学识培养、体育锻炼等。学生每天都要记日记,成立自治团,自行处理教务、庶务、卫生清洁等事项,大家吃同样的饭食,穿一样的衣服。为了合乎农家生活习惯,训练部没有星期例假和一切节假日,作息时间紧凑而有序,不只包括讲课读书,还包括野外操练、巡回讲演和野外调查等。训练部学生毕业后大都回本县从事乡村建设工作,担任教育辅导员和乡农学校工作人员。研究院1932年10月成立了乡村服务人员指导处,定期对他们进行巡回指导,解决出现的问题。

山东乡村建设另一个非常重要的机构就是乡农学校。1931年11月初,研究院研究部、训练部师生300余人,在邹平县农村试办乡农学校91处,入学学生3996人。乡农学校按200至500户自然村设立,"化社会为学校","社会学校化",主要组织农民学文化,启发农民自觉性,实施农业改进措施,开展合作运动,改良乡村社会。梁漱溟认为,乡农学校实际上是一个组织,借助于乡农学校,可以完成以下的任务:第一,保持了伦理情谊和人生向上的中国民族精神;第二,可以克服中国社会一盘散沙的局面,将农民组织起来,认识到自己的处境,团结起来解决共同面临的困难,激发农民的自觉性和合作精神;第三,在自治的基础上催生民主精神;第四,通过教员传播先进的科学知识,把科学精神带到农村,实现经济上的增产和社会化。

乡农学校以研究院和县政府为指导机关,由四部分人组成:校董会、校长、教员和学众,为上课方便在时间上有白日组合、夜间组合,有全日制、半日制、钟点制。乡农学校分为两类:一类是乡农学校普通部,又叫乡农夜校,共有 75 处,设在各村,不管是六七十岁的老人,还是三四十岁的中年人,或者十几岁的少年儿童,都可以自由参加。每个乡农学校普通部都设有校董会,校董会成员都是当地的"领袖人物",由校董会聘请本村有学识、有威望、齿德并茂的老人担任校长,校长"居众人之上",起"监督众人,调和众人"的作用。教员 1 至 2 人,初办时由训练部学生充当,后来由村立小学教员担任。每年冬春农闲时开学,课程有识字、精神陶炼、时事、农业知识、唱歌、武术等。一类是设在各乡的乡农学校高级部,共计 16 处。针对对象主要是受过四五年教育以上的农村男青年,在冬春农闲时开学,学制为三个月,主要课程除了与普通部相同的之外,外加乡建理论和自卫训练,目的是把学生培养成为乡村建设事业服务的人才。乡农学校使用的教材都是由山东乡村建设研究院教材编辑委员会编写的,主要包括《中华民族故事》《农民国语课本》《农村问题教材》《孔子》《家庭须知》等,既与老百姓息息相关喜闻乐见,又针对农民特点,浅显易懂,便于推广。

乡农学校有《学众须知》,要求学众必须"以团体为重""尊重多数,顾全少数""为团体服务""要尊敬学长,要接受学长的训饬""信任理事""爱惜理事"等。①《学董须知》大意是推举校长聘任教员,筹划经费,拟定学校工作计划,倡导改良事项及建设事项,执行县政府令饬办的事项、校长提议事项等。《教员辅导员须知》规定教员是所谓"大团体""大系统"的代表,要担起推动乡农学校的责任,以新知识、新教育方法教育学众,不仅仅是教书,还要经常和他们接触,注重以实际行动和实践教育学众。

乡农学校推行"乡约"制度。按照梁漱溟的说法,"乡约"制度"要防患于未然",通过"乡与乡的联络而渐及于县与县,省与省的联络,普遍的去联络,相往来,通消息"②。他认为"一人不好,连一家;一家不好,连累一村"。乡约规定,对于"不良分子"要"共同监视他,不准他与外面来往勾结,这便除去了土匪的引线"。

1932 年 12 月,国民党召开全国第二次内政会议,通过了县政改革案,决

---

① 《梁漱溟全集》(二),山东人民出版社,1990 年,第 241～243 页。

② 《梁漱溟全集》(二),山东人民出版社,1990 年,第 333 页。

定各省建立县政建设研究院和实验区,可截留地方收入的 50% 做实验经费。邹平的乡农学校遂被乡学、村学代替,与此同时,梁漱溟的乡村建设进入了另一个阶段。

1933 年 7 月至 1937 年 10 月是梁漱溟邹平实验县的乡建工作的第二阶段。1933 年 7 月,邹平县由原"乡村建设试验区"改为"县政建设实验区",县政改革实验、地方自治实验、社会改革实验都可以全面推行,邹平的乡村建设运动进入了一个新时期和新阶段。1933 年 3 月,韩复榘又划菏泽为乡村建设研究院的第二个实验区。1934 年,山东乡村建设研究院在菏泽建立分院,同年夏,划济宁为第三个乡村建设实验区。1935 年扩大到郓城、曹县、单县等鲁西十四个县。1936 年 2 月,山东乡村建设研究院与山东省地方行政人员训练所合并为山东省县政设计委员会,从此乡村建设研究院在山东国民党省政府中不只是居于第二省府的地位,而是与其真正融为一体。

二、教育改革

旧时代的中国,由于经济生产力和思想观念的落后,乡村教育一直缺乏重视和发展。直至民国,严格意义上讲,中国并没有真正的乡村教育,[1]"废除科举改设学校之时,无人知乡村教育应当特别研究。乡村教育最初的呼声,始于民国五四运动"[2]。随着民主思想的传播和清初推行义务教育的失败,人们逐步认识到对广大民众包括农民进行教育的重要意义,全国教育界开始行动起来。1926 年前后开始逐渐形成一股大规模的乡村教育运动,"下乡去"成为教育者的工作口号,一些从事职业教育、平民教育的教育家和教育团体,也开始将办学重点从城市向农村转移。经过长时间的实践,人们逐渐认识到要救济乡村、复兴乡村,仅靠乡村教育还不够,还必须进行乡村建设。如晏阳初就指出:"在农村办教育,固然是很重要的,可是破产的农村,非同时谋整个的建设不可。"[3]

梁漱溟的乡村建设活动基本上是通过乡村建设实施的,但是在最初的乡村建设方案中,梁漱溟本无此意。他曾经说过:"我们的乡村建设原本不

---

① 郑大华:《民国乡村建设运动》,社会科学文献出版社,2000 年,第 67 页。
② 傅葆琛:《乡村教育纲要》,北京辅仁大学 1934 年夏令讲习会印,第 16 页。
③ 晏阳初:《晏阳初全集》(一),湖南教育出版社,1989 年,第 246 页。

是从教育工作转变来的,其来历为乡村自治运动、乡村自卫运动、农民运动等之扩充变化。我们的同志原都不是教育家,或夙有志于教育者。"①1929年梁漱溟在考察中华职业教育社和中华平民教育促进会时,对他们通过教育来改造乡村的做法颇不以为然,明确表示了反对和轻视的态度,甚至将教育定位于"枉用心力"的"天生赔钱货",认为彼时中国问题的根本解决不在于教育,主张"从一种社会事业,可得解决"②,无疑这种"社会事业"就是乡村建设。但随着乡村建设运动的实践,梁漱溟彻底地改变了对教育之于乡村建设的看法。他认为由于中国现实问题的存在,使热心于教育者和热心于乡村建设者在寻求自身建设的发展时,不期然的殊途同归,从而使乡村建设和教育辗转相连,叠为一事。"办教育者除非不想真正的办教育,如果想如此,非归到乡村建设不可;从事于乡村建设工作者,除非不欲其工作之切实,亦非走教育的路子不为功。"最后他断定:"乡村建设也就是民众教育。"③此后,梁漱溟根据自己的切身经验和周密思考,相继写出了《社会本位的教育系统草案》《民众教育何以能救中国?》《社会教育与乡村建设之合流》《中国今日需要哪一种教育?》等多篇文章,阐述自己对乡村建设和教育的关系,陈述了自己对如何让办好乡村教育的看法,并以此为基础,将自己的看法付诸山东乡村建设的实践,且取得了良好的效果。

(一)改进学校教育,普及社会教育

在进行乡村建设的实践中,梁漱溟指出,各级学校"得随宜运用学校教育、社会教育各种方式,而无分所谓社会教育、学校教育","在方式上兼用社会教育及学校教育两方式"④,乡农学校和后来的乡学、村学就是梁漱溟关于普及社会教育理念的实践贯彻。

梁漱溟所主张的社会教育有双重含义。首先,与学校教育相对应,社会教育是一种教育方式和手段。他认为只有将教育着眼于全社会,通过广泛深入的社会教育,改造旧的社会组织,使大多数中国人接受社会发展的新趋势,培养他们适应新社会的能力,培养其适应新社会的风俗习惯,才能真正发挥教育的作用,完成教育的目标。梁漱溟所创办的乡农学校和其后的乡学、村

---

① 《梁漱溟全集》(五),山东人民出版社,1990年,第529页。

② 《梁漱溟全集》(四),山东人民出版社,1990年,第877~878页。

③ 梁漱溟:《我的努力与反省》,漓江出版社,1987年,第94页。

④ 朱汉国:《梁漱溟乡村建设研究》,山西教育出版社,1992年,第107页。

学,就是他这种教育理念的实践。乡农学校与普通学校不同,课程不只包括乡建理论、儒家思想道德修养等,还包括农业科学知识、养殖、植物栽培等。除此之外,他们还开办了乡农夜校,内容包括教他们读书认字、精神陶炼、时事、军事、唱歌、武术等。在学习之余,提倡男人打拳,女人放足,组织郊游、野外写生,以强国强种,激发学生的爱国热情;培养学生的集体生活习惯和自治能力,设立妇女讲习会和女子部,提倡男女平等、讲习家事和幼儿教育。

　　社会教育的另一层含义,就是教育对象的扩大,即以社会为本位的教育。梁漱溟对乡农学校的定位就是改造社会、创造新理想、建立新社会的萌芽组织。1931 年 11 月,研究院派训练部主任及各班主任带领学生,赴实验县区创办学校,推进社会教育,以求"以学校指导农民生活",课程主要包括乡建理论、儒家思想道德修养、农业科学知识、养殖等。除正规的乡农学校和以后的乡学、村学以外,梁漱溟领导的乡村建设研究院还开办了乡农夜校,对象为全村男女老幼,内容就是教他们读书认字、精神陶炼、时事、军事、唱歌、武术等。他们实行男女合校合班,改革教材和教学方法,所有的教师人手一册陶行知所著的《大庙敲钟录》,实行"教学做合一",教师在教中学,学生在学中做,教师再在做中教,对学生启发诱导,充分调动学众的积极性和能动性,利用学生教大众,利用大众教大众,既解决了师资缺乏的困难,又在全县范围内创造出一种全民向学、全民乐学的氛围。1933 年以后,乡农学校逐渐由乡学、村学取代,但办学对象仍然是相应区域的农民、妇女、儿童,课程仍然因地制宜,包括文化知识和职业训练,将教育扩大到整个社会,提高了全县人民的文化水平。

　　梁漱溟主张的社会教育的另一个重要特点就是注重老师和学生的关系,希望形成一种亦师亦友、共同进步的师生关系,并最终潜移默化的倡行于整个社会,改造整个社会大环境。梁漱溟曾说自己办教育的动机是在自己求友,与青年为友,"所谓与青年为友,含有两层意思,一是帮着他走路,二是此所走之路不单是指知识技能,而是指学生的整个人生道路"[①]。他认为:"一个学校亦即是一伙人彼此亲近扶持着走路的团体,故而我们办学实是有感于亲师取友的必要,而想聚拢一班朋友同处共学,不独造就学生,还要自

---

① 汪东林:《梁漱溟问答录》,湖南人民出版社,1988 年,第 186 页。

己造就自己。"①因此,不只是追随梁漱溟进行山东乡村建设实践的老师和干部,包括后来学校招收的大部分学生,与梁漱溟与其他老师之间在几年的共处时间既是师生关系又是朋友关系,心甘情愿追随他的思想和主张,最终形成虽不正式但却极为牢固的乡建派团体。

（二）延长教育时间,主张终身教育

梁漱溟认为,儿童本身在学习上有着理解力和接受力有限等不可克服的缺陷,随着时代的发展、社会的进步,随着生活、生产的日益繁复,尤其彼时的中国正面临着前所未有的危机和变局,人需要学习的东西,绝不可能是仅凭童年、青少年时期的学校教育即可满足的。因此必须将"教育延及成年之趋势","时时不断以学之不可"。②

与上述理念相一致,并且鉴于中国民族文化的特殊性和民族革命的特殊性,梁漱溟乡村建设教育思想就是主要以成年农民为教育对象,推行终身教育理念。其要点就在于"纳社会运动于教育之中,以教育解决社会问题"③,它不仅仅是面对儿童和少年,而是"应着重成人教育,应以全力办民众教育,办理社会教育"。而成人教育主要是农业教育,并以教育民众化和环境特殊化即使受教育者置于其地而教育的方式为载体,教以农业改良、乡村自治与自卫等内容。在课程教材中,随处可见激励农民坚持学好求进步的歌谣,如"活到老,学到老,一样不学拙到老"。在对农民进行农业教育时,通过成立多种职业补习班和讲习班,采用实地操作和讲解结合的方法,进行生活教育、改良农业、妇女育儿等。除此之外,他们还引导农民成立了林业公会、机织合作社、棉花运销合作社、储蓄会、禁赌会等组织,对成年农民进行现代经济合作精神的培养和陈规陋俗的革除教育。在邹平被划为山东县政建设第一实验县以后,研究院和县政府即把整顿社会治安、建立健全乡村自卫组织作为乡建的重要内容之一,邹平的自卫训练也是以实施成人教育为主旨。他们以成年农民为主体,征调训练,对其进行各方面教育和训练,促进其知识进步,以便使其日益成为组织农民、动员农民的骨干和推进乡村各项建设事业的带头人。由此可见,在梁漱溟所设计的乡村教育方案中,成年

---

① 汪东林:《梁漱溟问答录》,湖南人民出版社,1988年,第187页。

② 《梁漱溟全集》（五）,山东人民出版社,1990年,第396页。

③ 梁培恕:《梁漱溟传——我生有涯愿无尽》,香港明窗出版社,2001年,第184页。

农民是教育的重要对象和主要目标。1935年前后,山东乡村建设研究院先后颁布了《邹平实验县青年义务教育实施大纲》《邹平实验县成年教育实施办法》,在全县范围内进行义务教育和成人教育,有步骤、有计划地对青年进行军事、精神陶冶等义务训练,并着重进行以启发民族意识、培养组织能力、增进生活常识、陶炼服务精神为宗旨的成年教育。①

(三)培养道德自觉,推行情谊教育

梁漱溟曾说:"乡学村学意在组织乡村,却不想以硬性的法令规定其组织间的分际关系,而想养成一种新礼俗,形著其组织关系于柔性的习惯之上。"②在梁漱溟看来,由于中国社会是一个"伦理本位,职业分立"的社会,中华民族是一个注重情谊交往的民族,因此救济乡村要靠农民自觉,要通过情谊教育,唤起他们的生机和力量,唤起他们的自觉性,培养起他们的团结合作精神。

梁漱溟指出:"情谊相通,必彼此互以对方为重;唯有情谊才可促进人类的好生活"③,而情谊教育要遵循"礼"的路子,凡事大家经过切磋陶炼商讨着来解决,才能有一个合用的法子。梁漱溟说:"我们《村学乡学须知》中的各种须知都是礼,学众、学长、学童等各尽其所应尽的职责即为礼,全盘组织即是礼,而行的时候,全靠礼貌、礼仪之礼。"④简单来说,梁漱溟所主张在乡村建设中推行的礼,就是儒家之礼,是礼乐之礼,主张凡事以情动人,以理服人,以礼喻人,以礼化人,激发出每个人的生命力和道德自觉性,而不可以势迫人,以外力逼人。如果学众不遵守或有违反,除了依靠他或她自身的觉醒、道德上的谴责和舆论上的声讨以外,并没有法律的最后裁决权和武力的强制执行权。而情谊教育,正是为了唤醒这种自身的觉醒、道德的约束和舆论的一致。

在梁漱溟的乡村建设教育系统中,学长、学董、学众都是情谊教育的承担者。学众作为乡学村学中的一分子,要知道以团体为重,尊重多数意见,凡是众意所归,就应该顺从众意,但更需顾全少数,彼此迁就,以求团体内一

---

① 时一年:《传统文化现代转化的一次尝试——以梁漱溟在邹平的实验为例》,载梁漱溟乡村建设理论研究会编:《乡村:中国文化之本》,山东大学出版社,1989年,第154页。

② 《梁漱溟全集》(五),山东人民出版社,1990年,第448页。

③ 《梁漱溟全集》(二),山东人民出版社,1990年,第73页。

④ 《梁漱溟全集》(二),山东人民出版社,1990年,第385页。

团和气。但学众更重要的是要无条件的尊重学长,接受学长的训斥,"凡学长对村中众人或哪一个人有训斥教戒的话,众人或哪一人皆应接受"。对于学长而言,他作为一村或一乡之中齿德并茂、深孚众望之人,是一村或一乡的师长,代表情理之所在,负责推行教育、调解邻里纠纷、以情理来评判是非,"准情夺理,以情义为主,不囿于法律条文"。在《学长须知》里,梁漱溟要求学长"应知身为一村师长,处处要为人众做表率。要谦恭,要谨慎,要公平办事,要宽厚待人,最不要与人争闲气","不许学长与众人不和",如果理事措置失当,不能当着学众指责他,而应该"背地忠告他、调护他","不要众人与他发生正面冲突",以达到"调和一乡之众"的目的。而对于作为乡村领袖的学董,也要率先接受学长的规诫,礼待教员,"如看出谁对谁有意见,必设法化除",讨论事情"最好将各方意见调和接近,算是全体同意的样子"。

梁漱溟所提倡的教育既注重学生的知识教育,又注重学生的道德教育。不论研究部、训练部的学生还是乡学村学的学生,都决不放松道德教育。要求教师通过每天记日记、个别谈话、朝话、讲课等方式,提高学生的道德水平,灌输给他们传统优秀的儒家道德观点,打造一种新型的师生关系,最终化社会为学校,希望在乡村建设的框架内,以情理德教来代替法律手段或把法律问题放在道德教化的范畴之内,恢复中国传统的情谊人生,复活传统儒士的温良恭俭让,重塑一个伦理情谊的中国乡村和社会。

(四)政治、建设、教育合一

梁漱溟认为,在彼时的中国是非常需要教育的时候,但这个时候的教育,不是传统中那种以读书识字为主要目标、以学校私塾为界、两耳不闻窗外事一心只读圣贤书的教育,而必须是政治、建设、教育合一。唯有如此,才能"期于一村之生活,逐渐改善,文化逐渐增高,并以协进大社会之进步"①。

梁漱溟希望通过乡农学校直至县学、省学、国学这种社会教育机构废除官僚主义政府,通过学校这种组织形式以及作为教师而与农民相联系的乡建干部,将政府机构与农民相联系,实现"政府学校化"和"社会学校化",也就是真正的政治与教育合一,"其内容就是,办社会教育的机关,借政府力量施行他的社会教育;而政府则借社会教育功夫,推行他的政令。或将下级行政机关,合并于社会教育机关;或就下级地方组织,而设教育机关;或以教育

---

① 《梁漱溟全集》(五),山东人民出版社,1990年,第383页。

机关,而兼负下级行政的任务"①。他希望通过这种方式,发动广大民众要求民主和参与政治的热情,"通过村一级的参与民主,政治的力量将发自地方有组织的民众,上达于国家;而不再是发自上层庞大的官僚机构所发布的官方命令"②。

为什么要把行政的事情用教育的功夫来办呢? 梁漱溟认为,如果把公务就当作公务来办,不免要用强制的行政命令,没有商量的余地,没有多少话说,因此就形成了死板的方法,没有了生机活力,滋生出政府的种种弊端,最终不免沦为破坏乡村的结局。所以梁漱溟欲借村学乡学来组织乡村,用教育功夫来启发乡民的向上进取心,引导乡村自力,欲靠乡村农民自己的力量来改进社会。比如革除乡村的陋风弊俗,整治乡间的不良分子,都必须依照中国办法,以情义相感,以教化相改,从情谊出发,勉励其向上求好,从爱惜的意思出发,使其自觉自动禁绝才行。以此为手段,日积月累,潜移默化,循序渐进,既改造了乡村农民个体本身,也逐渐达到建立新社会新秩序的目的。当然,有一点不能抹杀,即梁漱溟采用政教合一的方式的主要目的还在于避免社会革命,避免其所谓的中国共产党"破坏乡村"运动。他认为"教育之在社会,其功用为绵续文化而求其进步;使教育果得其功,则社会宜无革命"③。

在1931年梁漱溟乡村建设开展之初,原意即有取消一切行政机构而代之以乡农学校,使"社会学校化,学校社会化"的动议达成现实,惜当时政治条件所限没有实现。一直到1933年,国民党中央通过县政实验改革方案,山东省随之划邹平为山东县政建设第一实验县,邹平才真正开始取消区、乡、镇等县以下各级行政机构,而代之以乡学、村学制度,以教育的设施促成地方基层自治体,以教育力量来代替行政力量,以教育性之社会组织代替下级行政组织。

除此之外,梁漱溟主张教育不能脱离民众实际,而是用教育促进乡村经济发展,用教育推进整个乡村建设,"表面上是经济建设为主,骨子里无在不是社会教育功夫。建设、教育二者,不能分开"④。山东乡村建设研究院除开

---

① 《梁漱溟全集》(二),山东人民出版社,1990年,第470页。

② [美]艾恺:《最后的儒家——梁漱溟与中国现代化的两难》,王宗昱、冀建中译,江苏人民出版社,1995年,第254页。

③ 梁漱溟:《乡村建设论文集》,乡村书店,1936年,第145页。

④ 《梁漱溟全集》(二),山东人民出版社,1990年,第470~471页。

展了大范围文化识字运动外,各乡学、村学依据自身地理条件,因地制宜,还开展了轰轰烈烈的生产建设运动,推行了各项改良措施,通过具体的业务手段把乡建理论的最高目标化为具体的教育形式,最终"引导全县民众均能懔然于个人责任之重大"并最终将个体的乡民"集合而成为村为乡为县建设一个有秩有序活力充实的自治体系,以为省自治之基础,而挽救民族国家之颓运"。

以上即是梁漱溟在乡村建设中所采取的教育方法,在他看来,乡村建设必须以社会教育和民众教育为基础和手段,否则一切都将是无水之源无土之木。他的乡村建设实践就是时刻以这种理念为指导和基础的,这一点也是梁漱溟矢志不渝并引以为傲的。他曾这样总结他在山东的乡村建设工作:"今日吾人从事乡村建设工作所办事业,如领导民众造林、养鱼、改良农村等,皆为新事业,而非民间所固有者,亦皆属民众教育之功课。再如民间固有之陋旧积习,如缠足、吃鸦片烟等,亦为吾人所亟宜设法改革者","吾人今日所从事之工作,从目的说,为乡村建设,从方法说系民众教育"。①

三、农业改革

梁漱溟在《山东乡村建设研究院设立旨趣及办法概要》中曾写道:"所谓乡村经济的建设,便是前所说之促兴农业。此处所说农业并概括有林业、蚕业、茶业、畜牧、养鱼、养蜂、各项农产制造等,一切乡村间生产事业皆在内。"②由此可见梁漱溟对农业对农业振兴的重视。前面述说其乡建思想时已经指出,他主张"促兴农业以引发工业"是乡村建设的重要任务,认为由于中西社会的不同,"天然逼迫我们非从农业引发工业不可"。

在山东乡村建设研究院成立之初,就同时开办了农场。农场是梁漱溟把西方的科学技术引入中国的执行机构,设田艺、园艺、畜牧、养蚕、兽医等研究机构,并附有分场、林场供实验用③,面积大约1.3公顷,呈南北长东西窄的长方形。场东有地4.7公顷,是农场菜地,场西有地5.3公顷,是棉花实验田,场北有地4.7公顷,是果树苗圃。初时农场场长是于鲁溪,下有技术指

---

① 《梁漱溟全集》(五),山东人民出版社,1990年,第487页。
② 《梁漱溟全集》(五),山东人民出版社,1990年,第221页。
③ 李元贞:《回忆山东乡村建设研究院的农场情况》,山东省政协文史资料委员会、邹平县政协文史资料委员会编:《梁漱溟与山东乡村建设》,山东人民出版社,1991年,第175页。

导员 2 人,事务员 1 人,规模比较小,随着时间的推移和各项事业的开展,到 1936 年农场规模已经有了很大发展,已有场舍 20 亩,园艺及各种作物育种场 40 亩,东范庄棉麦育种场 100 亩,孟家坊、蔡家庄两处棉种繁殖场共 280 多亩,黄山养鸡场 10 多亩,唐李庵养蜂场 17 群蜂,济南辛庄合作农场 680 亩,并于 1935 年在东关设科学酱油厂,用科学新法酿造酱油,5 天就能酿造 300 瓶,极大地改善了农民日常生活。农场依据邹平的实际情况,成立农事试验场,试验推广各种新技术、新品种。应该说,当时农场的一系列活动是积极的、有效果的,确实很大程度上直接改善了当地农民的生活,至今仍让当地村民津津乐道。

除了以农场为主体进行的一系列农业改良活动之外,梁漱溟还触及了农民最关心的土地问题。"常有人怪我们不大爱谈土地问题,土地问题怎么谈呢? 问题哪个不承认? 要紧的在有办法,办法亦不难想,要紧的是谁来实行?"①他在《中国文化要义》中已经谈到彼时中国的土地问题。与后来中国共产党的认识恰恰相反,梁漱溟认为中国"土地垄断之情不著,一般估计,有土地的人颇占多数",指出若以有地者和无地者相较,当不只要 11 对 49 之比,而要多得多。后来在三十年代对邹平土地问题和农民问题进行分析时,梁漱溟同样认为邹平的土地分配额与全国其他地方一样"颇为合理"。由此结论出发,梁漱溟认为解决中国土地问题最重要和有效的方法不是共产党所提倡的平均地权,而是借由强有力的政治统治力量对土地进行些许调整。他认为中国土地问题包括三个问题,即耕地不足、土地使用不经济、土地分配不均。他希望土地归公,然后借此消灭土地不均问题。但与共产党的做法大相径庭的是,他不主张采用革命的方式、斗争的手段解决,"共产党的做法倒亦痛快,只是与大局无补(他们若建得起政权就有补)。反之,我不但不那样说,而且近于鼓吹乡村内部斗争的话,我正极力避免。无益的话不说,没用的话不说。我只是想怎样建立那确能负责解决中国土地问题的政权"②。梁漱溟主张通过政府立法以遏制土地兼并,迫使地主将土地合理买卖,同时建立完整的农业金融系统,通过金融机构给农民提供贷款,帮助农民通过购买而合法拥有自己的土地,从而达到"土地利用的合理化,农业经

---

① 《梁漱溟全集》(二),山东人民出版社,1990 年,第 528 页。
② 《梁漱溟全集》(二),山东人民出版社,1990 年,第 441 页。

营的合理化"①。

梁漱溟认为,土地的公有或私有,不是单讲道理就可以决定其如何的,也不是说一句话该办就能办得了的,一种制度的存废不是人为决定的,而要看其有没有继续存在的社会条件。他认为土地私有在中国还是有一定的社会基础的,不是短时间就可以废除的,所以土地的公有化不是近期能做的工作,土地不均更不是首要的阻碍农业进步而急需解决的问题,目前最需要的是促进农村土地的合理利用和农村科学技术的提高。他提出了耕者有其田和土地的合理利用的目标,提出"消灭凭借土地所有权来进行剥削的地主"的目标,但是认为其应该随着科学技术的进步,能有一种比苏俄共产党更好的、和平的甚至是自然而然的方式,使土地公有化。

1932年邹平实验县成立之初,鉴于原土地管理混乱,多地少报、不报或错报,土地纠纷频发、偷税漏税现象十分严重,既不利于农村社会稳定,也不利于县政府财政收入,研究院遂在邹平进行了一次土地陈报。县政府组织大量人力,先由农户自报土地和宅基地,然后由村办公室统一实地丈量,经过公议,绘制成图,初步"厘定科则",按土地贫瘠程度划分上、中、下三等,逐级汇报到县,依土地等级上交田赋。这整个工作大概进行了三年左右时间,最后全县绘图成册,每户发了土地陈报证,查清了各地许多因土地买卖造成的逃避关税的无粮黑地。经过这次土地陈报,全县田赋银两由土地陈报前的三万六千两增加到了七万多两,极大增加了县政府田赋税收。1934年,研究院迫于形势,曾打算将美棉运销合作社改为棉农土地合作,并期望以这种合作为基础来统一社内一切工作,最终化私产为公产,以此作为土地改革的和平方式,但因日本侵略者日益逼近,研究院和梁漱溟怕激化农民之间的矛盾遂搁置,土地陈报工作最后终于不了了之。1935年中华书局刊印了《邹平户口调查的分析统计》一书,对这种以合作为基础最后化私有土地为公有土地的设想进行了初步笼统的涉及,但是却并没有拿出具体切实的措施。1936年研究院解散后,这种想象中的和平土地改革计划自然也随之化为泡影。

时过境迁,虽然随着时代大发展,结果已经雄辩的给梁漱溟彼时的土地政策主张一声响亮的回答,但客观来说,梁漱溟解决土地问题的思路是不乏真知灼见且有一定合理性。现阶段随着我国经济建设的进步,面临城乡二

① 《梁漱溟全集》(二),山东人民出版社,1990年,第531~532页。

元体制所显现出来的问题日益突出,十八亿亩耕地的红线时时有被突破的危险,土地使用极为不经济,投入产出效益与西方发达国家相比仍然存在一定差距,土地承包经营和流转过程中对农民利益的保障仍然失之全面,如何最大限度保障农民的土地利益,如何最大限度地保障我国耕地安全和粮食安全,如何完善现有统分结合的双层经营体制,重温梁漱溟彼时关于农民土地政策的主张,无疑对于今天土地问题的解决有一定的借鉴作用。

四、经济改革

客观来说,梁漱溟山东乡村建设运动的这几年里,最有成效的成果无疑表现在经济改革方面。这与梁漱溟对经济的重视、民众对经济改革的热情参与有着密切关系。梁漱溟认为,要进行乡村建设工作,"按照天然的顺序,则经济为先,必经济上进展一步,而后才有政治改进教育改进的需要,亦才有作政治改进教育改进的可能"①。而经济上的建设则主要是促兴农业,促兴农业则必从组织合作和金融流通两方面入手。

(一)合作社建设

邹平的经济合作事业,开始于研究院农场推广棉种、提倡造林、指导养蚕等事项。从1933年梁邹美棉运销合作社成立开始,1935年7月,为了集中力量指导推进合作事业,邹平成立了县合作事业指导委员会,负责统一指导全县各种合作事业。到1936年底,邹平的合作事业计有棉花运销、蚕业产销、林业生产、信用庄仓、购买、机织六种类型,社数总计307所,社员8828人,股金12422.93元。到1938年,已经有了几百个合作社,从事养蚕、编织、林业、植棉、信贷等项目,并且除了林业合作社以外,其余的合作社都向社员提供贷款以满足他们改进生产和避免高利贷贷款的需要。六种合作社中,以棉花运销、蚕业产销和林业生产合作社成立最早,信用和信用庄仓成立次之,购买合作社成立最晚。此种先农业继金融后消费的顺序,打破了当时中国普遍以信用合作为创始的顺序成例,代表着梁漱溟和乡村建设研究院建立农村新经济秩序的全面尝试,构成了邹平合作事业的一大特点。下面将各种合作社的情况介绍如下:

1.梁邹美棉运销合作社

---

① 《梁漱溟全集》(五),山东人民出版社,1990年,第228页。

邹平县最显著也是最成功的工作是梁邹美棉运销合作社。[①]

邹平县境北狭南广,气候温和,雨量适中,光照充足,无霜期长,南部多山,地质低洼,土质多黑土,尤其第六区孙镇一带土质微沙,土质适合种棉。从1932年初春开始,研究院每年都进行脱字美棉的种植栽培和品种对比试验,主要进行单本试验、株行试验、二行试验、五行试验,以作研究示范,并供训练部学生实习研究,选出好品种,以供大范围推广。1932年,研究院在霍家坡乡农学校讨论修订了《梁邹美棉合作社简章》,成立"梁邹美棉运销合作总社"。总社成立后,各村合作社一律为其分社。总社主要负责收购、贷款、评级、打包、销售、分配及选种等事务,即先由总社划定收花区域,收购各村分社子花或花衣,将所收籽棉去籽打包,将加工包装好的棉花统一运往济南等地,投入市场,销售后再按值发钱。分社则在村学和教育的基础上由公选出的社长和干事负责管理全社播种、轧花、收存、运送等事务,具体指导社员播种和种植。除此之外,合作社以实现经济生活的社会化为目的,期望以此建立"共营、共享、共有的社会资本及经济制度",规定合作社盈余除提付年息6厘股金以外,20%为公积金,10%为职员酬劳,70%按社员运销额退还。他们还采取把合作经营所得财产逐步积累的方法,逐步提高公积金比率,增加集体财产。

1932年,邹平全县棉花合作分社还只有15个,总人数仅219人,面积共计44.47公顷,棉种数量仅4788斤;而到1935年邹平全县所有能种植棉花的乡村基本上都改种了纯种托里斯美棉,种棉户一亩地棉花收入是种粮的两到三倍。短短四年年无论棉田还是棉种都出现了极大增加。仅1935年3月底,就先后售出棉种36万余斤,当时就有报道称赞"梁邹美棉合作社,用合作方法,改善棉品质,两年以来,成绩大著"[②]。1936年全国所有的产棉大县种植面积都有较大增加,山东省更是力拔头筹,种植面积较之去年增加了238%。中华人民共和国成立以后,邹平农村经济的重心,仍以传统的棉花生产为主,进而发展成为种植加工配套一条龙生产,在全国颇享盛名。

1934年,由于合作分社的增多和业务的进一步扩大,原有的总社体制已

---

① [美]艾恺:《最后的儒家——梁漱溟与中国现代化的两难》,王宗昱、冀建中译,江苏人民出版社,1995年,第261页。

② 参见《民国日报》,1935年4月1日。

不适应新的发展需要,所以在研究院的指导下,调整原有体制,赋予各村分社一定独立性,改称其为美棉运销合作社,其联合机关改称"梁邹美棉运销合作社联合会"。具体业务上也有所改变,主要业务收缩集中在运销加工等。联合会还制定了《村社办理收花过秤须知》《村社办理轧花须知》等条例,分发各村社,以确保棉花质量。同时为了宣传种植美棉和指导合作社的工作,发展合作事业,联合会还出版了不定期刊物《社讯》和《梁邹美棉运销合作社联合会工作报告》,分发各村随时报告美棉合作社的情况。"在组织上,棉花合作社也最接近梁漱溟的理想。"①教育是推广的主要手段。强调基层组织,村一级不断举行会议以提高水平并对社员就合作社的管理和组织作进一步的训练。比起其他合作社来说,棉花合作社更是围绕着村学进行活动的。

　　但是鉴于种子有限,技术人员不足,且种棉户发展过快导致粮食种植锐减,全县人民吃粮紧张,研究院对种棉农户资格和面积做了一些限制。客观来说,正是这些限制,同时也暴露出梁漱溟所领导的乡村建设的先天不足,揭示出其乡村建设最终失败的内在原因。首先,由于种棉户发展过快,导致全县吃粮紧张,因而合作社规定,土地必须优先种足够的粮食,剩下的才可种棉,否则不借种子,不予贷款,这无疑限制了土地少农民种棉的机会,而将种棉收益全部赋予富农,导致贫者愈贫富者愈富,出现了富农控制合作社的趋势。有的农户千方百计种棉花,政府不给他优良种子就用退化种子,不给他肥料贷款就自己借贷买肥料,这样收花时就出现退化棉种和优良棉种混杂的问题,影响了棉花质量,激化了阶级矛盾。其次,由于合作社数目的增加,干部的素质参差不齐,监督指导作用也日益下降,争权夺利现象层出不穷。最后,虽然合作社的初衷原有实现经济生活的社会化,并期望最终达到"共营、共享、共有",但是旧式农民的家庭主义和个人主义却非朝夕即可除去,他们仍是坚持自己的利益为重,止于将其简单地看作改善眼前生活、获取眼前利益的工具,无法真正了解合作社的价值和意义。到1935年10月,返还农民的金额已由最初的70%增加到80%,很大程度背离了财产社会化的初衷。

---

① ［美］艾恺:《最后的儒家——梁漱溟与中国现代化的两难》,王宗昱、冀建中译,江苏人民出版社,1995年,第261页。

2. 购买合作社

购买合作社成立于1936年10月12日，最初只设立在第六乡学，是邹平县所有合作社中成立最晚的一所。它的业务比较单一，主要购买本乡各社员日常生活和农业生产必需品。它最大的特点在于组成单位并非个人，而是各合作社。《邹平实验县购买合作社社章》规定，购买合作社一般以本乡为限，其社员也以本乡合作社为限。优点在于可以以集体名义向金融流通处借款，先行垫付，待收货后再将款项还清，这种措施极大地缓解了乡村和农民资金周转缓慢的困难，有利于农业和农民生活。购买合作社以各合作社为基本单位，以每社为一股，每股股金5元，最后组成联社，也即购买合作社。购买合作社的业务主要订货制，联社将近期所要购买的物品种类和数量发往各社，各社按其需要集中上报，联社按数量计算好所需款项向金融流通处借款，借款限期3个月，货物到后按购买数量分配到各分社，各分社再按所报数量分配给社员，各分社和社员在收到货物后半个月内即将货款付清。购买合作社内部结构与其他合作社基本相同，设理事5人，监事3人，选举其中一人分别为理事会主席和监事会主席，分别操作和监督合作社内部购买事务。自始至终，购买合作社并没有大范围的在全县范围内普及，加入购买合作社的只有棉业运销合作社、信用合作社和信用庄仓合作社三类，加入分社合计数量仅9个，社员共计279人，且其业务也仅仅局限在购买煤炭一项，并没有涉及其他物品。1937年随着日寇侵华、局势日益紧张，购买合作社的推广计划随着整个乡村建设运动的夭折也随之宣告结束。

3. 蚕业合作社

1931年冬，在创办乡农学校的同时，研究院同时决定，自古以来蚕丝业聚集的邹平南部第一至第五乡成为蚕丝业发展基地。当地乡农学校将养蚕问题重新予以重视，特别邀请青岛大学农学院的部分教授来到邹平，分赴各乡讲解蚕业改进的方法和蚕业合作的重要性，并特别聘请青岛大学农学院的蚕业专家担任蚕业导师，详细讲解和指导农民种桑养蚕流程和注意事项，聘请近十人担任助理教员，具体负责蚕业种植饲养技术改进和合作社的建立，意图深层次激发农民养蚕种桑并在此基础上进行合作的兴趣和热情。他们淘汰了当地的土杂蚕种，从镇江引进了13个蚕桑优良品种，培养乡村养蚕技术员，在养蚕村设立表证室，推广优良蚕种。经过长时间的宣传和普及，农民接受达到一定程度后，蚕业专家和农民在蚕业改进区内各乡农学校召开会议,决定成立蚕业产销合作社,合作项目包括合作防病、合作换种等,重点任务主要是蚕种催青合作和稚蚕饲养合作。他们进而讨论拟定了合作社章程,决定由各乡农学校校董会牵头,由研究院蚕业指导员和训练部学生具体负责宣传和组织工作,要求蚕业改进区内各村分别组织蚕业合作社,谋求蚕业改进进而农民生活水平的提高。

为了全方位保障蚕农利益,蚕业合作社不仅注重蚕种催青和稚蚕饲养,而且将烘茧缫丝、资金借贷等业务也同样纳入到合作社范围中,指导各村蚕业合作社共同烘茧缫丝、直接运销,催青、收茧、烘茧、缫丝、出售皆由农场代办,极大地避免了由于蚕商操纵蚕价吞噬蚕农利益等恶行出现。不仅如此,为了解决蚕农资金周转困难,研究院在蚕丝出售前,以蚕丝部分售价为抵押,为蚕农借款,约定待蚕农将丝出售后再行结账归还。种种措施,效果立竿见影,农民得到极大实惠。

1935 年 7 月邹平合作事业指导委员会成立后,为保证和提高各个合作社的质量,同时也为保障各合作社运转规范,合作指导委员会还指导各村合作社组织建立联合社,在各村合作社理事、监事的基础上组织理事会和监事会,设立办事处,具体负责社内各项事务。1936 年又新增了 11 个蚕业合作社,全县共计 21 个蚕业合作社,社员 167 户。

4. 林业合作社

山东乡村建设研究院在成立之初就秉承"因地制宜,分区推广"原则,山峰林立的第一至第三乡就理所当然地被划归为林业改进区,意图推广植树造林,既改善环境,又为当地农民开发新的致富之路。在征得县政府同意后,山东乡村建设研究院做好一定程度的群众动员和组织准备后,指导林业改进区村民组织成立了"林业公会",权且先期充当村民进行林业生产的联合合作组织,主要任务是筹备树苗,栽种培固进而在生长过程中保护其免受损毁。县政府也对林业公会制定了植树造林的奖励和保护办法。不可否认,林业公会对于初期的合作造林事业的发展尤其是树苗栽种和保护起了很大的推动作用。

1933 年,基于植树造林事业的长远健康发展和农民合作意识的进一步加强,组织不够严密的林业公会自然而然地进行了改组和加强。研究院农场具体指导将各村林业公会改组成林业合作社,林业生产合作社设理事、监事各 3 人组成理事会和监事会,由社员代表大会选任,理事会主席和监事会主席分别由两会选出,但大部分林业合作社理事会主席都由村主任兼任。合作社设会计和书记各一人,具体负责合作社资金往来和运转事务,各社还在本社社员中挑选林警一名,具体负责树木的保护。据资料统计,改组后的第二年即 1934 年,就先后成立了 20 处林业合作社,树苗最初由实验县政府无偿供给,后由各合作社各林场自行育苗,社员多达 1636 人,林场面积达到52 公顷,订立了植树公约,规定了合作植树、施肥、管护的具体细则,以求达到有章可循、井井有条。1935 年,乡村建设研究院和梁漱溟又委派一批林业专员分赴各村,详细检查合作社运转状况,指导树木栽培方法,沿山各村争相询问,又成立了 18 个林业合作社,并由社员集体出资、由农场林业指导员具体指导播种果木种子和树木种子共计 112500 坑,植树 51 万株,既有槐树、柳树、榆树、杨树、橡子树等经济林木,又有梨树、栗子树、苹果树、杏树等果树。1936 年,由于气候干旱缺水,各林业合作社所值树木不同程度都受到了树木枯死或果木歉收打击,损失严重,加之同年合作事业委员会的成立,实验县政府对所有种类合作社进行清理整顿,由此林业合作社减少到了 25 所,社员 1940 人,林场面积 605.3 公顷,植树 93000 亩。但研究院与各村林业合作社并没有由此打退堂鼓放弃或缩减植树造林计划,而是迎难而上、越挫越勇,继续植树 31050 株,播种 110900 坑,并计划在未来两到三年进一步扩大植树范围和规模,力争达到植树 689150 株。

除了上述几种合作社外,实验县政府还指导部分村庄建立了蜂蜜合作社、机织合作社等,力图全面发展农村经济,改善农民生活,提高农民素质,以达到乡村救国的目的。无可否认,邹平的合作事业建设还是取得了一定成功,对推广新技术、新品种起了很大作用,直接促兴了农业,使广大农民不同程度的直接受益,有力地推动了邹平其他事业改革的发展,为其奠定了良好的基础。现今仍健在的亲身经历过乡建运动的老人回忆起梁漱溟及其所办的合作社时,大多对其持肯定态度,认为他的本意是想利国利民,使农村使国家富裕起来,对其充满感激和怀念。

(二)金融机构改革

二十世纪三十年代,中国的金融业畸形发展,一方面是外国银行和官僚买办银行统治了各大中城市,另一方面农村金融机构寥若晨星,现代金融业严重缺位,农民借贷无门,广大农民深受资金缺乏之苦,农业无以为继,高利贷活动非常猖獗。金融问题严重影响了农村经济的发展和各项建设事业的进行,成为其时农村经济发展的一大顽症,亟待解决。而当时的邹平,城乡各镇共有大小商号274家,大多是家庭经营的杂货性质,没有规范的成行生意。虽经官方严厉取缔,但市面上本地商家发行的铜子票、角钱票仍然肆无忌惮通行。当时邹平地域狭小,金融流通形式简单、循环往复,多操纵在兼营多项投机生意的钱庄和商号手里,他们主要业务即发行纸票、向农村放高利贷、兑换银元、汇兑款项等,业务混乱、结构不合理等原因导致市面经常不稳,农民深受其苦。

早在梁漱溟乡村建设思想发展的初期即二十世纪二十年代,他就认识到设置金融机构、资金流通对农村经济发展和农民生活的重要性,指出金融是一切合作事业和技术推广取得实效的基础。在1929年他在河南辉县为河南村治学院撰写《河南村治学院旨趣书》中,他提到:"窃尝计之,使吾能一面萃力于农业改良实验,以新式农业介绍于农民;一面训练人才提倡合作;一面设为农民银行,吸收都市资金而转输于农村。则三者连环为用:新式农业非合作而贷款莫举;合作新式农业之明效与银行贷款之利莫由促进;而银行之出贷也,非有新式农业之介绍莫能必其用于生产之途,非有合作组织莫能必其信用保证。"[1]后来,随着乡村建设思想进一步发展完善,他进一步认识到"促兴农业以引发工业"是乡村建设的主要任务之一,而要促兴农业,就必须在"除弊"与"兴利"两方面下功夫,而"兴利"则主要包括三方面内容,即"流通金融""引进科学技术""促进合作组织",由此他把金融流通、技术进步和合作组织概括成为促兴农业发展的三个要点。

基于上述理念,在邹平进行乡村建设实验之时,梁漱溟非常注重农民资金流通问题的解决,将其上升到与兴办学校、提倡合作等问题相同的高度。在他制定的实验区邹平县计划中,他认为由于邹平距当时市场交易活跃的周村较近,一切商务均为周村所吸收,从而导致邹平整个农村社会资金短缺。为了保证邹平实验区金融活动的正常进行,设想通过设立农村银行,吸引城市闲余资金流入农村,同时"(一)遏止投机赢利之风,而务使资本到生产上去;(二)布置内地乡镇金融机构,使资金得反输于农村;(三)于短期金融之外设法建立长期和中期农业金融,完成健全的农业金融体系"[2]。正是

---

[1]　《梁漱溟全集》(四),山东人民出版社,1990年,第910页,

[2]　《梁漱溟全集》(二),山东人民出版社,1990年,第527页。

鉴于这种重视程度,1933 年 8 月,梁漱溟倡导邹平乡村建设研究院成立了金融流通处,并在其后的几年里陆续成立了信用合作社、信用庄仓合作社、购买合作社等,一定程度打开了邹平的金融局面,为进一步推动邹平乡村各个方面建设运动建立良好的经济基础,切实改善了农民经济生活。

1. 金融流通处

为了逐步减少并最终禁止高利贷活动,减轻农民负担,吸收城市闲余资金调剂农村金融,资助各种合作事业,切实解决农民生活困难,1933 年,经由梁漱溟倡导,县政府决定三年分期给予财政资助共 10 万元,经过长时间筹备,邹平实验县农村金融流通处成立。

随着规模的扩大和业务的发展,金融流通处由最初的单一县金库性质发展成为含有农业银行、商业银行、县金库三类性质的综合性、规范性机构。它既能以极低利率贷款给各机关团体或农户,保证他们在农业生产中的资金流动,又能将固定资金和较长期限的固定存款贷放给各信用合作社和商号赚取日利,还兼理全县赋税和各项建设基金的征解保管。1935 年梁漱溟在第三次全国乡村工作讨论会上谈到金融流通处发展前后的变化时说:"以前的流通处,兼办县府征收支付事项,是一县金库的样子,于农村金融之流通,未能十分致力。自改组后,筹定资本,专意流通农村金融,放款几以农村信用合作为唯一对象;一面仍代理县库,但不办征收。在组织上成立董事会,采用经理制,与前已大不同。"[1]现将金融流通处的主要经营业务介绍如下:

第一,低息贷款。这是金融流通处最主要的业务。包括向各信用合作社和庄仓信用合作社、商号放款,作为活期生息,或将款项存于各商业银行作为往来透支或外地汇兑,或不用任何担保抵押,在农产品价格低落、农家收入减少以致农家债台高筑的情况下,贷款给贫苦农民,帮助他们清理旧债恢复生活。以 1936 年 6 月 30 日的决算表分析金融流通处的放款结构,大致在如下比例:截止决算日,流通处共放款 85584 元,其中商号 21290 元,占 25%;美棉合作社 2 万元,占 24%;信用合作社 15359 元,占 18%;给农户放款 26750 元,占 31%;向庄仓信用合作社放款 2185 元,占 2%。[2] 在贷款的使

① 梁漱溟:《一年来的山东工作》,《乡村建设》,第 5 卷 4 期。
② 夏文渌、柴向清:《邹平乡村建设时期的金融业及其成就》,载山东省政协文史资料委员会、邹平县政协文史资料协会编:《梁漱溟与山东乡村建设》,山东人民出版社,1991 年,第 295 页。

用过程中,尤其以个体农户为贷款对象时,流通处严密监督各团体组织和社员贷款使用用途,务必确保其将贷款应用于生产,如凿井、购买耕牛家畜、购买种子肥料等。

第二,征解保管各项赋税和建设基金。按当时的征收标准,彼时的邹平全县共计为省地方征收漕税 14.14 万元,地方附捐 79560 元,酒税 2000 元,牙税 2600 元,契税 1 万余元,教育基金 3 万余元,建设基金 1 万余元,加上账款、救济款、县仓存款共计 5000 元。作为县金库,邹平县所有赋税包括地方各项建设基金和上级政府拨发的经费,总计每年征收蓄存 40 万上下,均由金融流通处征解保管和下发。这笔款项不计存息,由金融流通处按时按需向各机关团体和农民作贷款之用。

第三,代兑庄仓信用社庄仓证券。1933 年为应对粮价低落金融奇缺,增加资金流通,各乡成立庄仓信用社,农民按其田地多少比例积谷,以存谷为抵押,由各庄仓合作社发行庄仓证券,由金融流通处代理兑换,便于流通。后来注重以粮食抵押贷款,由农民自动提供粮食,按时计价折贷现金,卖出以后再归还金融流通处贷款。客观来说,金融流通处在庄仓信用社运转过程中是不可缺少至关重要的组织支持。

第四,各种存款业务。为最大限度地收集农村闲散资金,除普通的活期储蓄、定期储蓄外,金融流通处还依据农民的生活习惯和承受能力,自创了六种特别储蓄名目。包括备婚储蓄、备学储蓄、养老储蓄、防灾储蓄、建设储蓄、喜庆纪念储蓄。各种储蓄都有单独的利息计算方式和提取方式,极大地激发了农民的储蓄热情,培养了他们的节约意识,也为金融流通处的资金融通提供了有效来源。据资料显示,到 1936 年 6 月,金融流通处通过上述方式吸收各种存款 5 万余元。[①]

金融流通处的建立,很大程度资助了邹平各种合作事业的发展,推进了彼时的乡村建设,正是在金融流通处的支持下,邹平信用合作社从 1934 年的 21 处发展到 1936 年的 48 处,信用庄仓合作社到 1935 年就发展到 58 处,其他生产合作社也利用流通处的贷款发展生产。它在很大程度上是梁漱溟实现其在中农村社会、农民自身"团体组织"建立和"科学技术"发达的重要手

---

① 夏文渌、柴向清:《邹平乡村建设时期的金融业及其成就》,载山东省政协文史资料委员会、邹平县政协文史资料协会编:《梁漱溟与山东乡村建设》,山东人民出版社,1991 年,第 293 页。

段,如蚕业、掘井、轧花机等项贷款都是为了在农村向农民倡导科学技术而设立,如对贷款者必须是信用合作社成员的资格规定等。对此,梁漱溟自己有过深刻的论述:"当时在邹平成立金融流通处,你有钱可以存放在那里,你也可以借钱。但借钱要有条件,什么条件? 就是你单独一个人借钱不行,你要组织起来,组织一个生产和合作社。一个生产合作社,十几家人,是个团体性质,到金融流通处贷款,就借给你。这就是教育农民从散漫到参加组织,组织起来进行农业生产,同时进行技术改良。"①并且流通处成立之后,一方面将征收与保管分立,革除了过去征收款项时征收人员挪用公款中饱私囊之蔽,将各项建设基金妥善保管、合理运用,减少了建设教育基金损失;另一方面统筹规划,运用货币流通渠道,随时监控全县金融状况,加大全县货币流通速率,压低市面借贷利率,减少了农村资金缺乏困难。除此之外,金融流通处以低息贷款给各机关团体和农民个人,减少了农村高利贷剥削,增进了农村生产和运销流通,组织引导了经济的发展,有利于农民生活提高,改善了农民与政府关系,取得了农民对政府的信任,有利于乡村建设各项事业的推进。

2. 信用合作社

在旧中国,天灾人祸、洪涝灾害、粮食歉收时有发生,农村资金极度缺乏致使农民深陷高利贷泥潭更成为压倒原本已经不堪重负、濒临破产的农村社会和农民生活的最后一根稻草。据统计资料显示,二十世纪三十年代初期,中国金融业已经可以说是"一团糟",有限的金融资源基本上集中于城市,山东省也不例外。据山东省《实业志》载,民国二十一年,山东全省共有银行39家,分布在青岛12家、济南11家、潍县4家、烟台3家、威海2家、博山1家、藤县1家。这些银行集中在工商业相对发达的城市,对农村经济发展和农民实际生活并没有起到相应促进作用,恰恰相反,却为一些不良乡绅和投机分子大开方便之门。针对这种现状,研究院于1934年在全县范围内成立了21处信用合作社,全称为"无限责任邹平县××乡××村信用合作社",具体操作受研究院合作事业指导委员会与农村金融流通处指导。

据资料记载,信用合作社开办当年就引起了极大轰动,显现出立竿见影

---

① 成学炎:《梁漱溟先生谈山东乡村建设》,载山东省政协文史资料委员会、邹平县政协文史资料协会编:《梁漱溟与山东乡村建设》,山东人民出版社,1991年,第80页。

的效果。是年全县总计入社人数达到 314 人,股金 870 元,贷款 6600 元。信用合作社的主要业务由三项:借款、放款、储蓄。储蓄分两种,分别是定期和零存整取,定期储蓄又分节约储蓄、励农储蓄和纪念储蓄,鼓励社员戒烟、戒酒,节约婚丧嫁娶所耗费用,利率半年期月息 7 厘,一年期月息 8 厘,一年半 9 厘,最高不超过 1 分 2 厘。贷款主要是利用社员的各种储蓄和农村金融流通处给信用社的贷款,贷给日常生活和特殊时期急需资金的社员,解决社员生产生活困难,利率不超过 1 分 5 厘。1 分 5 厘的利率与农村金融流通处给信用社贷款 8 厘至 1 分的利率之间的差额,就是信用社的盈余来源,盈余的 50% 留作公积金,15% 作为职工酬劳,15% 作奖励储蓄,20% 作为发展业务和公益事业基金。① 为了规范管理和操作,信用社制定了操作章程,其中明确规定:每社组成人员必须不少于 15 人,多者不限,社员资格要求必须在业务区域内居住,年龄 20 岁以上,无不良嗜好,且有一定资产者;入社者必须缴纳股金,每股 2 元,每人不得多于 20 股;信用社每年召开一次社员代表大会,由社员推选理事 2 人和监事 3 人,主要负责和监督信用社的资金往来和运行,任期两年。1934 年,由于水旱灾荒,农民收入锐减,无以救济,要求参加信用合作社的农民人数大增。当时山东省政府也对信用社这一金融形式大加鼓励和赞扬,规定每个村信用合作社都可以向县金融流通处借 500 元,每个社员可借款 30 元,无疑更大大加强了对农民的吸引力,进而促进了信用合作社的蓬勃发展。

3. 信用庄仓合作社

信用庄仓合作社经营业务范围较广,除了信用业务外,仓库业务也占较大比重。它的前身是庄仓合作社。根据《邹平实验县普设庄仓合作社的办法》规定,办理庄仓合作社的主要目标有积谷备荒、储蓄致富、树立信用、平抑粮价、调剂供需。1933 年,邹平粮价猛跌,粮食卖不出去,农民经济极为紧张,农民金融奇紧。为了解决眼前困难,时任县长的王怡柯根据国民政府内政部地方仓储管理规则和山东省政府"积谷备荒"的通知,建议以原有纳税区为单位,按田地面积为比例,农民用粮入股,按每亩半斗粮上交集体仓储,成立庄仓合作社。"各村庄除凡有地不超过 3 市亩,所收仅供自给或不敷用

---

① 柴向清:《邹平乡村建设时期的金融业》,载山东省政协文史资料委员会、邹平县政协文史资料协会编:《梁漱溟与山东乡村建设》,山东人民出版社,1991 年,第 159 页。

度者外,余者均可加入,并按每亩半斗交粮纳入庄仓,各庄仓再以所存粮食做抵押,向农村金融流通处借抵现金,转贷于社员,期限不逾一年,月息一分二厘"。当时县政府认为此举一方面能平抑粮价,最大程度的减轻农民损失;另一方面可以流通金融,暂时解决农民的眼前困难。由于庄仓信用社实际有效地解决了农民困难,给农民带来了益处,因此很快得到了农民的认同,如火如荼地发展起来。1933 年当年便成立 147 社,入社社员 9465 人,存量 5300 担。1934 年冬,邹平全县共成立了若干个庄仓合作社,业务也从单一的存粮扩展为存粮、保管、贷粮、运销。1935 年,为了活动存款和增加资金,庄仓合作社业务范围扩大到金融的借贷,即以其所储谷谷为抵押,按庄仓存谷和谷价发行庄仓证券,由金融流通处代理兑换和流通。由此,各庄仓合作社可按所存粮食总量向金融流通处办理集体贷款,也可经过存储得到类似于地方性货币、与其所存粮食同价并可在县内和邻县流通的"农村金融流通券",在一定时间可向金融流通处兑换银圆和其他证券。

后来,为了更好地推动上述业务的开展,邹平县改庄仓合作社为信用庄仓合作社。截至 1936 年,邹平全县共有信用庄仓合作社 58 处,极大便利和保障了社员生产生活。

五、社会改革

（一）组织培训乡村自卫力量

二十世纪三十年代初的山东邹平,与全国其他地方一样,社会秩序非常混乱,民众普遍缺乏安全感。居住在附近周村的日本浪人,经常无事生非、寻衅滋扰。作为名义上保护人民安全的国家正规武装力量,县民团大队毫无纪律而言,无恶不作、为所欲为,名为保护地方安全,实则与社会上强盗土匪沆瀣一气、狼狈为奸。1931 年山东乡村建设研究院成立以后,面临的首要问题就是社会治安混乱、自卫组织缺位、乡村安全缺乏保障。为了扭转这个局面,进而为乡村建设的顺利开展铺平道路,研究院和县政府遂把整顿社会治安、建立和健全社会自卫组织当作邹平乡村建设事业的首要和重要内容之一,并为此进行了一系列努力。

研究院和梁漱溟认为,农村治安的好转必须以地方全体民众的参与为基础,地方自治组织必须寄希望于地方全体民众,所以研究院主要以本地乡村成年农民为对象征调训练,随着这一过程的逐年推行,最终将把乡村农民都纳入自卫组织中。

在 1933 年被划归为实验县以后,为巩固地方防务、建立自卫基础并实行民兵制度,乡村建设研究院将原有公安局和民团大队改组为干部训练所,下设征训队,训练由各乡精挑细选出的乡队长,课程除常规的军事科目外还包括应用文、户籍法、自卫要义、社会调查、棉业合作及精神陶炼等。课程结束后由县政府派往各乡担任乡队正副队长,隶属于乡学,受乡理事指挥监督,统率已经成立的联庄会会员,维持地方治安、宣传政令、协助各项建设事业的开展。随后制研究院定了《邹平实验县联庄会训练暂行办法》,设置联庄会训练班,挑选本地体格健壮、年龄适合、有一定田产的青年农民为联庄会会员,在农闲时节前往县城参加受训两个月,寓教育于军事。其主要特点在于不仅注重消极的自卫,还尤其注重积极的建设,并以精神陶炼的方式一以贯之,以求不仅提高乡民乡村自卫能力维护社会治安,而且提高农民民族意识,养成有纪律有追求的生活追求。两月训练期满会员回乡后,平时均居住于本村,加入由各村或附近几个村编成的隶属于村学的村组组织,接受受过特别训练的村组长指挥,平时守望相助,有事时迅速集合、武力自卫。以此类推,村队隶属于某乡的乡队,由干部训练所征训队训练出的乡队长指挥。全县乡队则受县警卫队的统一指挥。

联庄会训练一共进行了四期,训练后的任务可以说事无巨细,包括领导村民防范火灾、水灾、盗贼,对于村民不良习惯要及时纠正和劝诫,指导帮助本乡本村进行的其他军事训练等等。联庄会逐渐成为各村治安维护的重要主体。

自卫组织成立的益处是显而易见的,除了维护当地乡村治安的基本任务外,还帮助县政府和研究院的多项建设事业也都被纳入乡村自卫组织以求推进和执行。如办理户籍人事登记时,各乡户籍主任即由各乡副队长兼任,户籍员则由联乡会会员担任;在村学乡学实行成人教育过程中,军事教员和班长也都由村组长和联庄会会员分任;为数众多的乡村合作社在运转中,其职员也大多由联庄会会员担任,以求生意的顺利开展和保障安全。

(二)移风易俗

梁漱溟十分重视社会风俗的改良,他曾说过:"乡间礼俗的兴革,关系乡村建设问题甚大。不好的习俗不去,固然障碍建设;尤其是好的习俗不立,无以扶赞好的建设进行。"综观邹平实验县对社会风俗的改良,主要包括两方面。一是利用乡学村学大力宣传复兴我国传统的优秀文化礼俗,如敬老爱幼、礼贤下士、睦邻恤贫、惩恶扬善、勤俭节约等;另一方面是禁止各种陈规陋习的继续泛滥,倡导推广现代科学健康的生活方式,如禁止妇女缠足、早婚早育、吸食鸦片、聚众赌博等,对不听劝告的予以罚款、批评和拘留教育,宣传推广计划生育,教育大家一起齐心向上好学求进步。应该说,虽然当时在新礼俗推行过程中遇到了一些落后守旧封建势力的阻碍,但研究院一往无前、强力推行的努力还是取得了某种程度的实际效果,使邹平社会风俗的改革取得了极大成绩。邹平青少年早婚早育的现象得到了一定程度的控制,女子缠足等社会现象基本禁绝,吸毒、赌博等社会丑恶现象也大大减少,社会风气有了极大好转,人们的精神面貌有了很大改变。

除此之外,为了丰富乡民的文化精神生活,研究院师生还自导戏剧话剧、自编歌曲,深入到各个乡村演出,主题都是关于社会教育、风俗改良和科学宣传等,语言通俗易懂、贴近农民,内容新颖有趣,与学校教育互为补充,极大地丰富了农民的业余生活,被当地乡民亲切地称之为"文明戏"。除了下乡演出,研究院还不定期深入每一个乡村放映无声电影,以农民前所未见的方式宣传科学技术和自然知识,激发了农民强烈的兴趣和参与热情。在开展丰富多彩的文艺活动同时,研究院也不忘举办各种体育活动,如开办农民运动会、举行乡射等,强健农民体魄的同时锻炼其精神、激发其斗志。

梁漱溟认为"陋俗之革除,仍靠教育化导功夫为主,不过若无此法令为后盾,则教育亦难施其力"。[1] 由于坚持教育化导和强制处罚相结合的方法,邹平移风易俗的工作取得了极大成效。据亲历过乡建实践的一些老人回忆,虽然邹平蓄辫、缠足、早婚和赌博现象没有完全禁绝,但是较之以前有了极大减少,尤其是蓄辫和缠足效果最为明显。邹平社会风气焕然一新,村民观念极大进步,乡村状态面貌在全国乡村都名列前茅。

(三)公共设施建设

研究院还帮助农民利用新法打井,仅 1935 年一年就凿井 1035 眼,对于缓解农忙时节旱情起了极大作用。为了提倡打水汲井灌溉,县政府备有充足凿井贷款,打井农户若资金短缺,可以无息贷款,这些措施极大地激发了农民打井热情。研究院通过和当地农民合作,经过长期摸索实践,发明了马

---

[1] 《梁漱溟全集》(五),山东人民出版社,1990 年,第776 页。

拉抽水机,较旧式水车费省效大,这些新式农具对抗旱增产大有补益。通过这些改良措施,接受新科学技术在农业上应用的风气在落后的邹平农村开始形成,并带来了极大的效果。

为了改造邹平水利,1935年至1936年,梁漱溟和研究院组织疏浚杏花沟,使邹平水患可减八九,增加生产非小。① 杏花沟原名清河沟,是邹平北部一条自西向东的内涝排泄渠道,其下游宣泄不畅,每逢暴雨常酿成水患,几百顷良田被淹,附近民众深受其苦。但在疏浚之初,却遭到了部分民众基于自身利益的反对,梁漱溟与研究院同仁苦口婆心的对其动之以情晓之以理,终于使反对民众改变原来主张,疏浚工程如期动工。杏花沟疏浚工程分两期进行,经军队和几千民众共同努力,阻塞八年的杏花沟终于疏通,周围重新开垦出耕地三十三余公顷,成为邹平有名的粮仓,极大地改变了邹平面貌,造福了万千百姓,促进了农业生产。

除了疏浚杏花沟外,梁漱溟和研究院还动员民众积极支持、主动捐款,将邹平县城东侧白条沟上千疮百孔、常年失修的刘家桥进行改建。经过梁漱溟亲自逐项逐村走街串乡的积极动员和呼吁,村民深为感动、纷纷捐款,几天时间建桥资金就全部到位。两个月后原来破败不堪的刘家桥变成了坚固耐用的刘家石桥,即使狂风暴雨,石桥巍然屹立,极大方便了来往客商村民,保障了人民在群众生命安全。迄今刘家石桥依然矗立,利用率极高。

对与崇尚佛家和儒家的梁漱溟来说,邹平大佛殿、醴泉寺、范公祠对他都有着特殊而重要的意义。研究院成立不久,梁漱溟即前往瞻仰大佛殿、醴泉寺、范公祠,对它们的建筑规模和艺术、周围的自然景观赞不绝口,但同时也对其年久失修的破败深感不安和惋惜。经过梁漱溟推动,研究院和县政府成立了重修大佛殿、醴泉寺、范公祠委员会,带头捐款,动员各级官员和民众慷慨解囊,募集了足够资金后,组织能工巧匠精心施工,历时一年多将其修缮一新,并新盖碑亭使其免受风雨侵蚀之苦,然后亲笔题字,以示纪念,供人瞻仰。经过这次重修,多年破败的古刹重现风采,迄今仍是邹平著名的文化古迹,成为海内外游客的必经之地。

具体到每一乡每一村,梁漱溟与研究院提倡每村村头标明村名,各村街

① 山东省政协文史资料委员会编:《回忆抗战前的乡村建设》,载《山东文史资料选辑》(22辑),山东人民出版社,1986年,第154页。

道标明街名,各村各户的门楣标有门牌。各村主要路口处用大字标明村庄名称,行路人一看就知道这是哪个村庄,同时也便于记录户口,投递信件,查询人员住处等。

(四)医疗卫生事业

医疗卫生事业的发展直接关系到人民群众的健康。山东乡村建设研究院建立之前的邹平医疗卫生条件比较落后,全县没有一家医院,广大人民群众缺医少药,有病得不到及时治疗而丧失劳动力甚至终生残疾的现象屡见不鲜。1934 年划邹平为实验县以后,当年 10 月,经过梁漱溟与研究院同仁多方奔走、积极筹备,与齐鲁大学医学院合作正式成立了邹平第一所卫生院——山东乡村建设研究院医院。卫生院直属县政府,也是研究院的一个实验研究单位,是研究院训练部卫生课程的主讲人。

卫生院初建立时,由于人手和经费限制,并没有设病床,直到 1935 年以后,医院条件才得到改善,不仅建立了有 30 张病床的住院部,而且还建立了手术室、化验室和药房。以前一些只有大医院才能治疗和手术的病现在邹平卫生院都可以医治,极大的便利了民众健康需要。卫生院的主要工作要从个人、学校、家庭、社会和训练人才入手,主要包括五项:妇婴卫生、学校卫生、家庭和社会卫生、传染病预防和社会卫生教育,"消极方面以治疗为主,男女老幼都可以来看病,且收费很低,对十分贫苦的免费治病;积极的方面以预防为主"①。每日上午八时至十二时,下午两时至五时为门诊时间,门诊出诊仅收挂号费钱 10 枚,复诊仅收 4 枚,对贫苦农民则免费。除治病以外,还要负责邹平实验县的公共卫生工作,故又称"山东邹平县政建设实验区卫生院""邹平县卫生院"。

随着规模发展,邹平卫生院在相当程度上满足了民众求医问药的需要,但为了更加便利居住偏远的农民到医院看病,研究院和县政府计划在全县除县城所在首善乡以外的 13 个乡每乡设一个卫生所。卫生所在行政上受所在乡学领导和管理,业务和技术上受县医院指导和协助,以免除偏远地区农民跋山涉水之苦,更加便利所在地居民就近看病。由于财力和人手限制,第一批卫生所只建立了 6 个,主要负责当地门诊、巡回治疗、重大疾病护理和转

---

① 牛席卿:《我在邹平乡建期间所从事的卫生工作》,载山东省政协文史资料委员会、邹平县政协文史资料协会编:《梁漱溟与山东乡村建设》,山东人民出版社,1991 年,第 177 页。

院,除此之外,与县医院一样还要负责所在乡的公共卫生和预防。由于第一批卫生所运转良好,成效显著,研究院准备成立第二批,但彼时恰逢"七七事变"爆发,第二批卫生所计划不得不随之付诸东流。

　　由于医院收费低,极大地照顾了贫苦农民的经济状况,且服务态度也比较好,因此医院发展很快,每天到医院看病的基本都在几十人以上,极大地保障了民众的身体健康。据当时资料统计,从 1934 年 10 月卫生院建立至 1935 年 6 月,邹平县卫生院共诊治病人 7635 人,医治病例 8592 例,诊疗次数 17868 次。① 除此之外,卫生院还多次举办卫生讲座,宣传卫生知识,举办卫生助理培训班,培养了一批乡村卫生员,力求将最科学最专业的卫生知识最大范围的普及乡村和乡民。卫生院还特别重视妇婴保健工作。1935 年 4 月倡导成立了妇婴保健会和家庭卫生训练班,主动深入乡村宣传优生优育知识,负责本乡本村的孕妇登记工作,提倡新法接生和科学抚养婴儿方法。经过几年的努力,邹平的卫生条件得到了极大改善和提高,群众卫生意识大为增强。

---

① 梁漱溟:《山东乡村建设研究院邹平实验区概况》,山东乡村建设研究院,1936 年,第 133 页。

第三章
二十世纪三十年代对于梁漱溟乡村建设的批评

毫无疑问,梁漱溟的乡村建设理论和以之指导的实践,在二十世纪三十年代轰轰烈烈的乡村建设运动中是别具一格独树一帜的,对此,赞同者有之,批评者更不在少数。在其开展之初,就遭受了或平和或尖锐的批评。总结看来,此时对梁漱溟乡村建设理论和实践批评最多的主要包括观点相异的两大知识分子阵营——以《独立评论》为理论阵地的"独立评论派"和以《中国农村》为理论阵地的"中国农村派"。前者有较浓厚的独立自由主义知识分子气息,针对梁漱溟乡村建设提出批评的主要撰稿人有吴景超、胡适、陈序经等;后者则是在中国共产党领导下的后方秘密团体,成员主要包括千家驹、薛暮桥、李紫翔、孙冶方、张志敏等。

第一节　独立评论派和中国农村派

一、独立评论派

《独立评论》产生于"九一八"和"一二八"事变后的 1932 年,终结于全面抗战爆发的 1937 年。它存在的这五年,恰是中国内忧与外患日益严重、专制与革命并行的大环境中,乡村建设运动也在那时进入了轰轰烈烈的高潮阶段。其主要撰稿人是以胡适、丁文江、傅斯年等一批从欧美留学回国,而彼时在北大、清华、燕京大学任教的自由主义知识分子为主体的知识精英。他们因应时势,在国难当头之际,自诩通过《独立评论》这样一份政论性刊物,呼吁参与公共事务,"用笔墨报国",努力从社会的"边缘"走向社会的

"中心"，①以影响社会发展的走向及挽救国家的危亡，来尽自己一份爱国的责任。《独立评论》的主要经费来源是个人捐款，而非依靠政府或军阀，应该说，这种做法保证了这份刊物的自由性质，不是为某种现存的政治势力说话，而是凭着自己的良心"自说自话"。在其创刊号中，胡适的一篇"序言"集中反映了《独立评论》创办的宗旨缘由，"我们叫这刊物做'独立评论'，因为我们都希望永远保持一点独立的精神。不依傍任何党派，不迷信任何成见，用负责任的言论来发表我们个人思考的结果：这是独立的精神"②。并希望每个人都根据自己的知识，用公平的态度，来研究自己的问题，并借研究以引起社会上的注意和讨论。从《独立评论》普遍而深入的社会影响来看，其周围的一批自由知识分子的确凭借它走进了社会的舆论"中心"，对国家统一、内政建设、民主民治都提出了自己的看法，并发表了一系列文章，在当时产生了很大的影响。在《独立评论》存在的五年中，以西方民主政治为样板反对独裁专制、对日策略的阐述、对共产党的态度，可以说是它始终关注的中心议题，而其中对乡村建设运动的批评以及和以梁漱溟为代表的文化复古主义进行论争也是其不可忽略的重要作为之一。他们以自由主义的政治思想，对彼时中国大地上的各种乡村建设运动派别都提出了自己的看法和意见，而主要的批评矛头就是指向梁漱溟的乡村建设理论和山东乡村建设实践。吴景超、陈序经、胡适、贺岳僧则是"独立评论派"中批评乡村建设理论和运动的犹著者。

吴景超是二十世纪二三十年代比较有代表性的社会学家，也是彼时《独立评论》和四十年代《新路》杂志的重要撰稿人，他在社会学的"本土化"、以西方社会学研究方法来研究中国问题上作出过很多努力和探索，并取得了很大成绩。他特别留意彼时中国工业中出现的问题，对中国工业化问题和中国土地制度、佃农问题都有着深刻而独到的见解。在评论和抨击当时轰轰烈烈的农村建设运动中，吴景超是其中重要的撰稿人和时评家，发表了大量文章。主要包括发表在《独立评论》40 号上的《都市教育与乡村教育》，62 号《知识分子下乡难》，64 号《农政局——一条知识分子下乡之路》，75 号

《世界上的四种国家》,118 号《发展都市以救农村》,125 号《我们没有歧路》,136 号《再论发展都市以救济农村》,147 号《答陈序经先生的全盘西化论》,231、232、233 号《中国工业化问题的检讨》等,尖锐而又全面地阐述了自己对包括梁漱溟邹平乡建实验在内的轰轰烈烈的农村建设运动的评价,以及自己对中国和中国农村发展之路的看法和设想。

"独立评论派"中另一个批评梁漱溟较有力的是"五四运动"时期大力反传统反礼教、主张向西方学习、倡导新文化运动的胡适。有学者认为"五四运动"时期的胡适是"全盘西化""全盘反传统",认为"在胡适的意识中占统治地位的是他的以全盘西化为基础的全盘性的反传统主义"[1]。但假如我们走出传统的儒家中心主义的藩篱,客观地把儒学放在历史文化传统长河中理性分析,从固定的儒学之于礼教、儒学之与传统的等式中突破出来,把上下五千年祖先所创造、吸收并提炼的所有文化成果与形式平等地视之为应予珍视并继承的传统,无论传承形式、性质或高下,都是历史上切实的存在,且有自身存在的意义。那么可以得出,并非全面反传统,新文化运动时期的胡适只是主张"全力现代化"或"一心一意现代化",并以此为立场与梁漱溟等文化保守主义学者展开了论战,并对梁漱溟后来形成的乡村建设理论所赖以为基础的文化哲学基础进行了深刻的分析和批评。

陈序经被现代学界认为是"中国近代史上真正主张全盘西化的"第一人。[2] 他认为文化在本质上存在同一性和进化性,同时代不同民族的文化有着先进与后进之分,相比西方文化,中国文化"事事太落后,样样不如人",落后太多,所以后进的中国文化必然要向先进的西方文化学习,表明自己是坚定不移的"主张全盘接受西方文化的"。因为文化"本身上是一个整个的东西",各方面互相联系互相促进,以梁漱溟等为代表的折中派主张的主要不足在于,"以为文化的全部,好像一间旧屋子,我们可以拆毁它,看看那几块砖石或木料可以留用;他们忘记了文化的各方面的分析,不外是我们自己的假定,而文化本身上并没有这回事"[3],所以中国文化进步的唯一出路就在于承认西洋文化的优长之处,进而全盘西化,若如梁漱溟等人主张中西文化的

① 林毓生:《中国意识的危机——五四时期激烈的反传统主义》,贵州人民出版社,1988 年,第140 页。
② 郑大华:《民国思想家史论》,中华书局,2006 年,第 279 页。
③ 陈序经:《中国文化的出路》,商务印书馆,1934 年,第 82 页。

调和持中,结果只能是"取人之短、留己之短"①。由此立论,他展开了对以辜鸿铭和梁漱溟为代表的文化保守主义的批评,其中梁漱溟的乡村建设理论和实践更是他批评火力的集中点。

二、中国农村派

"中国农村派"则是在中国共产党的秘密领导下,在国民党统治区的一个公开合法团体。中国共产党从建立初期即对农民和农村问题作过大量细致的调查研究,早就形成了自己独特的解决思路——"工农武装割据",即摒弃"城市中心论",走"农村包围城市"的道路,采取武装斗争、土地革命和根据地建设的密切结合。"中国农村派"以中国农村经济研究会为依托,以《中国农村》月刊为其理论阵地,贯彻中国共产党的方针政策,针对当时在农村经济问题上出现的各种错误思潮和谬论,对其进行了有力的论争和批评,在社会上引起了极大反响。对于二十世纪三十年代兴起的以山东邹平、河北定县为代表的轰轰烈烈的乡村建设运动,中国农村派采取的态度是批判和肯定相结合,既毫不留情地指出其理论上的误区和前景的黯淡,同时又力求在政治上争取他们,争取将在乡村建设团体中工作的大量青年纳入到革命队伍中。具体到梁漱溟领导的山东乡村建设运动,中国农村派更是不遗余力地进行了揭露和批判,"我们写了一系列的文章,揭露、批判梁漱溟的乡村建设理论。他的所谓乡村建设是站在地主立场,企图维持农村的旧秩序,也就是封建剥削关系,反对党的土地革命"②。

据初步统计,中国农村派发表的批判梁漱溟乡村建设理论和实践的文章多达五十余篇,其代表性的文章有千家驹的《中国没有歧路》、孙冶方的《为什么要批判乡村改良主义工作》、张志敏的《评梁漱溟先生的乡村建设理论之方法问题》、薛暮桥的《农村建设问题》、李紫翔的《评梁漱溟的乡村建设理论》等。1936 年,中国农村派为扩大影响,壮大中国共产党的抗日民族统一战线运动,他们将主要文章汇编成《中国乡村建设批判》一书公开出版,在抗日救国统一目标的前提下,对以梁漱溟为代表的乡村建设运动一面作毫不留情的批评和揭露,另一方面作真诚的交流和联合,期望在影响、改变乡

---

① 陈序经:《关于全盘西化答吴景超先生》,《独立评论》,1935 年第 142 期。
② 薛暮桥、冯和法编:《〈中国农村〉论文选》(上),人民出版社,1983 年,第 10 页。

建派错误观点的前提下增进乡村工作人员的大团结,并为之做了大量努力,试图把影响打入乡建团体之中。正如1942年刘少奇给薛暮桥的信中,谈及对乡村建设派应该采取的策略时,明确提出应该"更进一步与乡村改良运动的团体合作,甚至在组织上与他们合并,成为他们中的一个派别——较有远见的派别(在组织上甚至不形成一个派别)。这样,你们不独在外面去影响改良主义团体,而且在他们内部去影响,起推动作用,以至影响与推动其上层,而你们又经过改良主义团体到民间去组织农民。在反动统治时期,应加入改良主义团体,而不应与有群众性的改良主义团体对抗。"①

由于"独立评论派"和"中国农村派"立场、观点各异,派别中的各位成员专长和兴趣也不同,所以对梁漱溟乡村建设理论和实践批评的着力点也各不相同。他们从各个角度对梁漱溟的乡村建设进行分析和批评,形成了一股规模不小的声势。总结起来,主要包括对其理论批评和实践批评两部分。

第二节 对梁漱溟乡村建设理论的批评

如上所述,相较于同时期的定县实验和徐公桥实验,梁漱溟的优长之处在于他有一套完整系统的理论。为了宣扬其理论和主张,梁漱溟还亲自主编刊物,开办培训班,举行讨论会,出版宣传品,因而他的《乡村建设理论》一书,自然成为反对乡村建设的批评者们关注的焦点。所以客观来说,三十年代"独立评论派"和"中国农村派"对梁漱溟的乡村建设理论方面抽丝剥茧的分析和批评,主要是以《乡村建设理论》一书为对象。概括起来,他们对其理论方面的批判重点主要包括以下五方面:

一、研究路径和方法论之批评

对于梁漱溟研究乡村建设的路径和方法论,批评火力最猛的当属"中国农村派"的干将李紫翔。他在几篇文章中连续不断地关注这一问题,认为梁漱溟实际上是一种"客观主观论",并依此进行了丝丝入扣的分析和鞭辟入里的批评。在《中国农村运动的理论与实际》一文中,李紫翔指出梁漱溟研究乡村建设的路径和方法论不仅"只是庞杂和矛盾,而没有一个完整的体

---

① 薛暮桥、冯和法编:《〈中国农村〉论文选》(上),人民出版社,1983年,第18页。

系"，更是其保守主义本质和错误的唯心主义方法论的体现。他列举梁漱溟的研究主张，如"不要从我们此刻的大势所需要的处所去想，你不要肯定中国在政治上非如何如何不可，不要单从'要求'一方面去想。如果单从'要求'一方面着想，而单顺从其'要求'来想办法，这也是错误的。你以为如何渴切需要，你正不可从此渴切的需要上想办法。有人羡慕某种政治制度好，固然是错误，就是你无论怎样地看清楚了中国的政治需要，而从其需要上想办法，想途径，想制度，这个都要不得。这就好像你口渴的时候也不要想喝水。这个意思就是：你不要先从要求方面去用心，要先看看摆在眼前的事实能够有什么。差不多一件事情至少要从两方面看：一是主观的要求，一是客观的事实。我们宜重在客观的事实能够有什么，不要斤斤与主观的要求什么"。李紫翔认为梁漱溟完全是把主客观分开，把客观事实看成是静止的、非发展的，认为凡是客观的就是有价值的，忽略了主客观在实践上的相互影响和一致性。在《乡村建设运动的评价》一文中，李紫翔进一步指出，梁漱溟乡村建设的方法论与其东西文化理论的分析是一脉相承、互为补充的，与他认为的中国文化特点是意欲调和持中、改变自身欲望与现状妥协相一致，因此他主张的乡村建设方法论也是以此为原则。"我们应当把主观的强烈的要求平下来（也不要忘记），而去看看周围，看看摆在面前的事实，看看社会的形势，能够形成什么样子的政治构造，能够有什么样子的政治构造，我们就接受什么样子的政治构造。"李紫翔认为这表面上是研究政治问题的方法，实际上也是梁漱溟山东乡村建设运动一以贯之的方法论。梁漱溟将主观的要求和客观的事实截然分开，忽视了二者的相互作用和统一，并且忽视了客观事实的发展过程和生灭阶段，认为客观事实只要存在即合理，这种极端的客观论本质上也就是极端的主观论，是"供奉哲学的现世主义"，因而在实践上就成了"彻头彻尾的一切既成事实之顽固的保守者投降者，同时是一切进步的革新运动的顽强的反对者"。

李紫翔进而回顾了梁漱溟一生的学术思想和实践活动转变历程，认为其半生历史，全部理论，恰好是他的方法论之注解："以上层建筑物的'礼''习惯'或'心理'为乡村建设的出发点和归宿点，正是倒果为因的主观论。所谓处处着重'客观的事实'者，不过是自欺欺人的谎言。"他认为梁漱溟的思想变迁过程不是证明了他的毫无成见，恰好相反，证明了他有一贯的顽强的成见。而这种成见就是对一切进步的思想和活动之敌视和反对，对一切既成的统治势力之合理存在的承认。"这一保守主义的强烈的主观要求,是贯彻了他的全部生活和全部学理的。所谓'客观的事实'逼得他起了许多次变化的意义,即是他的保守主义,逼得他不断地改头换面来适应'客观的事实'——一切既成的势力罢了。"在李紫翔看来,由于梁漱溟否认清末到民国的一切改革革命运动,认为其"无不失败到家",即使是其半生几度思想变迁自我宣称"只顾着事实说话",在他看来也只是"表象",根底上的保守主义是用了各种各样的形态而存续着的。无可避免地,以此方法论和路径为指导下的邹平乡村建设运动,在李紫翔看来其结果只能是由纯客观转化为纯主观,最后"屈服于一切客观事实的保守主义,成为一切改革运动的蔑视和反对者"。所以他认为梁漱溟邹平乡村建设运动的最终目的,只是用"软功夫"的教育工作消灭乡村的一切改革运动,实现乡村政治和社会的伦理化,它代表的不是进步的一方面,而是保守的一方面。[①]

除此之外,张志敏也对梁漱溟乡村建设理论中的方法问题也作了一个整体而又详尽的批评。首先,对于梁漱溟在《乡村建设旨趣》一文中提出要"必须避免主观的演绎的说话,而从客观上考察"的目标,他认为这是一种极端的客观论。张志敏认为主观与客观是相对的,旨趣一方面是主观的,受具体人的主观愿望影响;但另一方面也是客观的,由某种社会事实所决定。而且即使是纯粹从客观上考察认取,也是通过主观去作为考察认取的工具和手段,二者绝无截然分开之可能。他认为梁漱溟文中一再强调"客观",从哲学上对立统一的角度来说,这恰恰暴露出其是一个"彻底的主观论者"。其次,对梁漱溟在自述中说自己是"问题中人","与其说乡村建设运动是人为的,真不如说是自然而然的;我们与其说乡村建设运动倡导与我,不如说这是历史的决定"的说法,以及对当时中国问题、农村问题的解决方法即乡村建设运动谓之是"自然而然的""天安排下来的""天造地设的,一毫出入不得"的论调,张志敏认为这完全是"机械的唯物论,即极端的客观论","这样的客观主义便自然而然的使得梁先生不期然而然的随波逐流,依附现存的社会事实而使之理想化,而他自己也便成为极端的保守主义者"。最后,他认为梁漱溟所说的习惯为先,法律制度其次的说法是倒果为因,是从意识层

---

① 李紫翔:《乡村建设运动的评价》,载千家驹、李紫翔编著:《中国乡村建设批判》,新知书店,1936 年,第 150 页。

面去判断一个时代,与科学的观察方法相违背。他指出文化或习惯本身都是被决定于社会经济基础的制度,不可能脱离物质基础独立发展,观察一个社会应从生产力和生产关系等物质层面入手,而非从习惯或文化。所以梁漱溟单方面脱离物质基础强调文化和习惯的发展,试图从乡村建设入手改造整个社会,重新建一新文明新构造,其结果无非是"对于现存的一切自当听其自然,并且因其合乎旧习惯,尚有保存的理由。就是这样,梁先生用极端的精神的客观论,用新的理想的描写,来掩护现状之维持"。

张志敏进而从科学的马克思主义唯物论和辩证法出发,指出一切事物都有多方面的相互关系,梁漱溟只是到看见复杂现象的表象为止,并没有说明问题复杂相关的原因所在及变迁的动力、如何解决等问题,因此也就无法从这许多事实的相互关系中去辨别哪个是进步的力量和方向。张志敏进而认为,以正确的哲学方法论看,宇宙之间一切事物都有其共性,在此意义上来说,部分和整体是有某种程度的一致性的,而梁漱溟却从部分的问题造成一个整体系统,并以部分的特殊性掩盖整体的统一性。表现在他的乡村建设理论和运动中,便是把部分的中国农村与整个的中国社会人为割裂,过分强调中国农村的超然地位,并进而扩大到认为整个的中国社会因其"杂乱"而"不合社会进化公例",更进而认为其无"进化观"和"方法问题"可言。他认为这完全违背了一般的哲学方法论,与梁漱溟及其弟子自诩的"博大精深、秩序井然"完全自相矛盾、南辕北辙。最后,张志敏指出,由于"从本能上敌视革新运动""时时站在保守的方面敌视进步",认为现实无从改造,所以梁漱溟于"彷徨苦闷"中鼓足勇气一切从头开始,试图以乡村建设来建造一套新社会组织构造,这就是他的一切社会问题都是文化问题习惯问题的观点的最好的注解,与黑格尔"绝对观念"理论不谋而合异曲同工。其乡村建设运动也仅仅是通过用诸如"这是中国民族自救运动之最后一着""负担着创造新文明的使命"等等不实之词,"把这个乡村建设夸张的比别人说的更大一些",以达到"'附和'现成的力量,用'去眼前事实太远'的理想建设,来抵制革新运动,以掩护旧的势力"的目的。①

----

① 张志敏:《评梁漱溟先生的乡村建设理论之"方法问题"——客观主义与保守主义》,载千家驹、李紫翔编著:《中国乡村建设批判》,新知书店,1936 年,第 172 页。

二、文化哲学基础之批评

梁漱溟关于中西文化及哲学的认识,是个庞大芜杂的体系,是他乡村建设理论的一块重要基石。从他后来阐述的乡村建设的基本内容来看,诸如乡村建设的方法、手段、目的等,实际上都是建立在他的文化哲学基础之上。因此对他乡村建设理论的文化哲学基础的批评,就成为不管是"独立评论派"的自由主义知识分子,还是"中国农村派"的马克思唯物主义者们的题中应有之义。

在《评梁漱溟的复古主张》一文,陈序经批判了梁漱溟乡村建设运动的文化理论基础。他认为虽然梁漱溟在他的《东西文化及其哲学》中做过不止一次的声明,说自己是极端反对调和派、主张复孔派,但其骨子里不仅对主张"中国旧时之美德与西洋技艺联合之一种新文化"的罗素推崇备至,更要求我们"过一种中西合璧的生活",《东西文化及其哲学》和《中国民族自救运动之最后觉悟》等著作正是其复古主张和调和理论的具体表现。陈序经更指出梁漱溟的主要框架理论和谭嗣同的《仁学》有着"很凑巧的暗合",其中更有不少"明明白白的矛盾和含糊"。[1]

首先,陈序经认为梁漱溟把文化竖向分作社会、精神和物质三方面,以"意欲"方向不同区分中、西、印文化的不同,将印度、中国、西洋文化分别代表物质和精神文化并将三者由高渐低排序是不科学的。陈序经认为文化在本质上是"处处互相交错的,互相连带的",世界上哪一种文化都包含社会、精神和物质三方面,在组成任何一种文化的"意欲"中都是含有向前要求的,只不过是向前要求的侧重内容不同——即科学研求与宗教精进的区别,而两者前进的性质则是相同的。

其次,他认为由于文化本质不可分割,其精神方面的科学特性、物质方面的机器和社会方面的民主是一而二、二而一的东西,"君子不器"的孔子文化根本无法将物质文明的机器、精神文明的科学和社会文明的民主熔为一炉。真要是像梁漱溟所说,西方的物质工业生产不可不学,其精神文化科学和民主政治制度则同样不得不吸收,那么不仅忽视了孔子"道不同,不相为谋"和"攻乎异端,斯害也已"的遗训,其结果也仅仅是"把整个的孔家和佛家

---

[1] 陈序经:《乡村建设运动》,大东书局,1946年,第76页。

的文化打翻推倒,还说什么提倡孔、佛生活呢?"

再次,陈序经认为,每一不同国家文化都有其自身发展纹理,有其自身历史传统和由此而来的独特发展方向,都是自家"自做自辟的东西",它的发展自然而然,不因人类的主观愿望而转移。即使是向其他文化学习,学习者本身也有其自身长久底色,所以根本无法将西洋人的第二条路当作中国孔子的路。

最后,陈序经以文化的物质文化一面举例论证,指出文化发展是永无止境、日进无疆的,就像由骡车发展到汽车发展到飞机,以后还要继续发展到今日根本无法想象的更加便捷快速的交通工具。因此印度文化也就不能说是人类文化的最高进阶和终极发展。设若这样,"印度文化以后的文化是什么文化呢?"还是仅仅陷入西洋文化、中国文化、印度文化"循环的发展"? 由此批评了梁漱溟文化发展观的机械主义倾向。

除此之外,陈序经批评了梁漱溟"中国文化是一种乡村文化"的观点。梁漱溟认为,西洋文化是都市文化,中国文化是乡村文化,两相沟通就会产生一种中西合璧的新文化。陈序经则认为,所谓都市与乡村不但在性质上只是文化很多方面中的两方面,即使是在发展上,也是在较高阶段才能产生的。所以城市与乡村的区别只有在社会和社会文化发展到较高阶段才会产生,"梁先生所谓以农业为基础的乡村,也是难于发生",更遑论由农村进而发展到都市。他进而指出,文化可以概括乡村与都市,乡村与都市却未必能概括为文化,以农业为基础的社会未必是以乡村为基础。"梁先生以都市与乡村来范围文化,已经不合逻辑,何况就算都市与乡村可以范围文化,则西洋文化既不只是都市文化,中国文化,也非只是乡村文化呢?"陈序经指出,西洋文化也不是一蹴而就转眼即成的,"所谓二十世纪或十九世纪的西洋文化,不外是十六、七、八诸世纪的文化的伸张",都市与文化一样也是长时间发展而来。溯回到1800年,今日所谓的大都市不过还是穷乡僻壤的乡村,百分之九十的人民差不多还住在所谓乡村里过着他们的生活,"我们若用了梁先生的名词来说明西洋文化,那么这时候的西洋文化,岂非也是乡村文化吗? 然而1800年的西洋文化,老早已进入现代文化的时期"[1]。与此同时,西洋乡村与西洋都市一起发展,乡村并不因都市的发展而零落。所以他指

---

[1]　陈序经:《乡村建设运动》,大东书局,1946年,第77页。

出,"表面上,我们虽说乡村发展和都市发展有了分别,事实上,所谓都市的发展,差不多就是乡村的发展"①。都市和乡村,在发展速度和程度上虽有差异,但是发展这个总趋势是不容否认的。

陈序经接着从历史分析,指出中国文化并非只是乡村文化,关于都市的记载最早即已见于《周易》的"日中为市","国""鄙"相对,以后历朝历代,都有关于较大的都市的记述,秦有咸阳,汉有长安,"文化之优高劣下,每以都市之大小多少为衡"。对于梁漱溟关于中国文化的高度发展是以乡村为主体为根基的说法,他也予以了反驳,指出正是由于受了老子、孟子这种"老死不相往来"理想乡村的"遗毒",乡村居民才只知有乡、有国,不知有世界,才会知识固塞、科学不振、工商业无从发展,"连了所谓为乡村基础的农业,也是沿旧蹈常,与所谓原始文化的社会的情况,相去不远。至今无路可走"②。陈序经指出,在此情况下,中国人民应该振奋精神奋起直追,而不是像梁漱溟一样,"还要在那里梦想以西洋人千数百年前所也曾经过的中国式'农村文化',而融合与西洋的现代文化,以成为什么一个新路线,新文化,岂非可笑!"③他进而主张,科学与民主的发端和发展都依赖于都市,认为新文化的创造与其依赖于乡村,不如说是都市,以梁漱溟为代表的乡村建设者们若只是保存中国固有的乡村文化作为实验和运动的目的,那么"用不着他们再来费了宝贵的光阴,劳苦的功夫和有用的金钱呵!"④陈序经最后指责道,梁漱溟等乡村建设者把目的与手段弄得"不清不楚",明明白白是在走西洋化的路,却非要说是走中国的路、中西合璧的路、世界未曾开辟的路,如果不是一种"谎话"和"矛盾",只能是"没有出过国门,不懂西洋乡村是什么的人,才会自夸这个运动,是我们自己发明的新运动,自己开出的新路线罢"⑤。

除了以上几点,陈序经认为梁漱溟对"中国文化、孔子文化究竟复兴的是什么"这个问题并没有做过彻底深刻的研究,仅仅"把贩运来的一些东鳞西爪的材料,见得样样都好,同时又不甘从人;人家的意见,样样都是不好。自己只管说话,说得多,文章做得长,使得读者只能得到一个扑朔迷离,莫名

---

① 陈序经:《乡村建设运动》,大东书局,1946 年,第 78 页。
② 陈序经:《乡村建设运动》,大东书局,1946 年,第 81 页。
③ 陈序经:《乡村建设运动》,大东书局,1946 年,第 82 页。
④ 陈序经:《乡村建设运动》,大东书局,1946 年,第 84 页。
⑤ 陈序经:《乡村建设运动》,大东书局,1946 年,第 87 页。

其妙的结论"①。陈序经进而认为,复古即是尊孔,孔子本身复古尧舜时代的世界,认为其是黄金时代和理想世界这个观点就是矛盾的,它是孔子的空中楼阁,是拿一种未知使自己得到后人崇拜敬仰的手段,既是一种文化演化观上的自相矛盾,也是对历史事实的错误解释。他认定梁漱溟据以理论的"文化早熟"观点是站不住脚的,"除了口头和字面上的复古外,无论是从他对于文化的纵的方面,或是横的方面的观察上看去,他都是偏于折中办法的路上。他简直可以说是徘徊于复古和折中之间,而成为复古和折中两派的承上启下的人物",②并由此判定梁漱溟对孔子的认识"若明若晦",只是"一位借重孔子而迎合时势的人",是孔子的"冒徒"。③

胡适也着重批判了梁漱溟乡村建设理论赖以为基础的"文化三路向"说。胡适认同梁漱溟对于文化是"民族生活样法"的定义,指出文明是一个民族适应自然环境、改造自然环境的总成绩,相应的,文化就是在特定文明基础上形成的生活方式。但他认为文化并不像梁漱溟所认为的那样有着截然不同的路向,而在根本上是大同小异的。生活的问题总不外乎饮食、居住、家庭组织、社会关系、精神生活、语言文字等等,任何一种形式的文明和文化的形成也就都包含有两方面不可缺少的组成要素,即精神要素和物质要素。精神要素主要体现在一个民族绝大多数民众的聪明才智、智慧和情感,物质要素则主要表现在种种自然界的势力和生产生活资料,没有一种文明是如梁漱溟而言如印度文化般单纯是精神的,或如其所言西洋文化单纯是物质的,因此东西方文化之间的差别并非如梁漱溟所言是精神和物质之间质的分别,不是什么类型或路向的不同,而是时间上、空间上的一种程度的差异,是发展速度的差异,是时代性差异,是古今差别。中国文化、印度文化绝非未来世界文化的出路,归根到底西方文化还是比中国文化优越,中国必须走"生活本来的路",即西方的科学和民主。他指出梁漱溟的"文化路向说"是主观的文化哲学,简单地将西洋、中国和印度文化概括为"向前要求""调和持中"和"反身向后",是犯了笼统的大病,是以民族文化特点为借口从根本上否认向西方文化学习的必要性,是一种类似于空谈的折中论。胡适

---

① 陈序经:《东西文化观》,中国人民大学出版社,2004 年,第 68 页。
② 陈序经:《东西文化观》,中国人民大学出版社,2004 年,第 2 页。
③ 陈序经:《东西文化观》,中国人民大学出版社,2004 年,第 80 页。

认定"现在全世界大通了,当初鞭策欧洲人的环境和问题现在又来鞭策我们了,将来中国和印度的科学化和民治化是无可疑的"①,认为在新时代新文化的侵袭下,中国文化唯一的出路就是努力全盘接受西方现代文明,传统文化在接受的过程中自然而然会有所反应和作用,如果如梁漱溟等乡建领袖所言空谈折中调和,结果仅仅只能"抱残守缺而已"②。

毛泽东也对梁漱溟乡村建设理论的文化基础提出了自己的批评意见。1938 年 1 月 5 日至 25 日,梁漱溟在延安访问了三个星期。访问期间,他向毛泽东赠送了自己所写的《乡村建设理论》一书,并与毛泽东交谈了八次。据记载,双方的第二次会谈就是围绕梁漱溟《乡村建设理论》中对中国传统社会结构和社会文化的一些分析而展开的。毛泽东首先肯定了梁漱溟《乡村建设理论》中对中国传统社会和传统文化的独到观点和评价,但同时批判了梁漱溟《乡村建设理论》中的某些观点和倾向,并做了一千五百余字的批注。他指出梁漱溟《乡村建设理论》走的是改良主义的路,忽略了中国社会的特殊性,解决不了中国此时的问题,中国需要彻底的革命。关于中西社会文化的基本认识,毛泽东同样不认同梁漱溟关于中西社会文化的差异始于中古时代并来自于生活方式不同的观点。他认为分析中国社会和西洋社会的异同要从经济范畴出发,而不能只将关注点放在教会。个人主义、权利意识之所以在中国传统文化中极度缺乏,主要原因在于中国以农业为本位的封建小农经济,而不是如梁漱溟所认为笼统的团体生活的缺乏和民族国家意识的缺位。最后毛泽东总结认为,中西方社会总体而言差异的根本原因和本质因素在于生产力发展水平、生产关系组织方式和社会根本制度的阶段性差异,即"资本社会与农业社会不同的结果"③。

"中国农村派"的李紫翔在《乡村建设运动的评价》一文中对梁漱溟乡村建设理论和实践的哲学基础进行了批评。他承认梁漱溟的理论是"与众不同"的,但认为其基于东西文化哲学的分析是"玄学的理解",体系庞杂而且互相矛盾,使人"眩迷而不知其真相"。首先,李紫翔认为梁漱溟乡村建设的"理论基础是建筑于抽象的'人'的问题上。他们所看到的'人',并不是具

① 《胡适文存》(二),亚东图书馆,1929 年,第 68 页。
② 胡适:《编辑后记》,《独立评论》,1935 年,第 142 期。
③ 朱汉国:《梁漱溟乡村建设研究》,山西教育出版社,1996 年,第 178 页。

体的社会关系中特定的人","他们所用的'民族'一名词,都是抽象的一般的意义,没有与中国的民族革命运动联系起来","他们把中国整个的社会政治经济问题,简化成一个农村问题,简化成一个抽象的'人'的教育问题"。① 其次,他认为梁漱溟的理论中存在着许多自相矛盾和含混不明之处,时而说中国问题是"如何自救的问题",时而又说是"一个文化问题",其所期望和致力的社会新文明,即"社会的重心在乡村,经济的中心,政治的中心以及文化的中心都可以在都市"的表述,维持了都市金融对农村小生产工业的控制,并不致力于改变都市对乡村的统治和剥削现状,所以生产和分配的社会化只能是完全不能兑现的空头支票,不过是一个"术语的游戏"。李紫翔进而指出,梁漱溟将儒家文化作为中国社会一个独有的文化符号进而在此基础上试图使其发扬光大的做法,不仅已经成为"遗老遗少们所迷恋着的博物院的古董",是在"在崩溃的家长制度'家'的废墟上来做心劳日拙的恢复的工作",妄图"把见了风的东方木乃伊重新复活起来的幻想",更严重的是在帝国主义虎视眈眈的注视下,最终成为经由"殖民地的学说"指导下所成就的"半殖民地的文明"。②

钱俊瑞则明确提出批评,认为"梁先生的理论系统和实际办法是比较的缺少欧西的近代形态,换句话说,它还带有不少化妆了中古色彩"。③

千家驹是当时"中国农村派"中批判梁漱溟乡村建设运动的又一干将。在他的批判力作《中国的歧路——评邹平乡村建设运动兼论中国工业化问题》中,他也是着重批判了梁漱溟及其山东乡村建设运动的哲学基础,质疑其乡村建设运动是否真的能成为复兴中国农村的唯一桥梁,在中国半殖民地的状况下乡村建设的前途如何,并最终认定梁漱溟的乡村建设运动在理论和实践上都将是乌托邦。首先,他对梁漱溟关于中国农村之所以遭受破坏的原因在于政治、经济、文化的连环影响提出了不同意见,指出文化的破坏不过是政治与经济二种破坏力量的结果,社会的秩序和法制礼俗本身是由该社会的经济基础决定的,中国要想有新的法制礼俗、新的社会秩序的建

---

① 李紫翔:《中国农村运动之理论与实际》,《新中华》,三卷十八期。

② 李紫翔:《乡村建设运动的评价》,载千家驹、李紫翔编著:《中国乡村建设批判》,新知书店,1936 年,第 150 页。

③ 钱俊瑞:《关于乡村服务人员大团结的一个具体建议》,载薛暮桥、冯和法编:《〈中国农村〉论文选》(上),人民出版社,1983 年,第 642～644 页。

立,必须有新的经济制度为基础,才能最终挽救中国农村、挽救中国。现在最重要的不是去留恋旧治道、旧的伦理纲常,"而是如何造成一新的社会经济制度以培养新的法制礼俗,而不是先发明一套做好了的礼俗习惯(社会秩序)而后改造我们的经济组织与政治组织"。千家驹认为梁漱溟对于乡村建设运动前景即"开拓世界新文明"的描述"等于把马车放在马的前面",他所谓的乡村建设哲学基础,不过是孔夫子王道学说的旧瓶装新酒,毫无新意和前途可言。进而,千家驹对梁漱溟所向往并主张的"社会之秩序""治道"的建立之道提出了质疑,批评了建立"治道"的载体——乡农学校。他指出由于土地分配的严重不均、高利贷与租佃的普遍存在,乡村农民经济地位差异极大,农民阶层对立严重,不能调和的冲突此起彼伏,所以梁漱溟所谓的"整个的乡村""全民"只不过是抽象的名词,乡村根本无法被看成是无差别无等级的一团,"乡学"和"村学"实质上只是一个"集合各种农民于一炉的垃圾堆",只会掌握在地主和豪绅手中并成为他们为自己谋利益的工具。千家驹最后断言,梁漱溟这种漠视中国社会政治经济根本问题的避重就轻行为,表面上通过一个看起来尽善尽美的"新治道"组织农民教育农民,给学众勾画出一个"自由平等博爱之王国",实质上不过是孔夫子"民可使由之,不可使知之"的借尸还魂,骨子里还是冀望用'软功夫'维持现存的乡村制度,"结果岂止实验自实验,破产自破产,而且有一天破产的浪潮会把实验的一点点基础,也打击的破碎"。①

三、中国社会分析之批评

张志敏批评了梁漱溟对于彼时中国社会彼时基本矛盾和未来路线设计的分析,批评了梁漱溟关于农村破产是由于"为外界潮流和国际竞争所以发"的"内部之矛盾冲突"所引起的观点。他指出农村社会的沉沦并不是文化的破坏力居先为主,中国的农村问题是与民族问题和国内政治问题密不可分的,而梁漱溟在进行乡村建设时,虽然主张先由外力救济乡村,进而由乡村进行自救,最后进于整个民族的社会建设运动,但是却把农村问题之所由至的矛盾冲突撇开不谈而专谈理想建设,把对中国乡村的破坏如何救济,

---

① 千家驹:《中国的歧路——评邹平乡村建设运动兼论中国工业化问题》,天津《益世报》农村周刊,1935 年 4 月 6 日。

对中国乡村无限止的破坏如何自救等过程均略而不谈,仅仅省却具体步骤而空谈"民族社会的新建设","这似乎是近于纸上谈兵"。① 他进而批评了梁漱溟基于国内政治统一的暂时不可得而主张放弃学习日本近代化之路和苏俄强大之路,并且宣称"中国政治无办法,一切无办法,走入破坏之路,无建设可能"的理论,认为这种理论不仅是一种"对于政治问题之回避而苟且偷安于现状",更是与其乡村建设的理论自相矛盾。正如他所发问的,"既然在技术进步国际威胁最大之今日,亦无发展余地,乡村建设便不可以不受此种威胁而有发展余地吗?""只因近代工商业路和苏俄经济建设所走之路,其所需政治条件均为我所不具,便放弃之,乡村建设难道与'政治条件(政治环境)'不生干系,或为所需政治条件已为我所具吗?"张志敏认为,政治条件是经济建设所必需的手段,梁漱溟所从事的乡村建设偏偏试图脱离政治条件,主张"中国之经济建设乃必为乡村建设",不仅是纸上谈兵,而且是"以幻想的乡村建设掩盖现实的政治问题"。②

千家驹也在《中国的歧路——评邹平乡村建设运动兼论中国工业化问题》一文中对梁漱溟关于破坏中国乡村的力量在于政治的、经济的、文化的三种因素提出了异议,"我们认为文化的破坏(礼俗风尚之改变)不过是政治与经济二种破坏力量的结果"③。李紫翔同样指出,梁漱溟认为的主要以"伦理本位、职业分立"为内容的中国文化已走在西洋文化前面,注定不会进于科学、进入民主、进入资本主义的论断是"武断的""反进化非客观的言论"。④

西超则认为,梁漱溟把中国社会结构归结到"散漫"、归结到"伦理关系",但对于为什么中国社会结构长期停留在"伦理关系"中并没有予以详细解释的立论是不科学的。他指出生产方式决定社会结构,而并不是社会结构决定一切,如果离开了生产方式来分析社会结构,将永远不能明白中国和西洋社会有何不同,国人散漫而西洋人团结的真正根源在哪,所以梁漱溟对

---

① 张志敏:《从整个民族经济上观察现在的乡村建设》,载千家驹、李紫翔编著:《中国乡村建设批判》,新知书店,1936年,第60页。

② 张志敏:《从整个民族经济上观察现在的乡村建设》,载千家驹、李紫翔编著:《中国乡村建设批判》,新知书店,1936年,第63页。

③ 千家驹:《中国的歧路——评邹平乡村建设运动兼论中国工业化问题》,天津《益世报》农村周刊,1935年4月6日。

④ 李紫翔:《乡村建设运动的评价》,天津《益世报》农村周刊,1935年7月20日。

中国社会性质的分析犯了"倒果为因"的错误。①

余霖则对梁漱溟关于的"中国因无阶级,无强大之统制力,以致人民散乱"的观点提出了批评意见。他指出,恰恰因为中国有了阶级,所以即使"闭着眼睛乱喊组织民众,丝毫不会有所成就。"他认为在彼时的中国社会,对"民众"尤其需要根据阶级的观点进行细致的分析,固然有大部分民众正要求民族解放,但是同时也有一部分所谓的"民众"正在出卖民族利益,或是希望依附帝国主义来维持他们优越地位,所以对于利害如此相反的这样两种民众是无法把他们"一个包儿"组织起来,共同进行所谓的"乡村建设"的。如果不顾客观事实勉强为之,就像是"将上述诸位先生去同郑孝胥和殷汝耕组织起来,同来挽救民族危机,这该是个天大的笑话吧?"②

四、"以农业引发工业"经济路线之批评

众所周知,吴景超是坚定的"以工立国"路线的拥护者。他在《发展都市以救济乡村》一文中强烈批评了梁漱溟关于中国经济建设路向应该走以农业引发工业的观点,指出其既不能挽救中国乡村,更不能给中国都市带来繁荣。他认为要想救济彼时农村危机,唯一的出路应从发展都市入手,并提出了如下具体措施,主要包括:发展工业,使一部分人口过剩农民迁入都市,并借此缓解农村生存竞争,提高农民生活;大力发展运输交通业,为农产品流通提供有利条件;增加设置高质量高覆盖的金融机关,吸收城市剩余资金,解决农民贷款困难等。在另一文《我们没有歧路》中,吴景超又分析反对工业化的人为四种:一是夸大派,二是禁欲派,三是因噎废食派,四是畏难退缩派。其中夸大派就是针对以梁漱溟为代表的农本论者而说的。吴景超认为"以农立国,是一件可怜的事,没有什么可以自夸的"③,呼吁"生存在今日的世界中,我们只有努力走上工业化的路,才可以图存。我们只有一条路是活路,虽然这条路上的困难是很多的。大家不要再在歧路上徘徊了"。但是同梁漱溟观点一致,吴景超也同样认为避免暴力革命,采用和平手段发展农业

---

① 西超:《全国乡村工作讨论会的印象》,载薛暮桥、冯和法编:《中国农村》论文选(上),人民出版社,1983年,第279页。

② 余霖:《乡村工作的理论和实践——读了〈教育与民众〉七卷一二两期后的感想》,载薛暮桥、冯和法编:《中国农村》论文选(上),人民出版社,1983年,第302页。

③ 《吴景超文集》,商务印书馆,2008年,第80页。

以外的实业,吸收农场上的过剩人口是发展当时中国和中国经济的办法之一。响应吴景超这种主张的还有陈序经发表在《独立评论》126 号的《乡村文化与都市文化》,贺岳僧发表在《独立评论》131 号的《解决中国经济问题应走的路》,以及王子建发表在第四十一期天津《益世报》农村周刊的《农业与工业》。

针对梁漱溟"中国既不能发展工商业,也无法发展工商业,只有走乡村建设、以农业引发工业"之途的观点,陈序经也提出了反驳意见。他指出,我国耕地有限、人口过多、土地分配严重不均,且由于天时气候的原因,即使是有地农民,一年也仅仅有三分之一的时间用在农业上,剩下三分之二的时间只能闲坐而食,如果不大力发展工商业,只将他们牢牢的束缚在土地上,"苟非振兴工商业,即此大多数的人民,更将没有出路而坐以待毙","不但是国家的大损失,而且容易养成怠惰的劣性"①。陈序经同时指出,梁漱溟以中国古代是以农立国推论现在也要以农业为主,不仅是"以古绳今",更是"食古不化"。他借阐述中国封建社会历史指出,即使只是一个农业国家,没有工商业的存在和发展,中国封建社会的残酷和倾轧也不比现在舒缓,梁漱溟的论断只是"无益于己,无益于人的空论",是"妄说"。② 对于梁漱溟认为中国工商业发展之机已经"被堵塞严严的不透一口气"的观点,陈序经以五十年前日本所处处境为例,指出这种论调无异于认为中国的飞机、轮船、科学技术等统统没有发展的机会和可能,是梁漱溟的"惰性作祟"。而对于梁漱溟认为"现在资本主义下的工商业只是发财的路,农业才是养人的路",陈序经认为只要把重农与重工业的国家比较一下,就会发现此论调的错误。他指出"一个国家独立生存于这个世界,专事养人是不够的。养人以外,譬如交通工具,卫国的武备,以至一切的日常工具用品,也不能不特别留意,尤不能不努力发展。"③最后他指出,以工立国并不是轻视农业,相反,只有在工业发展以后,农业才能随之得到发展,西洋农业的发展就是最好的例子,是"机器发明工业发达以后的结果",因此中国工业若不能发展,那么农产出路也成问题。梁漱溟以中国工业与西洋工业差距过大为由,主张"以农立国"和

---

① 陈序经:《乡村建设运动》,大东书局,1946 年,第 45 页。
② 陈序经:《乡村建设运动》,大东书局,1946 年,第 46 页。
③ 陈序经:《乡村建设运动》,大东书局,1946 年,第 47 页。

"以农业引发工业",主张以复古、以发展农业来应对这日益发展的世界,在陈序经看来只是"自暴自弃"的错误,是一种"失败者的心理的表征",是"愚妄"和"幻想"。①

在陈序经配合吴景超笔伐梁漱溟的时候,贺岳僧也在《独立评论》上发文,声明站在吴、陈一边,批判梁漱溟。他在《解决中国经济问题应走的路》一文中公开表示:"很明显的,关于怎么挽救中国经济衰落的危机,现在有两派不同的主张。一派是主张复兴农村,一派是主张开发工业。主张复兴农村者,我可以名之为向后倒退派;主张开发工业者,我可以名之为向前推进派。代表前一种主张者,可以梁漱溟、高践四先生为代表;代表后一种主张者,则以独立评论上所发表的意见为最多。就我个人言,则很开门见山,是赞成后一派的主张。"在文中,他还阐述了为什么反对梁漱溟主张的理由,认为中国农村落后经济落后的根本原因,不是由于从事农业生产的人口数量过少,而是生产技术和方法的缺陷,所以中国要想图存,挽救农村进而实现社会现代化,必须由大力发展工业入手。

而不管是梁漱溟所主张的以农立国还是吴景超、陈序经所主张的以工立国,在主张无产阶级革命的中国农村派看来,只不过是本末倒置的极度不合时宜。

张志敏指出,梁漱溟"以农业促兴工业"的主张在本质上是"一切都依赖现成的而加以理想化"。进一步讲,即使真如梁漱溟所说,中国农业有这样的基础,存在引发工业的可能性,但他以老牌资本主义国家农业生产殊不为易和即使是苏联的权力集中仍然使农业经营大费周折为例,指出:"中国若在其取得民族独立后,例必以工业改进农业,不能先从农业下手也。"更何况中国拥有广大土地的同时是土地贫瘠、乡村人口较之土地面积严重过剩,不只是科学技术,不只是机器,更重要的是土地所赖以发展的根本命脉——土地及一切生产资料的合理分配也是中国所欠缺的。他指出,即使梁漱溟主张的"在农业技术前进过程中,工业自相缘相引而俱来"的以农业引发工业理论上有一定的可行性,但是若在彼时的中国,如此的结果将绝不是梁漱溟所设想的"因农业化学而引起之工业,因农业机械或工程而引起之工业,因农业制造而引起之工业等"美好蓝图,如果可能的话,也只能是"销售外国的

---

① 陈序经:《乡村建设运动》,大东书局,1946 年,第 91 页。

工业品及引进外国资本之深入"，而决不能达到使民族工业相缘相引俱来，最终起到促兴民族工业乃至一切产业的目标。他进而指出，梁漱溟忽略了这样一个事实——在彼时的中国，民族独立已近乎丧失，不论是农业还是工业都已经丧失自由发展的社会条件，因此要想使农业和工业得到发展，"舍从民族独立外，别无他途"①。

千家驹在《中国的歧路——评邹平乡村建设运动兼论中国工业化问题》一文中也一针见血指出，中国应该走工业化的路还是农业化的路，应该以农业引发工业抑或工业引发农业，仅仅是一个"形式逻辑"的问题，"辩论的双方是不会达到什么结果的"。②

而平心在《乡村工作青年的出路和任务》所提出的"缓急倒置论"可谓最具代表性："正在我们用真刀真枪和敌人死拼的期间，有人却以研究室里悠悠闲闲地提出了这样一个问题来，中国应该以农立国还是以工立国？这个问题之为闲适可餐，直不减于'今天天气好呀'之类的通常应酬话。谁都知道这个问题是个极老极老的老问题。今天老问题而重新提出，尤其在这样紧张的抗战环境中来重新提出，想来终不免别有一番意思在心头。缓其可当急，急其可当缓。"③

五、知识分子作用之批评

二十世纪初期的知识分子，与古代士大夫一样，不但有着以天下为己任的社会关怀与担当，同样也用一生致力于寻找、获取实现社会理想的渠道与方法。科举制度废除以后，读书不再像以前一样只是少数上流阶层的专利，相应的社会容纳读书人的空间也随之扩大并多样化。于是一部分读书人仍然致力于钻研学问，以穷首皓经为人生乐事；另一部分人则勇于开辟新的媒介和渠道，以古代士人治国平天下的理念为圭臬，试图进入彼时的政治中心大展拳脚，少数人则推崇古代士人清议传统，试图通过发表政论文章或办政

① 张志敏：《从整个民族经济上观察现在的乡村建设》，载千家驹、李紫翔编著：《中国乡村建设批判》，新知书店，1936年，第65～67页。

② 千家驹：《中国的歧路——评邹平乡村建设运动兼论中国工业化问题》，天津《益世报》农村周刊，1935年4月6日。

③ 平心：《乡村工作青年的出路和任务》，载薛暮桥、冯和法编：《中国农村》论文选（上），人民出版社，1983年，第725页。

论刊物,进而在"任何党派"之外形成自己的政治力量,来表示"对天下的关怀和承担",最终由自己占据社会的"中心"。① 社会形态、政治制度的变迁不仅使民国以来的知识分子在伦理上的牵绊和顾忌松绑,也给予了他们更多的社会选择渠道和空间,种种因素使民国以来的读书人抛弃了古代大多数士人惯有的边缘心态,自己赋予自己独特且崇高的社会责任与使命感,"吾人以为世运转移之责,不在今日之所谓将相,而在今日之所谓士大夫"②,在表达自己的"为往圣立绝学,为万世开太平"方面,更直接、坦率、豪迈。所以,他们满怀热情的办报纸、发表演讲,实验社会运动,通过自己力所能及的方式去表达自己对社会责任的一种承担,寻求自身价值的实现。毫无疑问,梁漱溟就是这满怀热情的知识分子中的一员,他一生中百转千回、矢志不渝的实践,正是这种知识分子使命感的典型体现。不可否认,这种使命感所激发的主动性和进取性,对于开社会风气之先和引导民众从蒙昧走向进步具有无法磨灭的巨大作用,但主动进取的反面,则是他们自身或外界对知识分子作用有意无意地过分夸大,则无可避免地造成对客观社会发展规律某种程度的扭曲和忽视。

作为同时代的知识分子,闻一多深刻地认识到了这个问题,"不要以为有了知识分子就有力量,真正的力量在人民。我们应该把自己的知识配合他们的力量。没有知识是不成的,但是知识不配合人民的力量,决无用处!"③由此出发,他认为知识分子应该谦虚,认识到人民力量的伟大,时刻把"我们是不如他们的"④的思想牢记心头,借以指导自己的思想和行为实践。

1933 年,吴景超在发表了《知识分子下乡难》一文,对知识分子的作用问题进行了深刻探讨,同时对梁漱溟把知识分子作为乡村建设领导和主导力量的观点进行了批驳。他说:"我们对于这些主张知识分子下乡的人的善意,自然只有敬佩,但他们的主张是行不通的,事实已经很明显的昭示我们了。知识分子不但不肯下乡,而且还有集中都市的趋势。"⑤他进而分析了知

---

① 张太原:《〈独立评论〉与 20 世纪 30 年代的政治思潮》,社会科学文献出版社,2006 年,第 39 页。

② 吴鼎昌:《世运转移说》,载沈云龙主编:《近代中国史料丛刊三编》(五),台湾文海出版社,1985 年,第 437～438 页。

③ 闻黎明、侯菊坤编:《闻一多年谱长编》,闻立鹏审定,湖北人民出版社,1994 年,第 877 页。

④ 闻黎明、侯菊坤编:《闻一多年谱长编》,闻立鹏审定,湖北人民出版社,1994 年,第 877 页。

⑤ 吴景超:《知识分子下乡难》,《独立评论》,1933 年第 62 号。

识分子不能下乡的四大原因:第一,乡村缺乏容纳知识分子的职业;第二,乡村严重缺乏知识分子做研究的硬件环境;第三,知识分子对生活物质条件的要求乡村无法给予保障;第四,彼时的社会大环境无法容许知识分子在乡村发挥作用。吴景超最后作出结论,在当时的社会条件下希望知识分子作为乡村建设运动的主导力量,挽救乡村进而使中国社会现代化是不现实的。

对于梁漱溟认为正是由于乡村人大量跑往都市以至都市衰落,进而提倡知识分子下乡的举动,陈序经则认为,梁漱溟的说法恰恰是"倒因为果"。他认为正是由于乡村的衰落,乡村人才会蜂拥而至都市,在彼时土地严重不足、农村人口过剩的情况下,提倡都市人回流到乡村只是"自寻死路"。陈序经进而指出,都市本来就是知识的重心,高等院校、中等院校也都集中在都市,包括山东乡村建设研究院在内的乡村建设机构也是在县城,这是一种不能否认的事实。与其提倡知识分子下乡,不如提倡农民到都市去求知识,"我国人口住都市的不够百分之十五,而这百分之十五之有知识的恐怕没有十五分之一,以之建设乡村固嫌其太少,以之建设都市又何尝过多呢!"[1]即使果真如梁漱溟所言,知识分子大量下乡从事乡村建设实践,但他们果真能真正深入农村和农民打成一片吗? 陈序经对此也进行了质疑。他引用李景汉的话,"起初你愿和他打成一片,他却躲避不愿和你打成一片,等到后来他愿和你打成一片时,你又受不了,不愿和他打成一片……因为他本人的气味使你不舒服,家内炕上的不洁净使你坐不住,食品的粗劣使你难下咽,其他种种不卫生的状态,和拿时间不算回事的和你应酬,都是使你不大受得了的。就是能够居然做下去,也免不了是很勉强的,痛苦的。"陈序经进而指出,深入民间调查研究等预备工作就已经如此困难,那么"为乡村建设而深入民间岂非更难?"而乡村建设运动对知识分子的要求,诚如梁漱溟所言,不只要和农民打成一片,使自己成为农民中的一员,关键在于"成为一个模范乡民,成功的农民",带领全体农民"自家创造出饭来吃",但正如陈序经所说,今日之从事乡村建设的知识分子,连深入民间都"少有实行",自己都住在半都市式的县城或市镇里,即使是乡村建设领袖,也往往忙于"招待参观来宾,招待关系上司,以至应付工作人员,管理各种事物",而普通工作人员也有相当一部分仅仅把这个当作进身之阶吃饭之所,这样一来,他提出疑

---

① 陈序经:《乡村建设运动》,大东书局,1946 年,第 50 页。

问,知识分子真的能起到如梁漱溟所说的"大脑""中枢"的作用吗? 还是沦落成一群吃乡建饭的新阶级,仅仅是"乡村寄生虫而已"?①

"新农村派"的薛暮桥则具体批评了一般知识分子的软弱性和短视。他认为乡村建设运动之所以兴起和蓬勃发展的原因就在于知识分子所固有的软弱性,他们虽然厌弃国民党反动政府,但又没有拿起真刀真枪奋起斗争的胆量,因此他们既缺乏为了实践自己真正的理想而去赴汤蹈火的勇气,又没有真正和底层农民群众心手相连感同身受的归属感,两相折中,他们便找到了自己所谓的"第三条道路"——乡村建设运动。在薛暮桥看来,这只不过是知识分子不满社会现状退而求其次的权宜之计,毫无长远性、战略性的规划和诚意可言。

李紫翔在《中国农村运动的理论与实际》一文中也批评了梁漱溟在邹平乡村建设运动实践中对于知识分子作用的界定。他认为梁漱溟夸大甚至美化了中国知识分子对乡村建设的作用。他认为知识分子有自身无法克服的劣根性,尤其是在彼时的中国社会,他们脱离社会民众已久,对广大民众的巨大苦痛和热切诉求早已习以为常漠不关心,更有甚者,自己就已经成为压迫底层民众的罪魁祸首。知识分子回乡,并不能保证每个人都能尽心尽力为农民、为农村做"耳目""喉舌"和"脑筋",却反而可能成为鱼肉百姓、作威作福的土豪劣绅。李紫翔提出疑问,这样的知识分子,这样的"建设"心态,又怎能真正为救活农村、提高农民的生活水平贡献自己的心力呢?

平心则从工具和价值的双重层面上质疑了乡村建设运动中知识分子所起的作用。他认为以梁漱溟等乡村建设运动领袖为代表的改良派知识分子在彼时的中国大环境下"是一股与封建势力帝国主义势力根本利益一致的'逆流'","在这逆流中,不但有许多半官的绅士学者们在各驾"一叶扁舟",吟风弄月,而且有成千成万的青年在帮忙赶筑各式样的堤防,或者在逆流的两岸喘息的拉纤。这一大队一大队出发到农村去的青年军,在传统的社会偏见的重压之下,在腐败的改良主义的蒙蔽之下,乃至在各种守旧的欺骗政策的钳制之下,大量的浪费了他们的精力和时间,他们多数是要为民族社会谋福利,可是结果却无意延长了腐烂社会寿命,阻碍了或者至少是延缓了民族解放运动的推进;他们多数是要替农民大众解除痛苦,可是结果却搔不着

---

① 陈序经:《乡村建设运动》,大东书局,1946 年,第 36~37 页。

农民的痒处,甚至在某种程度内使帝国主义,地主豪绅和资产者群对于农民的榨取成为合理化。这里就显示了一个关于改造中国农村的路线的问题,我们可以毫不犹疑地断定,在那种改良主义和保守主义的领导劫持之下,要避免上述的浪费和损失,乃是绝对不可能的"。平心指出,在抗日救亡压倒一切的大形势下,扩大民族解放运动应该是一切乡村工作人员最中心最基本的战斗任务。"离开了这个总的任务,任何乡村建设工作都会变成为替民族敌人和封建势力买办资本当差的开倒车行动。"只有团结在抗敌救亡的联合战线上,各种乡村活动才可能转变为积极的有益民族的工作。[①]

与平心的意见相类似,孙冶方也进一步地批评了梁漱溟对乡村建设中知识分子作用的阐述,提出了乡村中知识分子应该走的正确道路。在1937年3月《乡村工作人员应走的道路》一文中,他劝乡村工作人员放弃"有意无意地阻挠农民自觉、妨碍反帝反封建运动的一种障碍",彻底从根源上改正"头痛医头脚痛医脚的改良主义的乡村改进工作",应该认清农民解放的真正道路,"把这些工作看作是整个农民解放事业的一环,看作是整个救国事业的一部分","利用它作为教育农民和团结农民的一种机会",唤醒农民的自觉性和积极性,从救亡图存的高度正确认识乡村建设运动,以更大的劳力、更坚强的信心、先进的内容去充实这些工作。文中还列出了几种乡村建设工作人员应该采取的措施,如用爱国分子编的讲义向农民灌输正确的爱国思想,破除农民的封建迷信思想,在农民中培植反帝国主义的民族意识;剥去农业技术改良和合作运动的改良外衣,努力使自己组织的合作社不被地主、商人和富农所利用,争取为改善农民生活状况而奋斗,切实为农民大众服务;把乡村自治和公民训练作为教育农民和团结农民的机会,把抗敌图存的政治军事知识灌输给一般的农民大众,等等。[②]

第三节　对梁漱溟乡村建设实践的批评

从时间跨度来说,梁漱溟的乡村建设实践,始于1928年他赴广东试办乡

---

①　平心:《乡村工作青年的出路和任务》,载薛暮桥、冯和法编:《中国农村》论文选(上),人民出版社,1983年,第721~725页。

②　《孙冶方全集》(一),山西经济出版社,1998年,第199页。

治讲习所,终因时局影响无功而返。翌年秋天,梁漱溟应彭禹庭、梁仲华之邀,参与筹办了河南村治学院,但又因军阀混战,仅招收一期学生后草草收场。1931年,在军阀韩复榘的支持下,梁漱溟及同仁赴山东,在邹平进行了乡村建设实验,并将此实验活动向山东全省进行了推广,一时在全国同类实验中声名鹊起、独树一帜,成为乡村建设运动的代表人物,风头无两。但1937年卢沟桥事变以后,日本帝国主义入侵山东,梁漱溟在日本帝国主义的炮火中,离开了邹平,梁漱溟的乡村建设实验彻底结束。但是从实践力度和影响力来说,综观梁漱溟的乡村建设实践,无疑是1931—1937年的邹平实践为大。所以在批评梁漱溟的乡村建设实践上,批评者都将矛头所指对准了其二十世纪三十年代的山东邹平乡村建设实践。由于梁漱溟在邹平乡村建设实践过程中是完全遵循其在《乡村建设理论》一书中的路线设计的,因此除了由于客观环境不允许而产生的部分背离甚至扭曲之外,邹平实践与其《乡村建设理论》在绝大部分是完全一致一脉相承的。所以在总结二十世纪三十年代各个派别对梁漱溟乡村建设实践的批评中,将适当省略与上文对其理论批评的重合和相似部分,而着重考察其不同于理论批评的特殊之处。

一、与反动势力相关联之批评

陈序经批评了梁漱溟在乡村建设实践过程中"一方面不要政府染指,而别方面又要取得政权"的做法,认为这份苦心虽有可原,"然而这种矛盾及其困难,却是一件明显的事"。① 他指出,梁漱溟在《乡村建设理论》一书中曾明白说过,政府是直接破坏乡村的力量,乡村建设的事不但不能靠政府,连政府做引导都不行,实践方法却"不但好像忘记了他从前所参加的河南村治学院是政府委托的机关,就是现在的山东乡村建设研究院以下及邹平县的县政府,也是山东政府所委托而设立与指导之下的机关"。② 认为与国民党政府一样,梁漱溟所领导的山东乡村建设研究院、所进行的实践本身客观上同样起到了破坏乡村的作用,毫无用处。

张志敏在《从整个民族经济上观察现在的乡村建设》一文中批评了乡村建设运动客观上与帝国主义之间千丝万缕的联系。他指出在当时世界经济

---

① 陈序经:《乡村建设运动》,大东书局,1946年,第64页。

② 陈序经:《乡村建设运动》,大东书局,1946年,第67页。

危机的大环境下,帝国主义不得不关注中国的农村破产和人民购买力的降低,而乡村建设在客观上又须利用外资,所以双方一拍即合,"国联的技术合作就是本此而来,英国退还的庚子赔款及美棉的棉麦借款,对此已有实行上的帮助"。他认为这种种迹象已经说明乡村建设者和帝国主义是基于相同的立场和态度注意中国的问题,即主张并维持中国的以农立国。由此出发,张志敏进一步指出,以梁漱溟为代表的乡村建设者"自以为是乡村建设的提倡者,其实他们不过是上述国内外金融资本及政府当局所进行的事业上一种点缀品。他们的乡村文化运动,无论用旧道德也好,新道德也好,都是要吸收'西洋文明'或'都市文明',替外国经济侵略做传教士。在'理论'的工作上,他们所操的作用,就是把别人所做的事业加以理性的解释,例如把对外退让解做'由乡村建设以复兴民族',把工业不能支持解做'先从农业下手',把农村搜括解做农村建设,把乘人之危的剥削解做救济农村等"。由此推断,张志敏认为乡村建设运动不仅仅是帝国主义侵略中国的得力助手,乡村建设运动的领袖不管在主观还是客观上对于帝国主义的侵略都是积极的甚至欢迎的。[①]

李紫翔则从列举梁漱溟领导的乡村建设运动的具体实施举措入手,认为不管是其所主张的用软功夫的教育手段教育乡民、祛除愚昧,还是以合作社方式培养农民合作精神、改善农民生活水平,"无疑的只是为帝国主义推销存货的努力"。至于他所领导的乡村建设运动所依靠的军阀力量,李紫翔更是对此进行了犀利的诘问,认为不仅与他之前对大大小小的政府的鄙弃态度相出入,并且"更以'新礼俗'的实施,来巩固'其自身皆为直接破坏乡村的力量'"。对于梁漱溟在乡村建设经济方面对都市银行资本的依赖,他也指出其前后的态度不一,由之前的"意气痛恨"一变而为"此时大计,唯在因势导之以返回流入农村",也是其与官僚资本、帝国主义积极合作加紧搜刮农民的铁证。甚至梁漱溟对中国社会"职业分立"的注解,在李紫翔看来也是罔顾乡村阶级分化对立之实,主观想当然的把乡村看成一整个的,只想用软的教育功夫来做妥协调和之事,"不斗争破坏而合作建设",本质上是想为帝国主义侵略和国民党反动政府的腐败统治大开方便之门。最后,他明确将以梁漱溟为代表的保守主义者与帝国主义者相提并论,认为二者沆瀣一

---

① 张志敏:《从整个民族经济上观察现在的乡村建设》,《中国农村》,第一卷第七期。

气,方法各异却殊途同归,旨在最大限度开发"购买力之无穷宝藏"的乡村,都是"造成中国动乱的一支主要力量"。①

"农村改良运动之经济的政治的失败,犹不止此;而其意义的严重,简直可以说是助长帝国主义的促使中国殖民化。"千家驹也对梁漱溟的乡村建设运动作了如此批评。他认为,梁漱溟的乡村建设运动虽然口头承认,但总在有意无意地冲淡甚至抹杀帝国主义侵略的严重程度,在方式上则完全着重于地方县政或村政,着重于社会旧秩序的恢复,实质上已经成为农村经济和国民经济的一大束缚。不仅如此,他指出梁漱溟领导的山东乡村建设研究院在"乡村自治"的口号下,不仅力图压制一切抵抗帝国主义侵略的努力,压制一切人民自发的反抗外来侵略的斗争,反而在各方面积极寻求国际专家的指导和帮助,并和外来侵略势力的代表——教会"亲切合作",采取了各种无抵抗的亲善姿态,所以其乡村建设的结果自然而然就是即使"在帝国主义武力灭亡中国以后,他们自然亦会平静的遵照新主人的计划"而从事同样的所谓农村建设,帮助反动力量维持并安定社会秩序。针对反对者"拿出办法"的反诘,他认为"有没有别的'办法'与乡村建设之路本身是否走得通,完全是两个问题。而且除乡村建设之路外,是否真没有人走其他的路(这另一条路也许更难走,但走的人也更多),也还是一个问题"②。

中国农村派的另一名健将余霖指出,相比农村落后农民困苦来说,帝国主义侵略问题在彼时的中国来说无疑更亟待解决,然而这个更为重要的帝国主义侵略问题,却"不幸被梁漱溟以及其他诸位大人先生们轻轻抛弃"。他指出,正是由于梁漱溟等人对帝国主义和地主豪绅的削弱社会生产,不能甚至不愿了解,因此他们提出的"改良技术""推进合作"等种种办法,也就变成纸上空谈。余霖进而指出,就像梁漱溟在报告邹平的合作运动成绩时曾经指出"机织合作是失败的"那样,因为棉花运销合作是符合日本帝国主义的"农业中国"政策,而机织合作则同"工业日本"政策相抵触,所以邹平合作运动过去如此,将来大概也是逃脱不过失败的命运。他进而分析,在国难最严重的时候,梁漱溟故意放弃抗敌救国工作,而空谈什么乡村建设、乡村自治,"那

---

① 李紫翔:《乡村建设运动的评价》,天津《益世报》农村周刊,1935 年 7 月 20 日。
② 千家驹:《中国的歧路——评邹平乡村建设运动兼论中国工业化问题》,天津《益世报》农村周刊,1935 年 4 月 6 日。

么纵使不是有心要当汉奸至少也是避重就轻,自愿放弃'民众领导'地位"①。

由此延伸,中国农村派强烈批判了梁漱溟领导的乡村建设运动的改良性和不彻底性。1936 年,孙冶方在《中国农村》上发表了《为什么要批评乡村改良主义工作》一文,也批判了乡村建设运动与封建军阀之间千丝万缕的联系,矛头直指梁漱溟的邹平山东乡村建设研究院。他批评梁漱溟的乡村建设运动不仅无视封建军阀内战对农村的破坏作用,反而寄希望于"好政府出现",把铲除乡村发展的障碍寄托在联络"青天大老爷"式的政治军事领袖。他认为这样"建设"的结果仅仅是他们的"一点小小成绩是经不起大兵们一天的光临的",在内战频发、军阀混战的彼时中国社会注定是徒劳无功、镜花水月。他指出乡村建设运动实质上是一场乡村改良主义运动,并进一步批判了其想当然的努力恢复并巩固破坏了的乡村秩序,指出这样前进的结果无非是引入"帝国主义侵略和产生半封建剥削,造成今日农村破产的那个社会秩序"。在稍后另一篇文章《民族问题和农民问题》中,为了更加深刻的批驳梁漱溟上述说法,指出乡村建设运动的正确道路,孙冶方着重分析了民族问题与农民问题的关系,以及民族问题和农民问题的解决对中国解放运动的重大意义。他认为在目前民族危机空前严重、全国一致对外的情况下,农民是民族解放运动中的一个主力军,他们的战斗力是无穷的,所以农民大众的解放、农民问题的解决与民族解放应该是同步的,且前者对后者有着重大促进意义。"总而言之,民族问题和农民问题是要联在一起解决的;谁只想解决这两个问题中的任何一个,而反对解决其中的一个,那只是表示他对于这两个问题的解决没有一方面是诚意的。"②

二、具体建设措施之批评

对于梁漱溟山东乡村建设实践的具体工作,陈序经认为效果不能"名实相符","这种建设运动已经有了很多失败,而且有不少还在失败的途上",他"个人对于今日一般所谓乡村建设工作的前途,颇感觉悲观。"他认为邹平乡村建设实验区之所以在全国有比较大的影响,与其说是因为实验区工作的

---

① 余霖:《怎样'助成地方自治'? 怎样'促兴社会生产'? ——评中国社会教育社第四届年会的中心问题讨论》,载薛暮桥、冯和法编:《中国农村》论文选(上),人民出版社,1983 年,第287 页。

② 《孙冶方全集》(一),山西经济出版社,1998 年,第165 页。

实效性,"不如说是由于梁漱溟先生的理论","梁漱溟先生本来是一个理论家,现在还是一个理论家",以致梁漱溟乡村建设实践中"求和与现代科学的生产标准与一般农民的需要,恐怕相差还很远吧?"①

首先,由批评梁漱溟"中国文化是乡村文化,西洋文化是都市文化"的观点出发,陈序经进而批评了梁漱溟关于中国不能实行民主政治,只有乡村建设一条路的说法,认为这是将民主政治与乡村建设对立起来。他认为,乡村自治可以叫作民主政治的一种方式,民主政治也可以当作乡村建设的一种工作,两者不但不是截然对立,甚至可以说相互依存共同发展。他进而指出,在梁漱溟乡村建设实践的《村学乡学须知》中,如"作村学的一分子,要知道团体为重,开会必到,有何意见,既对众说,以及尊重多数",等等规定,明显有民主政治的一些痕迹,践行民主口头字面却又否认民主,陈序经认为这实在"令人莫名其妙"。②

陈序经批评梁漱溟等以"县"为实验单位从事乡村建设和社会改造的不合理性。他指出:"从一方面看起来,县既嫌太小,从另一方面看起来,县又嫌太大。"比如保卫事业,他认为专在县区域内实行是不够的。而卫生、教育等事业,在他看来,不独实验区县政府要注意,各级地方政府都应把其看作重中之重。陈序经认为,乡村建设工作面对的是中国整个乡村,而不是一乡一县,梁漱溟、晏阳初等人将自己的工作单位主义,称之为"邹平主义"和"定县主义",即使有一些成绩,也经不起大兵们一天的光临,最终不过是人去楼空,于整个国家无补。由此出发,陈序经进一步认为,乡村建设实践所从事的建设事业,并不异于普通的各级政府所从事的工作,没有任何特殊性。所以,如梁漱溟等乡村建设领袖们所着意培养的"特殊的乡村建设人才",在陈序经看来也是舍本逐末。他认为只要受过相当教育拥有专业知识的人,只要他对乡村建设充满热情,都可以到乡村去从事具体工作。即使如梁漱溟本人,也未必受过乡村建设的专门特殊训练。由此他批评了梁漱溟山东乡村建设"大部分精力耗于研究训练两部学生之学业上"的做法,认为这是一种教育的工作而非乡村建设的工作。③ 他进而批评了邹平乡村建设教育实

---

① 陈序经:《乡村建设运动》,大东书局,1946年,第32~33页。
② 陈序经:《乡村建设运动》,大东书局,1946年,第50页。
③ 陈序经:《乡村建设运动》,大东书局,1946年,第59页。

践,指出由于不识字的农民在农村中所占比例较高,知识分子远远不够应用,即使已经进行的识字教育,也往往由于农民不常应用而终归化为乌有。"今日所谓乡村建设工作,还是注重在教育方面。教育固是建设的一方面,也是建设的一种预备。乡村建设实验区的教育工作既没有特别的贡献于乡民,又不能适应乡民的急需,那么这种教育,并不异于一般的普通教育了。"①

对于邹平乡村合作社,陈序经引马伯援在民间半月刊二卷十一期所发表的文字为证,"我办的是合作社,当然对象是农民。但我日日接见的不是农民,却是找差事的穷朋友与苦学生。我们的主张当然是生产,是给农民找饭吃,而我们所办的事,却多半为自己的伙伴找饭吃"。陈序经进而批评指出,邹平乡村建设运动的组织系统过于繁杂,比如美棉运销合作社每村分社与总社之间的关系,以及每村里各种团体之间的关系,由于组织方面的复杂和不健全,产生了不少的麻烦和纠纷,以致就像孙则让在第二次全国乡村工作讨论会上所讲的一样,"人力钱力极不经济,而且互相推诿牵扯",②且"研究院之提倡种美棉,不但是在邹平的老百姓之种美棉之后,而且研究院所种的美棉,并不见得比邹平的老百姓所种的好,研究院的工作之在邹平的成功与失败,至少从这一点上可以知其大概"③。对于山东乡村建设中的卫生教育,陈序经也认为:"几个实验区都设有医院,但这些医院,无论在治病或研究方面,都嫌过于简陋。连了他们所注重的管理卫生的制度,也只有制度而少有实益。同时这种制度,也仿佛是与各县已经实行的学区制度根本没有很大差异。此外在各实验县的县城或乡村各处街道的污秽,以及其他不合卫生的现象,和其他各处好像也没有多大差别。"陈序经进而指出,梁漱溟的乡村建设实践对于当地农民,物质方面少有改造,精神方面少有建树。他以去邹平参观的亲身经历为例,指出其乡村"树木固很少见,公路更不成样子",汽车不能跑,洋车也跑不起来,结果需要步行,因而发出了"一条路且没有建设好,乡村建设可知"的感慨。④

陈序经最后指出,所谓乡村建设工作,在目下来看,至多只能算是一种"尝试或实验的工作",但是如梁漱溟等乡村建设领袖,却在自己的著作中指

① 陈序经:《乡村建设运动》,大东书局,1946 年,第 35 页。
② 陈序经:《乡村建设运动》,大东书局,1946 年,第 56 页。
③ 陈序经:《乡村建设运动》,大东书局,1946 年,第 107 页。
④ 陈序经:《乡村建设运动》,大东书局,1946 年,第 38 ~ 39 页。

摘以往各种民族自救运动的失败与缺点,而将乡村建设工作当作今后唯一的出路和"最后觉悟",大声疾呼、大力宣传和极力推广。在陈序经看来,这种说法有点言过其实、哗众取宠,认为乡村建设运动与其他实验运动一样,现阶段仅仅只能算是一种尝试,成败尚未可知,结果只能还是一种尚未有答案的疑问,"在这种疑问尚未解答之前,就说这种实验是救国的最后觉悟,唯一途径,岂不是一个错误吗?"①

钱俊瑞也就梁漱溟乡村建设运动中成绩最著的美棉运销合作社做了更为深刻的分析和批评。他指出,日本帝国主义用"工业日本,农业中国"的口号,要在经济上把中国沦为它不折不扣的殖民地,这已经是明明白白的事了。为了配合日本增强国际竞争力和扩大军备的计划,它在华北各省至1936年必须增种棉花二百万英亩以上,且所种棉花规定都要用美棉。鉴于山东优良的气候和土壤条件,日本在山东的努力更为可观。因为在中国的产棉区域中,单就产量来说,山东美棉种植面积已占百分之六十,在1933年每亩棉花的收成已经达到二百二十磅,跟全国每亩平均产量相比要多百分之二十以上。钱俊瑞明确指出,对于日本帝国主义这样厉行"中日棉业合作"的结果,"除掉一部分中日贸易协会的衮衮诸公以外,每个有良心的中国人也都能看得清清楚楚。"所以梁漱溟所津津乐道的美棉合作社的成绩,仅仅是"给强敌占了便宜",结果岂止农村破产依然破产,民族纱布业的衰落依然衰落,在客观上更是"助纣为虐,帮助敌人督促中国民众去替强敌服役了。"最后他提出呼吁,救济纱布业的根本办法,第一步绝不是增加棉产,改良棉质;而是造成日后增加生产,改良质地了的棉花,能够给我们自己运用,而不为强暴夺去,作为他们转身剥夺我们的工具的先决条件。② 张志敏也以棉纱业为例,指出最近几年虽然由于乡村建设对棉花生产所做的一系列努力,最终使得棉花种植面积扩大,产量递增,棉农生活有了一定改善,但中国棉纱厂仍然因为棉贵纱贱而难以支撑无力为继,中国的纺织业并未因此得到强力的发展,更遑论能以之对抗帝国主义的经济侵略。③

① 陈序经:《乡村建设运动》,大东书局,1946年,第70页。
② 钱俊瑞:《谈中日棉业合作》,载薛暮桥、冯和法编:《〈中国农村〉论文选》(上),人民出版社,1983年,第550页。
③ 张志敏:《从整个民族经济上观察现在的乡村建设》,载千家驹、李紫翔编著:《中国乡村建设批判》,新知书店,1936年,第70页。

不仅美棉运销合作社,对于当时乡村建设运动中轰轰烈烈的其他合作运动,中国农村派也在本质和具体操作方法上给予了批评。在这一方面分析最为详尽、批判力度最猛烈的当属李紫翔。

李紫翔首先分析了合作化运动产生所必需的历史背景和经济条件。他认为合作化运动是随着欧洲资本主义发展到一定阶段的产物,其本身并不一定代表某种生产力和生产关系,而从属于它所服务的社会经济制度,而中国彼时的合作社运动却有着特殊而又特定的历史背景,"是在政治的与经济的,买办的与国民经济的,资本主义性的封建主义性的,改良的与革命的种种矛盾与对立的基础之上发生和发展的",仅仅是被国内的某些团体和慈善家当作"软性的组织民众之最良方法"和资金膨胀的都市资本家所认为的最佳投资道路,并不是"自下而上的人民之自动结合,而是自上而下的引诱和命令",政治意义远远超过了经济意义,抱有明确经济政策和政治政策目的的合作社更属凤毛麟角。① 更严重的是,全国各地的合作社光指导机关就有数百个之多,各地不尽相同,但唯一相同的是数目繁多、手段各异,导致全国合作社运动表面上看来虽然热闹非凡,但实际上却是要么划分势力范围,要么你争我夺地互相争雄,组织不统一,办法上下不一致。所以李紫翔认为,在这许多深层因素影响下,"根据中国人民富于合作的习惯,而事实上我们所有的和发展中的合作社,不过最大多数是由于政府的督责,银行家的引诱,土豪培养势力,知识分子找出路和农民好奇心理而来"。②

李紫翔具体分析了彼时中国合作社发展的具体态势,认为其在当前发展同时就深埋下了"失败的主观因素",梁漱溟等人在乡村建设实践中试图以合作化为手段消灭乡村社会内部和农民内部的矛盾斗争,"完全不过是拾取了合作社的社会主义者幻想的唾余"。③

李紫翔进而指出,中国合作社发展中有着不能消解的矛盾。首先,彼时中国的合作社处在政府政策、个人理想与银行家投资心理几重压力之下,人

---

① 李紫翔:《中国合作运动之批判》,载千家驹、李紫翔编著:《中国乡村建设批判》,新知书店,1936 年,第 202～203 页。

② 李紫翔:《中国合作运动之批判》,载千家驹、李紫翔编著:《中国乡村建设批判》,新知书店,1936 年,第 208 页。

③ 李紫翔:《中国合作运动之批判》,载千家驹、李紫翔编著:《中国乡村建设批判》,新知书店,1936 年,第 214～215 页。

数少、股权分散、运转费用高,加上合作社运转过程本身不够科学有序,因而客观上成为种种对立集合的矛盾体,本身即"先天不足,后天不良",很难在短时间内有立竿见影的作用。其次,从发展现状来看,他认为彼时的乡村合作社运动其政治意义远超于经济意义,所谓政府号召的"资金归农"和银行放款,也只不过是作秀性质,实际只不过为缓和农村的阶级斗争,蒙蔽农民斗争积极性。"以如此渺小的款项,要把农村从高利贷的束缚下解脱出来,或者在三个月六个月限期归还的条件下,要把借款运用到生产上去,岂不完全成了一个梦想?"①

具体到梁漱溟在邹平乡村建设运动中的合作化运动,李紫翔认为,虽然邹平信用合作社对农民的贷款利率较高利贷为低,"但是层层保证的困难手续,实更限制了最大多数的贫苦农民,绝无借到款项的可能"。由于银行家设置的种种条件,农村合作社的发展受到了极大限制。"信用合作社已成了银行的出张所",亦即运销合作社亦已成为旧式商人的介绍所,或者成为外国洋行在华进出口的直接工具,导致农民更紧密的束缚在地主商人和高利贷商人的重压之下。进而,李紫翔指出,梁漱溟的乡村建设实践想以合作社运动改变都市对农村的剥削支配的关系,完成其所设计的"第三条道路"的经济制度,最终达到生产和消费的社会化,实是"南辕北辙的幻想"和"无社会科学知识者的幻梦而已"。最后他大声呼吁,只有把以乡村合作社运动为代表的一切部分的技术的改革,"放在争取整个民族和社会的自由平等的前提下,并且将一切部分的技术的改革之本身,视为民族斗争和社会斗争的一个步骤,一分力量,一个壁垒,那么我们才有热情和力量来争取一个光明的前途呢!"②

除了对合作化运动的猛烈批评,李紫翔在《中国的歧路》一文中还对梁漱溟领导的邹平乡村建设运动的"核心"和"结晶体"——乡农学校进行了详细的分析和中肯的批评。他认为乡农学校并不是一个真正意义上的民众的合作组织。原因在于由土地分配不均的深层矛盾引发的农村普遍的高利率租佃,进而造成了事实上农村中"显然对立的农民阶层的划分"。他认为农

---

① 李紫翔:《中国合作运动之批判》,载千家驹、李紫翔编著:《中国乡村建设批判》,新知书店,1936 年,第 221 页。

② 李紫翔:《中国合作运动之批判》,载千家驹、李紫翔编著:《中国乡村建设批判》,新知书店,1936 年,第 225 页。

村自身利害冲突严重,因而内部绝非团结友爱,绝非可以像梁漱溟那样简单将其划归为"整个"的整体,进而人为想当然地将其标榜为"民众组织",并妄图通过它的教育和管理促使农村中阶级差异消失,进而达到梁漱溟所憧憬的农村中不分贫富贵贱、人人"出入相友,守望相助,疾病相扶持"的古人王道理想。恰恰相反,李紫翔认为梁漱溟所谓的"整个的乡村""乡民"仅仅是抽象的名词,乡村内部不可调和的矛盾与冲突是不可避免的,所以所谓"全乡村的利益"是不存在的,乡农学校仅仅是一个由地主和豪绅所掌控的"集各种农民于一堆的垃圾堆",不可能真正为贫农和雇农谋利益。如果不顾事实,仅仅依靠乡农学校"齐心向上学好求进步",那结果只能利益为乡村少数人独享、贫者愈贫富者愈富罢了,对挽救乡村、挽救中国不仅并无实际意义反而背道而驰助纣为虐。① 他认为以梁漱溟为代表的绝大多数乡村建设运动工作者,他们屈服于现状之下,不愿放开眼光,看看整个世界,看看中国在整个世界中的关系,即使是看清了问题所在,仍然不肯进一步认识问题,终于为主观的成见所屈服而使问题歪曲。换句话说,他根本的主张只在"枝枝节节"和"舍本逐末"的改良以延续"现制度",并不要求社会彻底改造,对于农民来说只能是不切实际的"装饰品"。②

与李紫翔的关注点一致,骆耕漠同样就梁漱溟乡村建设运动中的合作化运动提出了自己的批评意见。他指出,这些合作运动是银行家"和就地当局连成一气"。就当局来说是为了恢复农民的纳税能力,以挽救当前的财政危机乃至政治危机,以缓解国内政治的不安以及农村社会的动荡,阻止反帝反封建革命运动的蔓延,遏制共产党的发展;就银行家来说则是为了满足逐利本性和规避风险需要,以维护并巩固自身存在,归根结底即"主要是由于财政危机和金融恐慌这两重威胁,以及由这些威胁所产生出来的政府当局和银行家切身的自卫要求"③。骆耕漠进而质疑这样兴起的信用合作社在中国农村金融中究竟起了多大作用。他引用1933年12月实业部中央农业实

---

① 李紫翔:《中国的歧路》,载千家驹、李紫翔编著:《中国乡村建设批判》,新知书店,1936年,第148~149页。

② 李紫翔:《中国的歧路》,载千家驹、李紫翔编著:《中国乡村建设批判》,新知书店,1936年,第152~156页。

③ 骆耕漠:《信用合作事业与中国农村金融》,载薛暮桥、冯和法编:《〈中国农村〉论文选》(上),人民出版社,1983年,第599页。

验所对全国农民借款来源地调查,指出信用合作社大都集中在商业比较发展、社会比较安定的地方,在"灾情较重,农村破产尤甚之"的地方却廖无贷款,甚至黑幕重重。他指出农民依然深陷在地主富农和商人的高利贷盘剥之中,真能受到此种新的金融组织的或种便利的还只是地主富农,"合作社就变成豪绅控制劳苦农民的新武器,放款利息也经过豪绅的手而间接提高"①。他最后总结道,信用合作社(其他各种合作社也一样)本身并不是一种社会体制,它不过是某个阶层达到某种目的的一种手段或政策,因此在社会经济的改造过程中它起何种作用,主要全由主持的或控制的阶层决定。因此他对邹平的信用合作社提出了质疑,"邹平的信用合作社究竟在什么人的掌握里面,我们不难从它所表现的各种事态之中看出"②。

陈晖也对梁漱溟乡村建设运动中的金融合作社运动提出了辛辣的批评。他指出合作社的兴起在根本上是由于"防止白银的外流和追寻排泄过剩资金的途径",另一方面政府既感到财政上开源的无望,又受到农村骚乱的威胁,和历年来药石乱投的复兴农村政策的失败,遂企图尝试新方策的成效。③ 他引用官方统计数据,指出就合作社最发达的江浙冀三省而言,享受到合作社的利益的农民,平均只占三省总户口之千分之四,其他合作社不发达的省份,更可想而知了,所以若就合作社的总量与农村的实际需要相较,仅仅是杯水车薪望梅止渴而已。陈晖更是通过查看统计数据和实地调查指出,即使是普通组织比较健全的信用合作社的放款给社员,期限多仅为半年或一年,并严格以社员的信用为标准,所以农民对于借来的款项,多做"借债还债"之用,极难利用于改进农业生产,处境最艰的贫农则根本无法得到贷款,大都终年呻吟辗转于高利贷的虎口里。至于组织不健全的合作社,流弊滋多,常常为一般土劣利用去剥削农民。所以他最后得出结论,认为在彼时具体的社会经济体系的运转上期望用信用合作社的逐渐推广来使高利贷归

---

① 骆耕漠:《信用合作事业与中国农村金融》,载薛暮桥、冯和法编:《〈中国农村〉论文选》(上),人民出版社,1983年,第603~604页。

② 骆耕漠:《信用合作事业与中国农村金融》,载薛暮桥、冯和法编:《〈中国农村〉论文选》(上),人民出版社,1983年,第614页。

③ 陈晖:《中国信用合作社的考察》,载薛暮桥、冯和法编:《〈中国农村〉论文选》(上),人民出版社,1983年,第616页。

于消灭"是不可能的","信用合作社的健全发展,殆不过是乌托邦罢了"。①

罗俊也指出,作为全国农村经济破产之农村复兴运动的一个主要支柱,作为都市与农村矛盾的一种解决方法,乡村建设运动中轰轰烈烈的金融合作运动是"不彻底的"。他从中国现有的合作运动发展状况出发,指出中国全部合作运动可以说是信用合作运动,有许多地方规定除信用合作社以外,不许组织他种合作社,就发生农民获得生产资本以后,无从购买肥料和耕牛,无法运用于必要的生产和运销事业,无处购得合理价格的日用品等种种问题。所以罗俊认为农村中可以从信用合作社入手,但是应以生产合作为主要目标,对于农产品的运销合作也须加以注意。综上所述,罗俊同样认为以上种种合作运动"结果使农村非特没有复兴,却越发破产"。所以他认为,在现状下的农村里,当土地分配极端不均的现象没有破除之前,合作社运动完全是金融资本的尾闾,完全失去了合作运动的意义,除能替都市的金融资本尽一些向农村开路的任务之外,并没有其他前途。

罗俊进而批评了梁漱溟所宣扬的"政治中立"的合作运动原则,指出这是"受了古旧的英国罗虚戴尔 Rochdale 合作原则的毒",是一种乌托邦式的幻想。最后他斩钉截铁地指出,合作运动绝不应是中立的经济改良运动,它在战时必须成为政治力量与经济力量的动员工作,它应该是抗战必胜,中华人民共和国成立的重要武器,这样合作运动才能发挥出它应有的积极意义。他呼吁所有的农村工作者们,实地到乡村去,扩大合作运动,普遍合作组织,以求争取抗战建国的必胜。②

孙晓村则认为,乡村建设中合作社仅仅是一种组织形式,实际作用能否发挥是被宏观的"国民经济"所决定的,所以在彼时阶段并不是乡村所有疾病的万灵丹药,对农民实际生活的改善也有限。以邹平为例,孙晓村认为虽然梁漱溟领导的各项改造措施可以使农民获得相当的生活能力,可是对农民来说并不能算是可靠的、切实的保障,只要教育或组织工作稍微触及地主绅士的利益的衣角,便会遭到抵制甚至驱逐。他断定目前风起云涌的乡村运动并不能解决农村中大多数穷人的吃饭问题。孙晓村也批评了乡村建设

---

① 陈晖:《中国信用合作社的考察》,载薛暮桥、冯和法编:《〈中国农村〉论文选》(上),人民出版社,1983 年,第 623 页。

② 罗俊:《战时的农村合作运动》,载薛暮桥、冯和法编:《〈中国农村〉论文选》(上),人民出版社,1983 年,第 639 页。

的自卫运动,认为乡村自卫本身就是与乡村建设运动的本质精神背道而驰的,用自卫来做乡村工作的出发点在原则上就是欠妥的。他认为土匪也是老百姓,乡村建设运动最终的目的应该使老百姓都有饭吃不去当匪,而不是组织民团去打击镇压土匪,自卫做得再好,也只能使穷人不去造反而非使他们不穷有饭吃。孙晓村明确指出,中国农村的根本病症在于土地和生产物分配不均和帝国主义的经济侵略,中国农村真正痛处就在于剥削关系、财产关系和殖民地的关系。而轰轰烈烈的乡村建设运动的基本前提却是在不变更现存社会关系下只做改良工作,对这些根本问题并没有顾到,所以无怪乎虽然当时有许多志士仁人以极大的热情和心力,从各个角度进行乡村建设,但是不管是从哪个角度入手,共同的是他们对于中国农村的根本病症"还少有确切的诊断",所以尽管有一定程度的成功,但是"大多数农民的吃饭问题仍不见有根本的改善"。

张志敏则是从对农村经济与整个民族经济的相互关系和农村破产对民族整体经济的影响入手,试图找出彼时中国经济的真正出路,农村破产的真正原因,借以表明自己的观点,并批评以梁漱溟为代表的乡村建设运动的实际效用。他认为梁漱溟并没有从多方面的关系上观察农村问题,"而是把这个问题孤立起来造成一个自我的大一统",所以邹平乡村建设运动在某种意义上说也就是梁漱溟理论上的"唯我独尊""为农村建设而建设",与救济农村破产和发展民族经济毫无关系、毫无用处。他认为梁漱溟邹平乡村建设所有的措施,如改良品种、水利疏浚、交通建设,等等,即使能办到,"亦并不能如梁漱溟先生所想象的,可以繁荣本国的城市,而只能经过这个转运机关的城市以繁荣上述的那些外国的城市"。张志敏更加详细论述了由乡村建设运动中各项具体措施而带来的弊端,如客观助长了外资外货深入,"农村购买力苟因农村建设而增加,则首先迎接外货,农产品增加与改良,亦为外货所垄断";公路建设的客观结果则是外国汽车、汽油进口量的突飞猛进,"在工业衰落和商业萧条之下,特别努力于公路的建设,不仅其本身增加入超的数字,并替外资加深对穷乡僻壤的搜括";农业放款的好处则仅限于自己有土地和其他生产资料、生活可以自给的农民,对于穷困农民来说即是搜括,银行资本以此为由乘虚而入,行救济农村之虚谋榨取利润之实;即使是乡村建设领袖们津津乐道的信用合作,在他看来,也只不过是"当地地主,富农、商人、高利贷者在城市资本指导之下盘剥贫农的机关",诸如此类,不胜枚举。张志敏进而指出,农村破产的真正原因在于外国的经济侵略、农业恐慌所引起的内地农产品滞销、水旱灾袭击、商品经济的侵害、国家的负担过重及军阀割据、地主商业和高利贷的盘剥,其中外国的经济侵略是主因,其他"究带临时附加的性质"。只有在独立自主的国家中,工业落后的国家才可以依靠低廉劳动力输出农产品以求得贸易平衡,但在当时当地的旧中国,此种路径同样不得行。因此批评梁漱溟"只羡慕丹麦之农业合作运动,而不羡慕它的民族独立。"要彻底改善农村农民状况,"不是为农村而解决农村,亦不是从农村解决整个的中国问题",而必须经由民族独立以取消外国特权、重新进行土地分配以实现耕者有其田和国内政治改革,唯有如此,才能促兴农业以引发工业,最后复兴整个民族。张志敏最后总结道:"总之,现在的农村建设,只有外国资本和国内的金融资本可以大得其利,政府亦可从中收取一些手续费,至对于国计民生,非徒无益而又害之","不但对外毫无抵抗,并且是'悉索敝赋以从'"。

与孙冶方的观点类似,陶孟和在1936年7月12日的《大公报》上发表了《要采行一个新农业政策》,文中承认农业是中国国民经济中最重要的部门,农业工作的机械化、用科学方法来支配自然、化学的进步是现代农业的三个特点,而目前的乡村建设运动中所推行的"农村复兴""废除苛杂""提倡合作""改良种子",等等,虽然是"可以赞许的",但在其看来这些都是治标。他指出这些枝枝节节的努力如果各方面都能实事求是的进行,未尝不可以惠与农业生产者与农产品消费者,但是归根结底这"只可说是短期的过渡政策,而不能说是长久的计划","今后改进中国农业,仅用些枝枝节节的补救办法是不够的,必须根据新农业的性质,做出整个的计划"。

余霖也对梁漱溟邹平乡村建设实践中的具体措施提出了批评。在余霖看来,社会秩序和生产技术是分不开的两件东西,要想维持旧的社会秩序,那就不能采取新的生产技术;要想采用新的生产技术,就不能维持旧的社会秩序。而梁漱溟一方面主张采用新的生产技术,开发地主豪绅们的榨取源泉;另一方面主张恢复旧的社会秩序,维持地主豪绅们的支配地位,所以他的最终目的不是像其所说的救活农村和根本改善农民生活,而是创造地主豪绅们的理想世界,仅仅是从"社会教育运动来完成中国的(实际只是地主豪绅们的)革命运动!"他进而指出,梁漱溟所主张的那种通过政教合一,社教可以依赖政治的力量发展,地方自治以社教为推行工具而达成的地方自治,"仅仅是在民众和政府之间加上一个社教机关,即由政府通过社教机关,指导民众进行傀儡式的地方自治,结果非但不能'助成地方自治',而且成为实行地方自治的最重大障碍,只是更使民众'疾首蹙额'和'益增痛苦'而已"。余霖最后总结道,梁漱溟和绝大多数乡村建设运动者,本质上是一群社会改良主义者,他们忽视了社会政治经济的中心问题,专从枝节上去用力。他们将这些亟待解决的中心问题说成是好高骛远的空洞理论,宣称更愿意脚踏实地地去做实际工作,但是假如有人批评他们的实际工作只是"头痛医头,脚痛医脚",他们又说他们是解决社会政治经济的中心问题。他指出这就是改良主义的根本矛盾——一面忽视社会政治经济的中心问题,一面又要解决社会政治经济的中心问题。[①]

张宗麟也以自卫训练的开展为例批评了梁漱溟乡村建设实践所谓舍本逐末和不合时宜。他认为山东农民的自卫训练本来是最有效的救国工作之一,但是以梁漱溟为代表的主持者却一直强调说民团无论如何训练只能做到保卫自己乡土,绝不能参加战争,他认为这是"犯了欺骗民众的大错误"。他指出,农民既然能上阵冲锋保卫乡土,不参加内战当然可以,但是等到国快亡了与敌人作最后一战时,农民不仅应该而且必须参加。张宗麟进一步提出,对于训练民团这件事,"最好能够在训练时指出这是为国家准备武力,是保国救国的工作,万一因为环境上有特别困难,不能明白说出,那么用另一种方式来指出这个要点,来培养农民救国的思想,也是同样有效"。"不然,清议未已而秦兵已渡河,救国的初衷未酬,反而沾染了误国的污点。"[②]

三、土地问题之批评

相对于批评者对梁漱溟乡村建设实践其他方面侧重理论辩驳的批评,中国农村派的领军人物陈翰笙、薛暮桥、益圃等人则根据自身对中国农村和农民生活状况的调查,将批评重点集中在彼时中国农村的土地性质和分配关系方面。

1929 年,陈翰笙到中央研究院社会科学研究所工作,他决定从调查中国

---

① 余霖:《乡村工作的理论和实践—读了〈教育与民众〉七卷一二两期后的感想》,载薛暮桥、冯和法编:《中国农村》论文选(上),人民出版社,1983 年,第 300 页。

② 张宗麟:《乡村工作的联合战线》,载薛暮桥、冯和法编:《中国农村》论文选(上),人民出版社,1983 年,第 659 页。

农村入手,更深一步认识当时中国经济关系和社会关系,思谋救国之道。从1929年7月到1934年6月,陈翰笙着手组织了一个45人的调查团,从无锡开始,横跨岭南、河北,希望以这几个工商业发展比较有代表性、经济程度较高的地方为突破点,分析不同区域生产力和生产关系的进化过程,得出全国范围内经济发展的规律,借以挽救中国农村。经过历时五年的调查,与梁漱溟对于中国土地垄断之情不著的论述和"今日所得而行者,只是耕者有其田和土地的合作利用"而非共产党采取的"乡村内部斗争"的主张截然相反,陈翰笙认为当时的中国农业人口比例高达百分之九十,贫农耕地不足,土地分配不均,耕地分散,地主和富农占有大量土地,残酷剥削农民,农村生产力极端低下。因此农村经济是中国的主要经济问题,在外国帝国主义的侵略下,农村经济受到帝国主义和农村封建势力的双重压迫,面临着破产的威胁。正是在此认识下,他对国民党组织的农村复兴委员会、对轰轰烈烈的农村建设运动当然也包括梁漱溟的乡村建设理论及其领导的邹平乡村建设实践都有着不同甚至反对的看法。他认为以梁漱溟等乡村建设运动领袖为代表的社会改良派所搞的农村调查本质上属于改良,"都是些表面的,没能深入下去了解社会结构的本身"[1]。

从1934年到1937年,薛暮桥在《中国农村》上发表许多文章,通过列举所收集到的大量调查资料,具体描绘了中国农村的生产关系和生产状态,着重剖析了中国农村的土地关系和剥削制度。他明确指出:"中国的地主(甚至富农)大多是把所有土地分割开来租给贫苦佃农耕种;中国的贫农大多是向地主(或向富农)租地经营,他们所受到的最主要的剥削乃是苛重租佃。"[2]总之,土地所有权是集中的(占农村户数10%的地主、富农,拥有全部耕地将近70%),使用权是分散的。"这种半封建的收租地主和半封建的饥饿佃农的对立,就是中国现存土地关系的特征。"[3]薛暮桥揭露了帝国主义对中国农村的经济侵略,论证了帝国主义者利用城市中的买办资产阶级和农村中的地主豪绅来压榨农村劳动大众,而农村劳动大众实际上受到帝国主义和封建势力的双重压迫的社会现实。他指出,帝国主义和国内买办资本利用他

---

① 陈翰笙:《四个时代的我》,中国文史出版社,1988年,第46页。
② 《薛暮桥学术精华录》,北京师范学院出版社,1988年,第105页。
③ 《薛暮桥学术精华录》,北京师范学院出版社,1988年,第106页。

们在经济上的垄断地位,利用中国农民的分散和贫困,采用不等价交换方式获取丰厚的超额利润。帝国主义者掠夺廉价农产品,除利用买办资产阶级以外,往往还要通过乡村中间一层层的残余封建势力,因此中国农民在交换过程中间所受到的剥削更加来的严重。通过引用数据和翔实论证、周密分析,薛暮桥重点批评了几种形式的改良主义运动,认为以梁漱溟为代表的乡村改良派"专从农村中去解决农村问题,他们并不了解在现阶段的中国,农村已受都市支配,而且整个国民经济又在帝国主义者的支配之下",①进而对梁漱溟所谓中国农村最大问题在于团体组织和科学技术的缺乏这种工具主义给予了有力抨击。

与陈翰笙和薛暮桥的观点类似,益圃也指出以梁漱溟为代表的乡村建设派之所以忽视中国农村的土地问题,避而不谈或轻描淡写中国农村土地问题的解决,却对于土地问题有各种各样的谬论,如"中国没有大地主""土地问题主要是土地利用""小农经营有深耕细作的优越性"如此等等;对于复兴农村的计划和方策,大都偏重农业经济技术方面,如改良农具、农业方法、种子及肥料等;以及农业经济方面,如合作社的提倡,农业仓库之设立等,只是因为土地问题的彻底解决不免妨碍地主豪绅们的利益,"违反那些先生大人的基本观念",所以通过"表面的,即使办理得当,也不能根本解除农民痛苦和救济农村"的细枝末节的改良,试图在土地问题上掩盖阶级矛盾、阶级剥削,反对共产党的土地革命。

益圃进而对以梁漱溟为代表的乡村建设派的改良手段提出了辛辣的批评和无情的嘲讽,"'先知先觉'的土地专家或许会慨叹着农民的'不知不觉',或者为着'乡村不动'而感到苦闷。然而我们必须指出,我们现在所以缺乏'某种积极的声张的民意',并不因为农民'不知不觉'或'厌动喜静',而是因为他们受着束缚,丝毫不能有所表示。一小部分自命不凡的学者还在那里宣称中国'没有一个不好的有力的政治制度经济制度在挡住我们的前进','中国现在已无可推翻破坏之制度,故需要以建设来完成社会改造。'在他们的眼中看来,好像地主的垄断土地,和佃农的忍饥挨饿,而把大部分的劳动成果缴纳给地主,这种事实已经全不存在;或者虽然存在,但已不再成为严重问题。这就难怪他们十余年来努力乡村运动,而所得到的结果只

---

① 《薛暮桥学术精华录》,北京师范学院出版社,1988 年,第 91 页。

是'乡村不动'了!"他认为若不设法善谋解决农村土地及租税制度等问题的解决,不消灭地主的土地所有制,不消灭租佃制度的存在条件,中华民族不从帝国主义的束缚和封建势力残余中解放出来,彻底改革田赋制度,肃清高利盘剥,那么以梁漱溟为代表的一切用软功夫的乡村建设,不是隔靴搔痒就是避重就轻,"皆成空谈"。最后他指出土地问题才是中国乡村中间一个亟待解决的严重问题,假使乡村工作者因格于环境,不能彻底解决土地问题,那么至少限度应该保障土地法所给予农民们的合法权益,不然所谓乡村建设"恐怕只是不值得动一动的空谈罢了"①。

四、全国乡村工作讨论会实效之批评

作为全国范围内的乡村建设工作者的统一组织,全国乡村工作讨论会也由于其明哲保身、趋利避害而受到了批评者们的激烈批评。全国乡村工作讨论会是由乡村建设研究院、平教会等乡村建设运动团体所发起和组织的,是从事乡村建设运动的同人的自由集会,每年举行一次讨论会。第一届于1933年7月在邹平的山东乡村建设研究院召开,第二次于1934年10月在定县平民教育促进会召开,第三次于1935年10月在无锡江苏省立教育学院召开,1936年他们准备召开第四次年会,中国农村经济研究会同生活教育社和妇女生活社联名提出一个《本会应以全力使全国乡村工作人员一致团结共赴国难案》。但在民族危机日益加深、救亡运动风起云涌的此时,以梁漱溟为代表的乡村建设领袖由于惧怕国民党反动政府的高压政策会毁灭多年来的乡村建设成果,所以刻意回避抗日救亡是压倒一切的中心任务,不愿提"抗日"等如此激进的口号,结果是借口"事忙",停开了这届年会。

参加乡村工作讨论会的团体包括政治性机关、学校、学术团体、教会团体、银行、报馆等,地域以江浙冀鲁赣鄂豫皖诸省为主。西超批评乡村工作讨论会参加人员多为"各乡村工作机关的高级职员"或"他们的领袖",即"乡村工作的专家",而真正在乡村工作第一线,与农民直接打交道的多数"基本的乡村工作朋友",却没有机会甚至没有可能去参加讨论会,②导致乡

---

① 益圃:《新土地政策的实施问题》,载薛暮桥、冯和法编:《中国农村》论文选(上),人民出版社,1983年,第318页。
② 西超:《全国乡村工作讨论会的印象》,载薛暮桥、冯和法编:《中国农村》论文选(上),人民出版社,1983年,第272页。

村工作讨论会只成为专家领袖们的清谈馆和集会场,很少有实际办法能解决乡村工作中出现的具体问题,切实解决农民生活中的苦痛。

陈序经则认为,历年来乡村工作报告里,大多是空谈计划与组织的内容,汗牛充栋的乡村建设出版物,也大都空谈计划偏重理论,"侧重组织,忽略事功,高谈计划,不务实际"。根据乡村建设实验第二集集会经过报告,陈序经认为:"有了一种倾向,就是大多述说各团体的功绩,和他们是怎样努力乡建,怎样的认识乡建,对于实际问题似乎很少提出。"正如代表山东民众教育的屈凌汉所说:"这种情形是错误,是给来赴乡村工作讨论会人以失望。实际工作的人,是不需要种种口头宣传,或者文字的宣传的。"①"对于民众本身,对于乡建本身,丝毫无用处。我们来赴会的目的是:(一)实际工作上发生问题,求得解决;(二)乡村工作前途得到指引。但这个会是不能给予解答的。农民在水深火热之中,怎样的急切待我们去拯救,而一些机关实验团体,还说慢慢地研究一套一套的实验,有了结果,又推行出去,理论是好听,然而乡下的人们是等不得了。"②

在彼时的民族危机的大环境中,孙晓村也呼吁梁漱溟晏阳初等乡村建设运动领袖不要忘记乡村运动原是民族复兴运动这一最初的宗旨,主张"应当放弃标本式的实验",集中力量在这个大家生死存亡的前提下,指出在这一时刻要致力于建立乡村运动的联合战线,在方式上打破过去的"标本主义",不但有"深入",还要有"广出",能教育多少人便教育多少人,能组织多少人便组织多少人,不能自限于一个地方,自限于少数的群众方面。孙晓村呼吁他们要放弃实验主义,指出目前的民族危机已不容许有从容实验的时间,抗日救亡不需要实验,这种实验精神对于目前的乡村运动联合战线"实在是一种障碍",应当把学究式的狭小的实验改变成广大的行动的实践。他提出要消除门罗主义的宗派倾向,指出在整个民族的沦亡下,不会有局部的理想建设的完成,所以要在联合战线下把目标鲜明公开简单的确定在抗日救亡上,拿这个目标去教育民众和组织民众。③

如果用百年的大历史角度考察中国农村、农业和农民的发展,可以发

---

① 陈序经:《乡村建设运动》,大东书局,1946 年,第 61 页。
② 陈序经:《乡村建设运动》,大东书局,1946 年,第 62 页。
③ 孙晓村:《乡村运动大联合的理论与实践》,载薛暮桥、冯和法编:《中国农村》论文选(上),人民出版社,1983 年,第 672~674 页。

现,包括梁漱溟、中国农村派和独立评论派在内,他们是最早关注此问题的一批人。从历史的传承角度和事物的发展角度来看,除了少数理想色彩的乌托邦式的空中楼阁、镜花水月以外,不管是梁漱溟,还是中国农村派和独立评论派,他们对于农村、农业和农民问题的关注,对于彼此思路和实践纷扰不休的支持或反对都是个人基于拳拳爱国之心所奉献的力所能及的思考和尝试,是对改善农民生活、实现国家富强的理想追求。即使历史已经作出抉择和判断,今天也不宜将前人的努力完全抹煞,而应该客观且细致的挖掘其中所蕴含的积极成分,这也是研究前人思想、解决当今问题的客观要求和合理态度。

第四章
二十世纪五十年代对梁漱溟乡村建设的批判

严格说来,二十世纪三十年代各界对梁漱溟乡村建设理论和实践的批评无论立场、措辞如何,他们的最终目标一致,就是探讨如何挽救彼时的民族危亡,进而挽救农村、挽救农民。虽然措辞不乏激烈,意见不乏偏激,但客观来说所有差异都是基于仁者见仁,智者见智的学术观点不同,极少人身攻击和无理谩骂,甚至有些批评者虽然反对梁漱溟的理论和实践,但私底下仍然是关系颇佳的朋友,所以从中不难发现许多真知灼理的洞见,甚至有些观点在二十一世纪的今天仍然值得我们反思并重视。但新中国成立以后,基于那场著名的历史公案而掀起的轰轰烈烈的"批判梁漱溟反动唯心思想"的运动,在今天看来,其动因和合理性就值得进一步商榷和思考。

第一节 "批判梁漱溟反动唯心思想"运动

一、运动缘起

1949 年,新中国成立,中国历史掀开了波澜壮阔的新篇章。由于彼时的中国满目疮痍、百废待兴,加上当时国际环境的恶劣及反华势力的步步紧逼,毛泽东领导年轻的中国共产党人基于自己对马克思主义的认识和理解,结合中国的现实情况,对中国社会进行了大刀阔斧的改造,即在农村进行彻底的土地改革以后,很快又以雷霆万钧之势进行了农业的合作化与集体化,然后以农业和农村为依托,实现工业上的所谓"赶超战略"。在当时严重缺乏资本的社会条件下,"赶超战略"主要通过采用包括价格在内的经济手段,以压抑甚至牺牲其他产业尤其是农业发展为代价,集中极为有限资本支持少数重要产业发展,最终造成了国民经济产业失衡和城乡差距的扩大。具体到此时的中国,这种战略要求加强对农业和农村的控制,在违背农民意愿的基础上短时间内实现了农业的集体化,试图确立一种国家与农民之间强制性的交易关系,以求最大限度集中全国有限的人力、物力、资本于工业和城市,支持工业和城市发展,以达到短期在某些方面赶英超美的目标。为了更有效地提取和利用农业产业价值,国家强制降低农副产品价格,通过工农产品价格之间的剪刀差,使广大农村和农民作为工业发展和城市发展的原料产地,以保障工业的可持续发展和工人的生活水平。除此之外,为保证工业化的发展和城市范围的可控,建立了户籍制度,形成了城乡二元体系结构,把农民挡在城市之外,人为地限制了他们的流动范围,将他们绑定在农村有限的土地上,导致我国农业在新中国成立后的三十年里仍处在"过密化"状态。[①] 这种严重的城乡二元分立格局虽然使中国梦寐以求的工业化初步建立,但毫无疑问,农村劳动生产方式仍然落后,劳动生产率仍然过低,农民生活水平仍然艰苦,农村地区经济依然落后,与城市相对而言存在很大差距。

无可否认,这种建立在计划经济基础上的交易秩序不像市场经济的交易秩序那样是一种自然秩序或扩展秩序,而是一种扭曲的人为设计。农民身处集体之中"被组织"而不是"自组织",缺乏参与的积极性和主动性,难免会造成勉强发展的工业和城市经济缺乏竞争力,资本积聚缺乏,难以形成有效的生产力,最终既挫伤了农民的生产积极性,损害了农民的利益,而且更不足以支持资源结构的升级或总体经济实力的提高。[②] 毫无疑问,这种战略指导下所采取的无论是措施、手段还是意图达到的目的,都与梁漱溟在二十世纪三十年代开展的在充分调动农民积极性前提下的乡村建设运动完全不同,所以在这种战略计划制定和实施的初期,梁漱溟就提出了异议。

而在二十世纪五十年代"革命的中国",虽然已经进入了新民主主义社会旋即进入社会主义社会,但革命没有停止,历史的惯性继续向前,明显不是梁漱溟提出这种异议的合适时机。五十年代的中国有一个充满希望的未来,从战火中走来的干部们意气风发,人民对未来充满憧憬,人们理想远大,信仰崇高,富有使命,为建设新生活,乐于奉献,甘于吃苦。毫无疑问,那是一个高扬道德的年代,人们生活在理想之中,视物欲为邪恶,以奉献为崇高。然而这种兴旺的道德与高涨的热情,没有带来经济的繁荣,没有避免政治的

---

① 崔效辉:《从国家与农民间的关系理解中国农村的内卷化》,《二十一世纪》,2002 年第 3 期。
② 崔效辉:《梁漱溟的乡村建设理论和实践》,《银行家》,2006 年第 5 期。

动荡,人们在向着理想前进的过程中无可避免地陷于个人崇拜,缺乏独立思考,处于偏激与亢奋状态,客观上促使社会热衷于政治批判,政治、经济、思想、文化等一切问题的解决直接诉诸群众运动,一切运动都被赋予了政治意义,使"左"倾的列车逐步驶入轨道。理想远离现实就变成空想,主观脱离客观就会误入歧途,"左"倾列车既然已经奔跑,在强大的惯性下,就很难理智平稳地按部就班。社会高度政治化,政治完全运动化,革命作为一种意识形态和社会形态获得了主宰中国社会的合法性。"虽然还没有像以后那样昭告天下:阶级斗争必须年年讲,月月讲,日日讲,时时讲,但是阶级斗争的势头已颇可观。"①与这种斗争的社会环境相适应,梁漱溟提出异议的后果就是轰轰烈烈"批判梁漱溟反动唯心思想"的展开。

二、毛泽东对梁漱溟乡村建设的批判

1953 年 9 月 8 日,全国政协在北京召开第 19 次常委会扩大会议,讨论过渡时期的总路线。9 月 9 日、11 日,梁漱溟在会上相继作了两次发言。他首先谈了自己听报告的感想,然后根据自己的经历,对中央提出了几点意见,其中最重要的就是对农民和农村问题的看法。他主张对于解决农民和农村问题应该有一整套计划,最重要的是通过群众教育把农民的积极性调动起来,而不仅仅是依靠农会的强迫、命令和包办。进而他指出当时在建设重点方面,人力和财力都集中在城市,对农民照顾教育不足,以致"工人九天、农民九地",所以中央应该更加照顾农民。可是令梁漱溟始料未及的是,9 月 16 日毛泽东在出席中央人民政府委员会第 27 次会议上,针对他的发言作出了严厉的批判,并从十五个方面对其思想作了全面的否定。概括而言,毛泽东的批判核心内容主要有三个:

其一,毛泽东认为梁漱溟在历史上就是"反动透顶","是完全帮助蒋介石的"。要求梁漱溟把过去的历史,"怎样反共反人民,怎样用笔杆子杀人,跟韩复榘、张东荪、陈立夫、张群究竟什么关系"交代清楚。

其二,毛泽东全面否定了梁漱溟在政协会议上向中央所提的建议,认为这是"完全彻底的反动思想,是反动化的建议,人民政府是否能采纳这种建议呢? 我认为是不能的"。

---

① 季羡林:《此情犹思——季羡林回忆文集》(二),哈尔滨出版社,2006 年,第 12 页。

其三，毛泽东批判了梁漱溟自认为是"农民代表"的说法，进而否定了他在二十世纪三十年代所进行的乡村建设，认为他只代表了地主而不是农民，"是代表地主阶级的，是帮地主阶级忙的"，"他搞所谓'乡村建设'，有什么'乡村建设'呀？是地主建设，是乡村破坏，是国家灭亡!"最后，毛泽东号召大家都来批判梁漱溟，并声称要借此批判来揭露他代表的这种反动思想。①

由于毛泽东对梁漱溟的公开批判，加之中共中央从1954年10月发起了第三次对资产阶级唯心主义思想的批判，因此从1954年底起，社会各界尤其是知识界开始公开批判梁漱溟，直到1955年达到高潮。参与这场运动的批判者不仅包括三十年代即对梁漱溟乡村建设理论和实践提出批评的千家驹、吴景超、李紫翔等"老对手"，还包括冯友兰、任继愈、金克木等当时也处境艰难且与梁漱溟关系颇佳的老一辈哲学家、思想家。就批评内容而言，与三十年代集中在对梁漱溟反帝反封建力度的质疑相比较，五十年代的批评则更多地集中在对由其唯心主义文化哲学思想基础延伸到其乡村建设理论观点的批评，和对由此所谓的以"反动观点"为基础包括其乡村建设实践在内的"一贯的反动本性"的揭露。他们想当然地预先将梁漱溟定位于意识形态相对立的"反动敌人"，言辞更多了几分情绪性的攻击甚至谩骂，缺乏学理深度，逻辑上颇显凌乱，火药味甚浓。

可以说，这场批评是一种"政治批判"而非"学术纷争"，是彼时彼景必然的政治产物。正如亲身经历过此类学术批判的季羡林所说："每掀起一个批判的运动，总先找一个人，或一部书，或一个电影当做靶子，大家把批判的利箭都射向这个靶子。批判的过程是由小渐大，由近及远，一直到全国学术界都参加进来。批判的技巧是抓住片言只字，加以歪曲，杯弓蛇影，无中生有，越左越好，无限上纲，最后必须同封建思想、资产阶级思想、修正主义思想挂上钩"。②大多数批评者很少有兴趣推动理性的讨论，而"只想把自己的观点和政治意志强加给别人。那类行动主义分子随时准备采取恐吓威胁的手段。异议常常淹没在更大的叫嚣中，淹没在众人的聒噪中，随着被打断的严肃讨论一起销声匿迹"③。

---

① 《毛泽东选集》(五)，人民出版社，1991年，第107~115页。
② 季羡林:《此情犹思——季羡林回忆文集》(二)，哈尔滨出版社，2006年，第13页。
③ [美]狄百瑞:《儒家的困境》，黄水婴译，北京大学出版社，2009年，第126页。

第二节　对梁漱溟乡村建设理论的批判

上文已经分析,梁漱溟的乡村建设理论是以其独特的文化、哲学、教育、历史、社会等理论为基础的,但由于这次批判力度的空前强大和彻底,以及彼时社会特殊的政治环境所造成的批判者热情的强烈迸发,所以与二十世纪三十年代相比,五十年代对于梁漱溟的这次批判运动就更加广泛地涉及其乡村建设理论的各个方面,且言辞空前尖刻。归纳起来,主要包括以下几点:

一、文化基础之批判

作为三十年代批评包括梁漱溟在内的乡村建设派的干将,吴景超在这次运动中同样站在了批评的最前线。吴景超认为,梁漱溟关于文化的一般理论,"就犯了几个严重的错误"。首先,他不是从社会经济形态出发来区别不同的文化,而是从人生态度出发来区分不同的文化,由人对于物的问题、人对于人的问题和人对于自己的问题将世界文化分为西洋文化、中国文化、印度文化三类,并将人类文化定义为由物质到精神再到自我的进化路向,即西洋物质文化到中国持中调和文化最后到印度否定欲望、涅槃自我文化的发展历程。吴景超认为,在每一类型社会生产中,都要遇到对人、对物、对自身的问题,并不能将其截然分开,将其归为一种文化,否则是"荒唐之至"的。[①] 梁漱溟"主观的排出了一个历史'应该'发展的程序",在他看来完全不能令读者信服。

其次,吴景超认为梁漱溟对于文化只看到一些现象,而没有深入现象的实质,所以他对中国文化的概括都是主次不分,"混在一起搅成一团",不能发现现象存在和发展所服从的规律,将之唯心主义的归之于"天才的创作",否定了文化研究的科学性。梁漱溟关于"文化"就是"生活无尽的意欲"这一定义,在吴景超看来也是佛教的唯心主义世界观,并且认为"将抽象的意欲作为历史的推动力,作为社会发展的决定原因,并且以所谓'意欲'的'方向'

---

① 吴景超:《批判梁漱溟的中国文化论》,载《梁漱溟思想批判》(二),生活·读书·新知三联书店,1955年,第89页。

来说明西洋资产阶级社会和中国、印度封建社会的社会性质的不同。这种完全唯心的历史观并不能说明什么问题"。

最后,吴景超认为梁漱溟抹煞了中国文化与其他文化共同之点,过分强调中国文化的特殊性。梁漱溟所说的认为西方资本主义国家在不久的将来要走"中国的路,孔家的路",他也认为是"虚伪的,阿Q式的宣传为根据的",非常空泛抽象、不切实际。由此分析吴景超认为,梁漱溟以此为基础的《乡村建设理论》一书实际上是"反动堡垒的理论基础"①。

与吴景超观点一致,葛力也认为,梁漱溟将文化归之于三大类型:西方文化、中国文化和印度文化,并将所谓中国文化的根本精神定义为"调和""持中",把中国说成是一个"伦理本位,职业分途"的社会,把伦理关系说成是毫无改变地贯穿于中国社会中普遍的道德理想,实际上纯粹是一种"荒谬的形而上学的虚构",完全是一种麻醉劳动人民的说法,借以达到在思想上蒙混事实、欺骗被压迫的劳动人民,解除中国劳动人民的武装,使他们放弃阶级斗争,而为封建地主、官僚买办和帝国主义服务的目的。②

对于梁漱溟乡村建设理论的文化观,晓亮也进行了批判。他指出,梁漱溟认为文化是人类"生活所依靠之一切",凌驾于政治和经济之上决定社会发展,"这是要人们不去研究和认识人们在生产中的相互关系和决定社会面貌的经济基础"。他认为文化只有特殊性没有一般性,每一种文化都是独立发展的,把人类社会的文化分为西洋文化、中国文化、印度文化三种,"捏造"中国文化旨以"调和""持中""屈己让人""理性早启"为特点,对于封建文化和生活大加歌颂,"其目的就是想证明一切革命理论都不适用于中国","麻痹人们思想"进而"要被剥削阶级听任剥削阶级奴役,不要进行阶级斗争"。③

任继愈则指出梁漱溟"关于文化问题的一些论著就是给他的反对革命的行动建立理论根据的"。他重点批判了梁漱溟抹煞文化的阶级内容而承袭西方反动的资产阶级社会学的观点。他认为梁漱溟笼统地提出所谓"西

---

① 吴景超:《批判梁漱溟的中国文化论》,载《梁漱溟思想批判》(二),生活·读书·新知三联书店,1955年,第105页。

② 葛力:《揭露梁漱溟的唯心主义的世界观》,载《梁漱溟思想批判》(一),生活·读书·新知三联书店,1955年,第131页。

③ 晓亮:《梁漱溟和他的反动思想》,载《梁漱溟思想批判》(一),生活·读书·新知三联书店,1955年,第76页。

洋的""中国的""印度的"文化,更把封建宗法伦理制度当作中国文化,本质上是在宣传他的封建主义和帝国主义的文化。在对中国文化缺点的分析上,任继愈认为梁漱溟基本上与胡适相同,只是"梁漱溟不但找'缺点'比胡适找得多,而且也指出了中国文化的优点,并且着重指出了这是全世界文化最后的归宿——'孔子精神'和'儒家思想'"。但他认为,梁漱溟如此解释并不是出于真正爱护中国传统优秀文化,反而"实际上却非常同意帝国主义分子罗素对中国的诬蔑,他一再引用罗素的诽谤'中国实为一文化体而非国家'的谬说,并引为同道"。① 任继愈认为,凡是帝国主义希望保存的腐朽的东西,像封建制度,像落后的物质生活,梁漱溟丝毫不敢碰伤它,对于所有帝国主义循用的唯心主义哲学家像杜里舒、柏格森、杜威以及其他反对流派都发出了各式各样的歌颂,在全世界反理性主义的唯心主义哲学逆流下,搜集了许多反动的学说,用来充实、证明他的孔子和儒家的仁学,配合当时国内的复古主义的逆流来宣扬所谓的"中国文化",并按照帝国主义的意志来歌颂封建制度的"优越性",称它为"伦理本位"。他最后断定梁漱溟提倡孔子和儒家的精神是在"爱国""救国"的幌子下为帝国主义服务,从帝国主义的立场和观点来诬蔑中国文化,因此其乡村建设理论和实践顺理成章的"就是用组织、用行动、用暴力来推行这种反革命的'伦理制度'的。它不只保护了封建主义,也维护了帝国主义的利益"②。

与任继愈的切入点一致,朱伯昆也是先将梁漱溟定位为"封建势力的代言人",然后由其文化观的唯心主义出发,进而批评了其乡村建设理论之文化基础的封建性和买办性。

首先,朱伯昆批判了梁漱溟文化基础的唯心主义性质。他指出,梁漱溟根据唯心主义的世界观歪曲了文化产生的原因,进一步又捏造了人类三种文化体系的谬论,是一种极端反动的反理性的神秘主义的主观唯心论,梁漱溟实际上否认了文化发展的普遍规律,客观上为帝国主义奴役东方殖民地

---

① 任继愈:《揭穿梁漱溟的文化观点的买办性》,载《梁漱溟思想批判》(一),生活·读书·新知三联书店,1955年,第115页。

② 任继愈:《揭穿梁漱溟的文化观点的买办性》,载《梁漱溟思想批判》(一),生活·读书·新知三联书店,1955年,第117~118页。

人民制造理论根据,企图用这种观点来"对抗科学的唯物主义的世界观"①。

其次,对于梁漱溟经常引用的柏格森的反科学的直觉主义、倭铿的"人和自然融为一体"的神秘主义和罗素的"创造冲动"的兽性主义,朱伯崑认为这种说法是其对抗无产阶级革命的基尔特社会主义的工具,实质上是借用西方帝国主义的思想体系来解释中国的封建文化,把这些反动透顶的帝国主义思想体系说成是合乎中国文化的传统精神,替帝国主义在中国建立反革命基地,从而为封建复古主义思想撑腰。"他们或者是直接代表大地主阶级的利益,把中国的封建僵尸,穿上西方资产阶级的洋装;或者是直接代表帝国主义的利益,把西方资产阶级的腐朽货色,套上中国古老的封建衣裳,而他们的实质,都是企图把帝国主义奴化思想和封建复古主义思想结合起来,从而更加有效地反对中国革命,反对马克思列宁主义"②,"事实上,他的文化观点也是和帝国主义奴化思想联系在一起的"③。

朱伯崑进而批评了梁漱溟宣扬的"天才论"。梁漱溟认为文化只是少数天才的伟人创造的,朱伯崑则认为梁漱溟这种说法是"对人类文化的创造者——劳动人民群众进行了可耻的污蔑"④,认为这种观点完全与马克思主义的科学历史观背道而驰,忽视了广大人民群众在历史发展进程中的决定性力量,是"彻头彻尾的剥削阶级观点"。

朱伯崑最后将梁漱溟的文化观定义为"封建复古主义和帝国主义奴化思想相结合的东西文化'发展观'","正是继承了曾国藩,张之洞,叶德辉等的衣钵,不过是在辞句上换一套新的说法而已"⑤。 因此,朱伯崑将梁漱溟在二十世纪三十年代进行的以乡村建设运动为代表的"文化自救运动"定义为企图把近代中国的社会问题和革命问题说成只是"文化问题",为帝国主义和封建主义的反动统治作辩护,抵制中国人民反帝反封建的民族和民主武

---

① 朱伯崑:《批判梁漱溟先生的文化观》,载《梁漱溟思想批判》(一),生活·读书·新知三联书店,1955 年,第 149 页。

② 朱伯崑:《批判梁漱溟先生的文化观》,载《梁漱溟思想批判》(一),生活·读书·新知三联书店,1955 年,第 160 页。

③ 朱伯崑:《批判梁漱溟先生的文化观》,载《梁漱溟思想批判》(一),生活·读书·新知三联书店,1955 年,第 157 页。

④ 朱伯崑:《批判梁漱溟先生的文化观》,载《梁漱溟思想批判》(一),生活·读书·新知三联书店,1955 年,第 150 页。

⑤ 朱伯崑:《批判梁漱溟先生的文化观》,载《梁漱溟思想批判》(一),生活·读书·新知三联书店,1955 年,第 153 页。

装革命的反动运动。他断定梁漱溟实际上是宣扬一种文化命定论和历史宿命论,以此引导中国人民放弃反对帝国主义的武装斗争,"直接为他的反动的政治路线服务的"。他认为梁漱溟一再宣扬要用"中国古人的理性精神,从伦理情谊来调整社会关系",以改造农村中"浅薄的功利思想,反乎伦理的个人主义",是站在大地主阶级立场,把农民渴望自由和争取解放的需求,说成是"功利思想"和"个人主义",在标榜反对"个人主义"的幌子下,反对千百万万工农群众为争取自己切身利益而斗争。因此,梁漱溟的乡村建设运动,"实际上是站在大地主大资产阶级立场,来革农民的命"①。

与前述几位的角度不同,金克木则以梁漱溟所提出的印度文化为切入点,批判了梁漱溟乡村建设理论和实践的文化基础。金克木认为梁漱溟在自己书中处处以主观动机为论据,又依主观需要把假设当作论断,排斥客观真理,并完全用帝国主义者对待殖民地的眼光"极力侮辱东方人民"。比如,他说印度文化只有宗教,宗教又只有佛教,因此只有出世一途,返身向后转,并引用伯尔拿约瑟的一句荒谬论断,"印度实不成为印度(没有一印度民族)",以证明印度"极支离破碎之大观","社会陷于支离破碎之奇观"。金克木认为以上种种谬误,都说明梁漱溟作为一个"完全用帝国主义的立场观点和论证来嘲弄印度文化的人"②,把所有由帝国主义侵略和封建社会制度造成的落后状况都归罪于文化,实际是对中国文化的谩骂。

金克木最后总结到,从梁漱溟论印度文化可以看出他也相信并采取实用主义的观点和方法,而且完全用帝国主义的观点和"材料"侮辱东方人民;从他论印度哲学可以看出他想利用唯识之"名词"把唯识和柏格森、罗素拉在一起,以构成他的基本哲学思想内容。这两点在他的论中国文化和西洋文化方面也是符合的。所以金克木认为,对于"文化"究竟是什么,梁漱溟"从来没有说清楚过",有时说的"方法"并不是方法而是世界观、认识论之类,用的一些"名词",往往是词义混淆或者别有含义的。从他的《乡村建设理论》又可以看出他代表地主阶级利益,是一个为依附帝国主义的地主阶级做代言人的反动唯心论者。所以他的行动在金克木看来是很清楚的:搞"乡

---

① 朱伯昆:《批判梁漱溟的文化观》,载《梁漱溟思想批判》(一),生活·读书·新知三联书店,1955年,第165页。

② 金克木:《批判梁漱溟关于印度文化和哲学的谬论:兼论梁漱溟反动哲学的组成》,载《梁漱溟思想批判》(二),生活·读书·新知三联书店,1955年,第58页。

村建设""村治",都是为了反对中国共产党,维护封建地主统治,为军阀和国民党反动政权忠实服务。①

二、唯心主义哲学思想根源之批判

新儒家学说的另一代表——贺麟则全面批判了梁漱溟乡村建设理论的直觉主义、新儒家学说、佛学等哲学基础。首先,贺麟认为直觉主义是"反对理智、理性和科学"的主观唯心论,是一种反理性主义。它反映了以梁漱溟为代表的反动阶级在不同情况的阶级社会中妄图"囊括宇宙""唯我独尊"的个人主义,反映了剥削阶级的个人主义意识扩大到一定程度后,陶醉在万物与我为一体的自我扩大之感中,最重要的是妄想以其为手段抹煞被剥削阶级的个性和斗争意识,使之深陷在物我不分、人我不分的原始自然状况中,安于现状不作反抗,甘心与反动的统治者处于"和谐"的关系中。换而言之,是一种"人我一体"的矛盾情绪。②

其次,从分析直觉主义出发,贺麟认为,梁漱溟对孔子不可能有历史主义的、科学的理解和评价,他只是"摘录许多零碎事实,援引许多别人和他气味相投的话去印证、去注释他自己的直觉见解",可笑的是,这种非科学的不基于客观规律的反映的直觉,却被梁漱溟屡屡自夸为"有主见""有心得",成为不盲从不流俗、拒绝人民革命等新思想新理论的挡箭牌。③ 梁漱溟把孔子所谓"仁",柏格森所谓"生命的冲动",罗素所谓"创造的冲动"混合起来,加以绝对化,认为这是代表儒家思想,代表"意欲自为调和持中为其根本精神"的人类文化第二条路向,以此反对注重科学和民主的西洋文化,"反对科学,贬低并反对以科学和科学的世界观为指导的生活大方向,而以封建的道德和宗教为向往的目标和最后的归宿"④。

最后,贺麟批判了梁漱溟佛学思想基础。他认为梁漱溟从多个方面拥

---

① 金克木:《批判梁漱溟关于印度文化和哲学的谬论:兼论梁漱溟反动哲学的组成》,载《梁漱溟思想批判》(二),生活·读书·新知三联书店,1955年,第65页。
② 贺麟:《批判梁漱溟的直觉主义》,载《梁漱溟思想批判》(一),生活·读书·新知三联书店,1955年,第95页。
③ 贺麟:《批判梁漱溟的直觉主义》,载《梁漱溟思想批判》(一),生活·读书·新知三联书店,1955年,第98页。
④ 贺麟:《批判梁漱溟的直觉主义》,载《梁漱溟思想批判》(一),生活·读书·新知三联书店,1955年,第102页。

护为反动统治阶级服务作为"人民的鸦片烟"的宗教,包括他赞同宗教决定论,如"人类文化都是以宗教开端;且每依宗教为中心。人群秩序及政治导源于宗教;人的思想知识以至各种学术亦无不导源于宗教"①。梁漱溟赞同僧侣主义和信仰主义的唯心主义世界观,认为宗教属于无限的、绝对的无生灭的本质,是第一性的,而世间生活是有限、相对、有生灭的现象,是第二性的,必须依存于出世间的宗教,如"宗教的真根据是在出世。出世间者世界之所托。世间有限也而托于无限;世间相对也而托于绝对;世间生灭也而托于不生灭"②。他认为人人都有出世和信仰宗教的必然要求或倾向,企图把每个人都向宗教方面拉,并认定宗教所起的麻痹人民的作用比道德更快、更大、更永久、更易。贺麟认为,梁漱溟如此抬高宗教的地位,是为了抬高他所了解的并视为宗教的儒家的礼乐的地位,"以便向西洋近代民主主义文化及苏联的社会主义文化进攻"。他复进一步把宗教上的"出世"与他的"直觉"境界联系起来,贺麟认为不外乎是"夸张封建地主阶级优越意味,自我陶醉的内省经验和悠闲生活为了不起的高出科学哲学的'直觉'或'直觉境界'",充满了脱离生产斗争和社会实践的个人享乐生活,实际上正反映了剥削阶级精神贫乏的无聊生活。③

吴景超则认为,梁漱溟把"主观""心""理性"等形而上的意识提到至高无上决定一切的地位,并进而认为这个"理性"虽人所本有,却需要一个阶级来代表它,而这个阶级则就是古代的"士"和现时的"知识分子"等言论毫无疑问藐视了创造历史的真正动力——农民的力量。如梁漱溟认为中国旧社会秩序的维持,不靠他力而靠自力,不靠强力而靠理性,"但如何得理性常能表现其活力于社会间,而尽其维持之功,此则在有'士人'者,以代表理性","知识分子这一项人,无疑地是在完成中国社会改造文化改造上顶重要的人;他们的力量是大的",这一言论毫无疑问属唯心论,梁漱溟也就成为一个实实在在"不知天高地厚"的唯心主义者。吴景超进而指出,在梁漱溟的著作中处处显示出唯心主义思想,"譬如中国明明是一个有阶级的社会,他却说中国没有阶级;中国人民受了军阀的痛苦好几十年,他却说军阀还没有建

---

① 梁漱溟:《中国文化要义》,上海人民出版社,2003 年,第 103 页。
② 梁漱溟:《中国文化要义》,上海人民出版社,2003 年,第 107 页。
③ 贺麟:《批判梁漱溟的直觉主义》,载《梁漱溟思想批判》(一),生活·读书·新知三联书店,1955 年,第 106 页。

立;中国旧社会中充满了剥削,他却说中国离剥削尚远;革命本是客观的要求,他却说是知识分子主观上的要求。假如不是主观唯心主义的思想方法在作祟,是不会闹出这一类的笑话来的"①。这种思想方法,在吴景超看来,是"从主观的沉想中,已经得出了他的结论,然后再在前人议论中,去找那些同他思想相投的章句。这种引证,自然是片面的,主观的,对于发现真理,毫无用处"②。

徐宗勉则认为梁漱溟所谓的"思想中的根本观念是'生命''自然',看宇宙是活的,一切以自然为宗,而'生命'就是活的相续,'活'就是'向上创造'",宇宙本质上就是"一个大生命","从生物进化史,一直到人类社会的进化史,一脉下来,都是这个大生命无尽无已的创造"等言论,是极端唯心主义的,"是极反动极腐败的柏格森哲学思想的翻版"。③ 对于梁漱溟认为保持和宣扬"中国固有文化"即中国封建主义文化才是解决中国问题的根本途径的历史观,徐宗勉认为这是对罗素在其《中国之问题》一书中歪曲和污蔑中国民族、中国历史和中国文化的各种反动言论的无耻附和,也是反动唯心的。所以他明确指出:"梁漱溟于一九三一至一九三七年在山东邹平等地实施的所谓乡村建设运动的目的就是在巩固帝国主义和封建势力对中国人民的统治"④,是其反动唯心主义思想的具体表现。

葛力也指出,梁漱溟的乡村建设理论的哲学基础是建立在主观的唯心主义世界观之上的。不仅如此,梁漱溟还资借意欲来解释社会文化,把文化和"民族生活的样法"等同起来,指出生活就是没尽的意欲。而在葛力看来,"生活的样法"一词是涂满唯心主义色彩的模糊的观念,"意欲"乃是唯意志主义的形而上学的名词,这两个词一方面充分说明梁漱溟接受了最腐朽的帝国主义的哲学思想,用以涂抹客观的历史事实,另一方面又反映了梁漱溟的阶级立场——以"调和""持中"的意欲来说明中国文化。葛力认为这种说

① 吴景超:《批判梁漱溟的乡村建设理论》,载《梁漱溟思想批判》(一),生活·读书·新知三联书店,1955 年,第 28 页。

② 吴景超:《批判梁漱溟的乡村建设理论》,载《梁漱溟思想批判》(一),生活·读书·新知三联书店,1955 年,第 29 页。

③ 徐宗勉:《梁漱溟对帝国主义采取什么态度》,载《梁漱溟思想批判》(一),生活·读书·新知三联书店,1955 年,第 31 页。

④ 徐宗勉:《梁漱溟对帝国主义采取什么态度》,载《梁漱溟思想批判》(一),生活·读书·新知三联书店,1955 年,第 36 页。

法是极端反动的德国唯心主义哲学家叔本华的翻版,梁漱溟在自己的著述中将其复活,"不过这一次它鲜明地披上了佛家的袈裟"①,根本目的就是企图抹杀中国历史社会中的阶级存在和阶级斗争,以此反对中国共产党和广大人民群众。所以他的乡村建设运动是企图以维持封建制度为基础来"解决"中国问题,他的一套看法代表了封建地主和官僚资本家的利益,代表了帝国主义侵略者的利益。②

孙定国则从与胡适相比较的角度出发,着重批判了梁漱溟唯心主义的世界观、认识观。他指出,在哲学方面,同胡适一样梁漱溟也是杜威的崇拜者和宣扬者,并进一步把杜威和柏格森拉在一起,无论是佛家、孔子以及美国的詹姆士、杜威,甚至是英国的罗素,梁漱溟都以柏格森的"生命力论"这条灰色的线把他们贯穿起来。他认为,正是通过柏格森的生命学说,梁漱溟不仅如同他自己所说的以柏格森的直觉主义修订了唯识学,而且更重要的是以柏格森的"生命力论"渲染了杜威、乔装了孔子,而最后又拜倒在罗素的脚下,"从他的反动的世界观引伸出反动的历史观、社会观"③。由此,反动的历史观和社会观才引发出他在二十世纪三十年代山东乡村建设运动中反动的社会教育理论。

对于梁漱溟推崇的佛家唯识学,孙定国认为"在这里已经完全可以看出他的世界观的主观唯心主义——唯我主义的实质"。对于梁漱溟对"尽宇宙是一生活,只是生活""宇宙实成于生活之上,托乎生活而存"的定义,他认为这是将人的"意欲""生活"放在第一性,宇宙、世界只包括在人的"意欲""生活"之中,显然是纯粹主观唯心主义的世界观。对于由此而来的将唯识学和佛学知识常用的名词"现量""比量""非量"当作自己认识论的基础,并对其进行某种程度上为我所用的修订,孙定国认为"更加有力地证明了他的世界观的主观唯心主义和唯我主义的性质"④。

---

① 葛力:《揭露梁漱溟的唯心主义的世界观》,载《梁漱溟思想批判》(一),生活·读书·新知三联书店,1955年,第124页。

② 葛力:《揭露梁漱溟的唯心主义的世界观》,载《梁漱溟思想批判》(一),生活·读书·新知三联书店,1955年,第131页。

③ 孙定国:《批判梁漱溟的反动的世界观》,载《梁漱溟思想批判》(一),生活·读书·新知三联书店,1955年,第144页。

④ 孙定国:《批判梁漱溟的反动的世界观》,载《梁漱溟思想批判》(一),生活·读书·新知三联书店,1955年,第141页。

汤用彤和任继愈则将范围扩大,把梁漱溟的"反动哲学"放在"全世界反理性主义的唯心主义哲学逆流"的大范围中,将其与詹姆士和杜威的实验主义、克鲁泡特金的"互助论"、柏格森和倭铿的生命主义、杜里舒的神秘莫测的"隐德来希"、罗素的"冲动"等世界范围内"唯心主义的毒素思想"相提并论,指出其与这些思想相配合,企图用所谓"孔子精神"和"中国文化"来加强那腐朽欲断的束缚人民的"四大绳索"。① 他们指出,梁漱溟不仅是一个顽固的复古主义者,而且是维护帝国主义的利益的买办学者。归结到梁漱溟的乡村建设理论和实践,汤用彤和任继愈认为,正是以这种反动哲学为基础,梁漱溟在他的乡农学校里,"向饥寒的劳动人民进行敲骨取髓的剥削,却叫喊着要轻视物质;他们一刻也离不开贪婪和享乐,经常依附于豪门贵族,却叫喊甚么'出世'",从这一点上来说,梁漱溟是在以他的生命主义哲学为蒋介石和帝国主义服务。②

对梁漱溟乡村建设理论和实践的哲学基础,吴廷璆定义为不过是"印度的唯识论,中国陆王一派的理学,西洋的直觉主义和生命力论杂凑起来的东西",他把自己伪装成懂得东西文化、中国国情的有"革命思想"和"革命实践"的人,由此来"廉价出卖他一系列的唯心主义的历史观和社会观",其实正是买办资产阶级和帝国主义所要求的用来反对马克思列宁主义和麻醉中国人民的武器。③ 吴廷璆认为,在梁漱溟的著作中,到处充满着他歪曲和恶毒地攻击历史唯物主义的论点,如他认为唯物史观只是简单的"看见人类同乎生物底那一面——对自然界求生存一面",把生存看成是"吃饭问题",④在吴廷璆看来这都是他对唯物主义科学观点的赤裸裸的攻击。在"世界的三大系文化"的"理论"基础上,梁漱溟认为,世界文化的未来就是中国文化的复兴等诸如此类观点,吴廷璆认为这是一套标准的唯心主义的历史循环论,与二百年前资产阶级社会学的祖师维科提出的人类社会发展三阶段循环的思想如出一辙,现代反动的历史学和社会学者施本格勒、罗素、陶因比及哈

---

① 汤用彤、任继愈:《批判梁漱溟的生命主义哲学》,载《梁漱溟思想批判》(一),生活·读书·新知三联书店,1955年,第4页。

② 汤用彤、任继愈:《批判梁漱溟的生命主义哲学》,载《梁漱溟思想批判》(一),生活·读书·新知三联书店,1955年,第10~11页。

③ 吴廷璆:《批判梁漱溟反动的历史观点》,载《梁漱溟思想批判》(一),生活·读书·新知三联书店,1955年,第35页。

④ 梁漱溟:《中国文化要义》,上海人民出版社,2003年,第259页。

林顿等为了替资本主义制度辩护,都贩卖这类理论,"毫无新鲜感"①。他们一致否认世界历史的统一性,狂喊西方文化的没落,宣传人类历史将倒退到最初阶段或由分裂回到大一统即世界主义、世界国家的时期,这种理论已成为帝国主义的思想武器。吴廷璆认为,作为封建地主阶级代言人的梁漱溟,认为西方文化"太不合理"②,社会主义"问题正多得很"③,所以要抛弃这"病痛百出"的道路,④实际是和施本格勒之流一样,害怕无产阶级的革命。⑤

金克木也是从批判梁漱溟"唯心论的反动世界观和思想方法"入手,进而批评他的乡村建设理论和实践。他指出,梁漱溟借用佛家名词实际上贩卖柏格森的反动哲学,想把印度哲学术语说成西洋反动唯心哲学,而又不愿公开明白表示,"要把罗素和柏格森都拉到世亲、陈那等菩萨的旗帜之下,他打起'现量'的招牌,一方面容下了唯识理论的彻底唯心论体系,'八识'全来,另一方面又可偷运罗素(也就是马赫)的感觉学说。他又在所谓'非量'商标下装上了'直觉'的货色,使柏格森也可以混进来。以印度古典之瓶盛西洋现代之毒酒,集反动派的极端唯心论于一个驳杂的体系之中",然后便自以为集古今最彻底的唯心论哲学之大成,用"非量"讲"直觉",用"相续"讲"绵延性",用"意欲"讲"生命的冲动",自以为有了双料的武器来和马克思主义唯物论作战了。金克木用辛辣的笔触对梁漱溟进行了嘲讽,认为他只不过涂成了一个花脸而已,"无论播弄什么名词,拉拢多少不同派的古今唯心论者,他所酿造出来的混合酒仍旧丝毫不减唯心论的反动臭气,不过毒性可能更加强烈而已"。⑥

胡庆钧也认为,梁漱溟的思想是有所作为而发的,归根结底是为了反对马克思主义、反对共产党。佛教宣传消极和教人安于现状的思想,提出了魂灵转生、因果报应的教义,教人爱戴剥削者,克己自制,在精神上奴役劳动人

---

① 吴廷璆:《批判梁漱溟反动的历史观点》,载《梁漱溟思想批判》(一),生活·读书·新知三联书店,1955年,第47页。

② 梁漱溟:《东西文化及其哲学》,商务印书馆,2005年,第164页。

③ 梁漱溟:《东西文化及其哲学》,商务印书馆,2005年,第184页。

④ 梁漱溟:《东西文化及其哲学》,商务印书馆,2005年,第200页。

⑤ 吴廷璆:《批判梁漱溟反动的历史观点》,载《梁漱溟思想批判》(一),生活·读书·新知三联书店,1955年,第48页。

⑥ 金克木:《批判梁漱溟关于印度文化和哲学的谬论:兼论梁漱溟反动哲学的组成》,载《梁漱溟思想批判》(二),生活·读书·新知三联书店,1955年,第54~55页。

民使其安于痛苦现状的工具,是统治阶级用来为自己利益服务的工具。至于儒家思想,在承认它曾有过积极意义的前提下,胡庆钧认为孔子的中心思想是主张调和妥协反对斗争的,基本上是适应封建统治者的需要,并为封建统治者的利益服务的。① 除此之外,梁漱溟还"乞援于为帝国主义利益服务的资产阶级的各种腐朽反动的哲学与社会科学,特别是乞援于反动的柏格森思想",大胆而猖狂地向马克思主义的基本原理进行直接的攻击,"并且广泛征引反动头子汪精卫、顾孟余、胡适等以及其他一些资产阶级学者的著作,作为自己进攻中在理论上的佐证,以此炫耀自己'渊博'"。②

艾思奇更是从回顾梁漱溟 1917 年到北京大学任教的历史开始,指出其在那时就"自觉的、狂妄的站在封建地主阶级的立场上来向新文化运动挑战",除了是一个彻底的唯心主义者之外,还是相当露骨的"唯我"主义者。③ 他特别指出,在思想上、文化上以至于政治上,蒋介石政府直接御制出来的什么"力行哲学""唯生论"之类的胡说,"在许多方面和梁漱溟的哲学思想更为相像"。

首先,艾思奇从唯物主义的观点解释了宇宙以及宇宙与人类生活的关系,指出宇宙是独立于"我"之外并不以"我"的主观意志为转移的客观存在,④宇宙间一切事物的发展变化,都有它们固有的不以人的主观意志为转移的客观规律,进而认为梁漱溟的定义纯粹是"疯人式的","不能不把他的宇宙观的主观唯心主义的性质十分露骨的暴露出来"。

其次,艾思奇批判了梁漱溟的认识论观点,认为其是比普通的不可知论"更为烦琐"的不可知论,"充满着荒谬性和自相矛盾性"。他认为梁漱溟主要的是"从东方的唯心主义工厂之一——佛教哲学","以推销'东方牌'的产品自任",用佛教的唯识学加上自己的解释,用"现量"代替感觉,用"非量"代替意味,并进而将其命名为"直觉",把感觉和所谓感觉的"意味"作了极端形式主义的割裂,否认感觉是事物客观性质的反映,认为它具有完全主

①　胡庆钧:《梁漱溟是怎样向马克思主义进攻的》,载《梁漱溟思想批判》(二),生活・读书・新知三联书店,1955 年,第 69 页。
②　胡庆钧:《梁漱溟是怎样向马克思主义进攻的》,载《梁漱溟思想批判》(二),生活・读书・新知三联书店,1955 年,第 72 页。
③　艾思奇:《批判梁漱溟的哲学思想》,人民出版社,1956 年,第 100 页。
④　梁漱溟:《东西文化及其哲学》,商务印书馆,2005 年,第 102 页。

观的内省作用。①艾思奇认为，梁漱溟通过他所特有的一套烦琐的诡辩，直接引导出不仅是主观唯心主义的，而且也是虚无主义的结论，提倡抛弃一切理智，使感觉努力变成没有"意味"的感觉，最终要使"眼前面的人和山河大地都没有了！空无所见！这空无所见就是见本体！"②

最后，艾思奇更是用唯物主义观点指出，感觉和感觉的"意味"，紧密相连互为表里，感觉之为感觉就在于它有一定"意味"，只有"意味"才可以反映事务的客观特性。认识是与人的实践密切联系的运动过程，它随着实践的发展，由片面到全面，由现象到本质，不断丰富、完全、深入地反映着客观世界，并不断克服着主观与客观之间的差异和矛盾，使二者尽可能地保持一致，使认识的内容尽可能具体全面而深刻地反映客观存在的现实事物。而梁漱溟所谓"非量""直觉""比量""比量智"，是对于人类认识过程的双重的形而上学的割裂，是不正确的、不郑重的、瞎说的抽象，是片面的、纯粹消极的，甚至可以说是恶意的指摘理性概念的抽象性，把它们一概不加区别地硬说成都是没有任何客观内容的空洞形式，其目的就是要"迷惑农民，控制农民，以达到剥削农民、反对农民并为地主阶级及一切反动势力服务的目的"③。

王若水则重点批判了梁漱溟的"理性主义"观点。他认为"理性"这个词被唯心论者的梁漱溟赋予了错误的意义。他将"理性"定义为一种道德意识，是一切人生下来就都具有的，是先天的，它本来就在人的心中，每个人都可以遵照内心的这个"理性"的命令来行动，"道德为理性之事"④，所以道德观念的来源和道德的标准都不在客观而在人的心中。至于"理性"所包含的具体内容，梁漱溟将其解读为"父慈子孝""安分守己""知足常乐""调和妥协，消极节制""克己、让人、学吃亏""忠孝和睦，各尽其分，而永不造反"之类，是属于感情方面和理智对立的，并且"理性是主人；理智、本能、习惯皆工具"。⑤王若水认为，梁漱溟这种定义并不是真正的理性，"而是反理性的冒名顶替"，梁漱溟实际上是"侮辱了'理性'这个庄严的名词"。⑥排斥了理智

---

① 艾思奇：《批判梁漱溟的哲学思想》，人民出版社，1956年，第108页。
② 梁漱溟：《东西文化及其哲学》，商务印书馆，2005年，第122页。
③ 艾思奇：《批判梁漱溟的哲学思想》，人民出版社，1956年，第161页。
④ 梁漱溟：《中国文化要义》，上海人民出版社，2003年，第115页。
⑤ 梁漱溟：《中国文化要义》，上海人民出版社，2003年，第349页。
⑥ 王若水：《梁漱溟所谓"理性"是什么》，载《梁漱溟思想批判》（一），生活·读书·新知三联书店，1955年，第124页。

或真正的理性,梁漱溟不顾各个阶级不同的阶级地位,而把陈腐的封建道德教条宣布为人类的理性,在剥去伪装以后,梁漱溟所谓的"理性"宣扬的就是赤裸裸的信仰主义,"不过是用一种宗教式的信仰来作自我麻醉","想把封建社会理想化,叫历史开倒车而已"。①

王若水进一步指出,以对"理性"的偏颇解读为基础,梁漱溟认为中国自古是一个"伦理本位,职业分立"的无阶级社会,因此解决现时问题的方法不是阶级斗争,不是革命,而是依靠"理性""向里用力"。于是他就用"温情脉脉的纱幕"来掩盖那冷酷的阶级压迫的事实,竭力歌颂他所谓的中国古人的"理性",拿这种所谓"中国式的理性主义"为理论基础,借重独具"理性"的士人阶级,把现实的经济政治问题,化为"心理"和"感情"的问题,向人民"施温情,兴教化",进行抹煞阶级矛盾的乡村建设运动。他兴办乡农学校,使农民和地主,人民和反动统治者"对立不起来",使被压迫者驯良地忍受剥削而不作任何反抗。在王若水看来,梁漱溟用"理性主义"这套说辞当作镇压人民、反对革命的精神武器,叫嚷着反对共产党,反对暴力革命,这种办法也就"更高明更毒辣"②。

贺麟则认为,在梁漱溟的《乡村建设理论》中反复提及的"理性"一词,乃是一种有情感成分的道德的直觉,或伦理的情谊,是与理智、科学知识根本对立的东西,与我们所谓反映发展规律的概念、理论或理性认识的理性无丝毫共同之处。他提出的"伦理社会,职业本位",他宣扬的"理性"即"直觉"的"物我一体、人我一体"的神秘境界,"亦在从认识论上、从世界观上模糊人的阶级意识,根本取消阶级斗争,以稳定封建政权的统治"。这种"理性"在政治上的反动实质,在其乡村建设理论和实践中表现得特别清楚。梁漱溟认为在乡村内斗争,地主解决土地问题是"机械性的解决",是"分化斗争的路",而主张要注重"调和沟通",尽可能地避免斗争,以人与人的"相与之情",反对阶级上的"相对之势",才是"理性的路",是"为理性的解决"。贺麟指出,就是在这种所谓"理性"的掩盖下,梁漱溟由反对科学和民主进而公开反对共产主义和阶级斗争,以此来"维护封建地主阶级的利益,亦即维护

---

①　王若水:《梁漱溟所谓"理性"是什么》,载《梁漱溟思想批判》(一),生活·读书·新知三联书店,1955年,第127页。

②　王若水:《梁漱溟所谓"理性"是什么》,载《梁漱溟思想批判》(一),生活·读书·新知三联书店,1955年,第132页。

帝国主义和买办资产阶级的利益"①。

晓亮则通过批判梁漱溟对于中国历史发展的描述,进而对其"天才论"提出了批判。梁漱溟认为社会发展没有规律和因果关系可循,历史发展"盘旋而不进",具体到中国历史问题,更是认为中国社会不是按照马克思主义所说的五个阶段发展的,封建社会早在三千多年前的周朝和两千多年前的秦朝就分化和解体了。晓亮认为这是属于唯心主义的,"找不出半点唯物论的成分",指出梁漱溟在对待物质和意识的关系这一根本问题时,把意识看作第一性的,把物质看作第二性的,在研究问题时,不是从客观存在着的事实出发,引出规律,而是凭主观的想象。这种文化观、历史观和世界观,以及由此发展而来的乡村建设理论和实践,表现出他"对于马克思主义唯物主义是极端仇恨的",实际上"就是要人们复古、倒退,模糊阶级界限和观念,安分守己地听地主统治阶级的话,受地主的剥削"。②

三、中国社会特殊论之批判

袁方对梁漱溟关于彼时中国社会状况的分析提出了批评。首先,他批判了梁漱溟对于中国社会"特殊性"的分析。他指出,梁漱溟主观地认为中国社会有着"伦理本位,职业分立"的特殊构造,用"伦理关系"来掩盖生产关系,用"义务""情谊"来欺骗农民,否认社会规律的客观发展,将这种客观规律的变化谓之破坏乡村的力量之一,认为工业化和资本主义只是对中国传统的封建文化和社会伦理有着破坏作用,是代表地主阶级利益并一意为地主阶级辩护,意在维护和巩固宗法封建社会的统治。③

其次,尽管梁漱溟还是强调乡村社会破产衰落的主要原因在于社会外部,而不是由于生产力与生产关系之间的矛盾、阶级之间的矛盾,"所谓中国社会问题原非发自吾民族社会之内,乃从外引发而来"等,但袁方认为梁漱溟所说的"乡村破坏",不是指帝国主义、封建主义的残酷压迫和剥削,不是

---

① 贺麟:《批判梁漱溟的直觉主义》,载《梁漱溟思想批判》(一),生活·读书·新知三联书店,1955年,第111~113页。

② 晓亮:《梁漱溟和他的反动思想》,载《梁漱溟思想批判》(一),生活·读书·新知三联书店,1955年,第79页。

③ 袁方:《批判梁漱溟的"乡村建设运动"》,载《梁漱溟思想批判》(一),生活·读书·新知三联书店,1955年,第59页。

指农民破产,而是指所谓选举权打击了绅士的面子,阶级斗争毁坏了农民和地主的"情谊"等封建伦理关系问题。他还批判了梁漱溟多如牛毛的所谓"反动"言论,如他认为当时政治问题的解决,不是要打倒帝国主义和封建主义,而是首先要稳定军阀割据的统治,并再三强调"军阀不是革命对象""中国幸好不统一",声称"今日中国社会需要整理改造,而不是阶级革命;农民地位需要增进,而不是翻身",①并声称"我们对于中国问题的解释与估量,与共产党不同",共产党"不认识中国革命的特殊性(从外引发而非内部自发)"等,袁方认为这是完全与社会历史发展规律相违背的"狂妄与无知",暴露出梁漱溟"甘愿充当帝国主义忠实奴才的一副丑恶嘴脸"②,足以表明他并不拥护共产党领导的农民运动,反对取消封建土地私有制,是封建地主阶级和帝国主义侵略势力的忠实代表。

袁方最后总结道,梁漱溟"看不见生产关系阶级关系,而只看到'伦理关系'、'职业关系',看不到事物发展的内因",是个"两脚朝天头着地的主观唯心论者"。梁漱溟的《乡村建设理论》一书,在他看来只不过是他在故弄玄虚、故作神秘、模糊真相、混淆视听。比如,他不说中国是半殖民地国家,而说是"半独立国家";不说半封建,而说"封建社会与资本社会之间,谁亦说不清是个甚么社会",实际上还是为自己的唯心主义理论和反党反人民的阶级立场作支撑。③

孙定国也批判了梁漱溟对中国社会"伦理本位,职业分途"的论定,认为是其反对马克思列宁主义、反对中国共产党及其领导的中国革命的"烟幕弹",其目的在于攻击马克思列宁主义的阶级斗争论,"藉以攻打共产党的革命纲领和路线,藉以攻打共产党所领导的中国工人阶级和劳动人民所进行的革命的阶级斗争"④。孙定国认为梁漱溟在他的"中国文化特殊论"的基础上,"粗暴的、抹煞事实的"认为中国是一个"没有阶级"的社会,是一个"不像国家"的国家,一下子就推翻了中国几千年来的真实历史,而且是一下子

---

① 《梁漱溟全集》(二),山东人民出版社,1990 年,第 284 页。

② 袁方:《批判梁漱溟的"乡村建设运动"》,载《梁漱溟思想批判》(一),生活·读书·新知三联书店,1955 年,第 59 页。

③ 袁方:《批判梁漱溟的"乡村建设运动"》,载《梁漱溟思想批判》(一),生活·读书·新知三联书店,1955 年,第 61~62 页。

④ 孙定国:《驳斥梁漱溟的"职业分途"的反动理论》,载《梁漱溟思想批判》(一),生活·读书·新知三联书店,1955 年,第 80 页。

挖掉了中国几千年来的封建社会的中心问题——土地问题,是作为反动阶级的代言人所必然的立场。为了反驳梁漱溟的这种观点,他从历史事实出发,把问题放到了历史的维度,指出从秦汉以至彼时的民国都是"富者兼地数万亩,贫者无立锥之地",只是到十九世纪中叶,由于外国资本主义的侵入,这个社会内部才发生了重大的变化。外国资本主义的侵入,一方面对中国封建经济起了解体作用,给中国资本主义的产生和发展提供了某些客观条件和前提,而同时,帝国主义又和中国封建势力勾结在一起,阻碍中国资本主义之发展,这样中国才沦为半殖民地半封建社会。孙定国认为,正是在此基础之上,地主与农民、剥削者与被剥削者之间进行着残酷的阶级斗争,这是最根本的历史事实。如果梁漱溟"硬要否认历史,硬要蘸着农民的血汗把历史重新改写一番,狠心地用'职业分途'四个大字,企图把二、三千年来阶级斗争的历史化为乌有",强把中国自秦代以后美化成一个没有任何阶级矛盾、阶级斗争的"统一体"这样一个"美妙"的社会,无疑是武断到可笑的。①

胡庆钧将梁漱溟中国社会特殊构造的理论称之为"针对反对中国革命的发展而捏造出一套反动的理论",指出其关于中国没有阶级的谬论,在于他根本不理解什么叫作阶级,在于把阶级与等级混为一谈。②

吴景超则认为,梁漱溟罔顾中国两千多年封建社会的漫长历史,否认中国过去有阶级,认为"秦汉以来之中国,单纯从经济上看去,其农工生产都不会演出对立之阶级来"③,否认中国有国家,纯粹是作为封建地主阶级代表的自说自话。吴景超指出,中国封建社会中土地自由买卖诚然是常见的事实,但是人人得而有之又是另一回事,从"土地自由买卖"这一前提,无论如何也得不出"人人得而有之"的结论来。另外,在有地者之中,大多数人的占地是很少的,而少数的地主占地却很多,这说明一方面即使很多人有土地,而另一方面仍然还存在土地垄断的情形,这两种现象是同时并存的。④ 至于封建

---

① 孙定国:《驳斥梁漱溟的"职业分途"的反动理论》,载《梁漱溟思想批判》(一),生活·读书·新知三联书店,1955年,第83页。

② 胡庆钧:《梁漱溟是怎样向马克思主义进攻的》,载《梁漱溟思想批判》(二),生活·读书·新知三联书店,1955年,第76页。

③ 梁漱溟:《中国文化要义》,上海人民出版社,2003年,第167页。

④ 吴景超:《批判梁漱溟的中国文化论》,载《梁漱溟思想批判》(一),生活·读书·新知三联书店,1955年,第92页。

社会的中国是不是一个国家,吴景超认为是显而易见的。中国封建社会里的皇帝,利用贵族官吏,通过自上而下的官僚机构,来维护自身统治阶级的利益,在这一点上中国的国家构造与其他国家并无任何不同之处。至于梁漱溟否认中国古代社会法律的作用而更多地强调礼俗,吴景超通过列举历史事实指出,法律是统治阶级镇压被统治阶级最有利的武器,没有一个国家不是借助于法律来进行统治的,中国决非例外,梁漱溟认为中国没有法律而依靠礼俗的观点"完全是瞎说"。除此之外,梁漱溟将做官的士人阶级超脱阶级之外,如"士人一面常提醒规谏君王,要他约束自己,薄赋敛,少兴作,而偃武修文;一面常教训老百姓要忠孝和睦,各尽其分,而永不造反。如是就适合了双方的需要而缓和了他们的冲突"①,吴景超认为在阶级社会中,不可能有超阶级的官吏,官吏或者是地主阶级出身,或者是通过官的道路而加入地主阶级,他们与老百姓的利益是没有共同点的,所以梁漱溟说官吏的利益与人民一致,并进而将知识分子的地位无限抬高,在其看来"真是无稽之谈"②。吴景超认为,梁漱溟极力颂扬中国的家庭生活,强调伦理关系,说中国的社会就是以这种伦理关系推广出去而组织成功的,并在其后的乡村建设实践中大加宣扬和强化,把一个人若远若近数不尽的关系都数过了,却回避生产关系,实质上是欺骗劳动人民,利用伦理的外衣掩盖剥削的本质,为地主阶级利益服务。③ 他在最后总结道,代表封建地主阶级思想的梁漱溟,"可笑"地与代表代表劳动人民利益的马克思列宁主义抗衡,"是我们必须清洗的毒素"④。

对于梁漱溟"中国革命外部引发论"的观点,沙英认为这种说法也违背了事物发展的决定因素是内因的马克思唯物主义观点。他指出,革命是不能输入和输出的,中国内部如果没有阶级和阶级斗争,没有帝国主义和反动阶级的压迫和剥削,没有广大人民的觉醒和反抗,外国的影响总是不会发生革命的。梁漱溟的"中国革命外部引发论","正和帝国主义和反动派所常宣

---

① 《梁漱溟全集》(二),山东人民出版社,1990 年,第45 页。

② 吴景超:《批判梁漱溟的中国文化论》,载《梁漱溟思想批判》(一),生活·读书·新知三联书店,1955 年,第99 页。

③ 吴景超:《批判梁漱溟的中国文化论》,载《梁漱溟思想批判》(一),生活·读书·新知三联书店,1955 年,第100 ~ 104 页。

④ 吴景超:《批判梁漱溟的中国文化论》,载《梁漱溟思想批判》(一),生活·读书·新知三联书店,1955 年,第105 页。

传的东西差不多"。① 至于梁漱溟关于中国社会"伦理社会,职业分立"和中国没有阶级对立的论断,沙英通过引用马克思和列宁对阶级的经典科学定义,从回顾中国一千多年的历史事实入手,指出彼时外国资本主义的侵入固然破坏了中国自给自足的自然经济的基础,但是封建的土地关系和剥削关系基本上还是保存着,农村中主要的阶级还是地主阶级和农民阶级;伴随着中国民族资本的发展,还出现了中国的无产阶级和资产阶级;此外还有除农民以外的各种类型的小资产阶级,包括广大的知识分子、小商人、手工业者、自由职业者和游民等,指出生产力的发展、社会分工的出现、交换与商品生产的产生、私有制的出现,以及由这一切所引起的占有他人劳动的可能性,才是阶级发生的客观基础。阶级社会和阶级斗争的出现,不论在外国和中国都已经有数千年的历史。梁漱溟通过将中国社会定义为"伦理社会,职业分立",提出不存在阶级对立,是共产党制造了阶级斗争等,在沙英看来这是"污蔑"共产党"最恶毒"的说法,是梁漱溟"在捏造谎言来诬蔑共产党和欺骗人民"。至于梁漱溟对中国土地问题的分析,认为其"土地集中垄断之情形不著"、佃农"平分了地主的所有权"等,他认为只不过是"自欺欺人的谬论",是"非常幼稚和滑稽可笑的"。②

何汝壁则认为,梁漱溟关于中国社会"伦理社会,职业分立"和土地自由买卖因而垄断情形不著的论断,是一种反马克思列宁主义、反科学的考察方法,是以蒋介石国民党中央党部所发的"党员训练大纲"的指示——"中国社会上,大体只有工农商学兵妇女各界地位职业和性别的区分,而没有阶级对立的显著事实"为根据的。③ 梁漱溟的中国社会结构特殊论,何汝壁认为只不过是其根据封建地主阶级利益的要求而捏造出的一种特殊的社会结构,梁漱溟借助这种他认为是最合乎"科学的"对社会结构的划分方法,真正目的是掩盖阶级对立的事实,蒙蔽在中国社会里以人们对生产资料不同关系而分裂为不可调和的和敌对阶级的事实,"为封建地主阶级辩护,要广大的

---

① 沙英:《批判梁漱溟关于阶级斗争问题的反动观点》,载《梁漱溟思想批判》(二),生活·读书·新知三联书店,1955年,第173页。

② 沙英:《批判梁漱溟关于阶级斗争问题的反动观点》,载《梁漱溟思想批判》(二),生活·读书·新知三联书店,1955年,第179~180页。

③ 何汝壁:《批判梁漱溟反对阶级和阶级斗争的反动观点》,载《梁漱溟思想批判》(二),生活·读书·新知三联书店,1955年,第193页。

劳动农民群众,顺服地忍受惨无人性的剥削,继续维持封建地主和帝国主义在中国的反动统治"。对于梁漱溟否认中国历史上阶级斗争的发生,将其定义为"只有周期的一治一乱而无革命",何汝壁认为其篡改历史、歪曲事实的真实目的在"否认广大劳动人民是历史的创造者,是社会发展的真正的推动力量,否认阶级斗争是阶级社会发展的规律,使人民把历史看作是一笔糊涂账"。①

高放则总结认为,梁漱溟关于中国革命是"从外引发"结论的主要错误包括:第一,否认社会发展的一般规律,把中国社会特殊化,认为中国社会没有阶级划分与阶级矛盾,因此不会有阶级斗争,认为中国既无革命对象也无革命动力,因此不会爆发革命;第二,否认中国革命有其内在原因,把革命说成单纯由外因造成,即把中国革命说成是少数留学生从外国感受革命思潮的影响而硬搬回国的把戏,是共产党模仿俄国布尔什维克的产物。高放认为这一观点完全建立在唯心主义的"特殊论"和"外因论"的基础上,是坚决站在地主阶级立场来观察中国革命问题的谬论。梁漱溟制造这一谬论的目的就是为反对共产党领导的人民革命,并为他的乡村建设运动寻找理论根据。② 同时,高放也从陈述历史事实入手,指出在中国封建社会历史上充满着地主阶级与农民阶级的对立,充满着王孙贵胄、名公巨卿、贪绅豪强、富商大贾对于农民和手工业者残酷的政治压迫和经济剥削,统治阶级对于被统治阶级是决不讲什么"情谊"和"义务"的。梁漱溟硬说中国历史上"只有周期的一治一乱而无革命","乱"的原因是"人心放肆","乱"了一阵之后"人心厌乱",于是又归"治",完全是运用形而上学的方法。梁漱溟所讲的伦理道德观念无非是产生于封建经济基础上的上层建筑,所谓中国"伦理本位"和西洋"个人本位"的区别就是封建制度和资本主义制度在外形上的区别,无非是有意识地继续用这种封建伦理关系的纱幕来掩盖中国社会中尖锐的阶级对立,以达到其催眠革命群众的目的,充分暴露了他是颠倒本末的露骨

---

① 何汝壁:《批判梁漱溟反对阶级和阶级斗争的反动观点》,载《梁漱溟思想批判》(二),生活·读书·新知三联书店,1955 年,第 194 页。

② 高放:《批判梁漱溟关于中国革命是"从外引发"的谬论》,载《梁漱溟思想批判》(二),生活·读书·新知三联书店,1955 年,第 218 页。

的唯心主义者。①

　　关于梁漱溟对中国近代社会的看法,高放也提出了不同看法。梁漱溟一方面承认由于西洋思潮的输入而使"伦理本位,职业分立"的社会遭到破坏,使"中国渐要往垄断里去",另一方面他却还是坚决否认中国有阶级,硬说中国没有剥削阶级与被剥削阶级之分,没有革命对象与革命动力之分,没有地主阶级与资产阶级,连帝国主义和军阀都不是革命的对象,工农因而也能成为革命动力,没有土地集中与垄断,地主与农民原是"一个整体",都是"朴实的乡村居民"。高放认为这种观点不仅与客观事实完全不符,就是单从逻辑推理上说也不能成立,"是梁漱溟凭借于不确切的统计材料而加以歪曲的结论",是企图以他关于中国社会构造的"特殊论",来否认社会发展的一般规律,否认阶级斗争是社会发展的动力。高放从辩证唯物的世界观出发,指出任何社会发展都有自身特殊性,但这些特殊性只是指合乎一般规律之下的某特点,而不可能完全超出一般规律之外。中国封建社会和欧洲的封建社会相比虽然有一些特点,但并没有超出封建社会的一般基本特征。梁漱溟中国特殊论的观点"不过是地主阶级用来逃避革命风暴的一块破碎的'挡风布'罢了"②。

　　高放最后总结道,梁漱溟这种革命由外部引发的谬论是给他的乡村建设运动寻找理论根据。这种企图借"从外引发"的谬论,用封建道德伦理观念愚弄农民,建立地主自卫武装,发展地主经济的乡村建设运动可谓一箭双雕:既能使中国人民离开民族民主革命和社会主义革命的道路,企图使群众不跟着共产党走而脱离革命,又诱骗知识分子和农民从思想上、政治上和经济上保卫地主阶级,也就是保卫整个旧中国反动势力的统治秩序,最终配合蒋介石反共反人民,"蒋介石在朝对共产党以武围剿,梁漱溟则在野以文攻心",共同为维护帝国主义和封建主义势力而努力。③

---

　　① 高放:《批判梁漱溟关于中国革命是"从外引发"的谬论》,载《梁漱溟思想批判》(二),生活·读书·新知三联书店,1955年,第221页。
　　② 高放:《批判梁漱溟关于中国革命是"从外引发"的谬论》,载《梁漱溟思想批判》(二),生活·读书·新知三联书店,1955年,第227页。
　　③ 高放:《批判梁漱溟关于中国革命是"从外引发"的谬论》,载《梁漱溟思想批判》(二),生活·读书·新知三联书店,1955年,第235页。

第三节　对梁漱溟乡村建设实践的批判

除了对梁漱溟乡村建设理论的全盘否定之外,对于他二十世纪三十年代在山东邹平进行的乡村建设实践,批判者也是不遗余力。与三十年代内忧外患日益深重、民族民主革命风起云涌的社会大环境相比,五十年代的中国已经尘埃落定、百废待兴,在特定政治意识形态引导和建设下,不分阶层、不分年龄、不分职业,普罗大众对前国民党反动政权咬牙切齿恨之入骨,马列主义、社会主义思想根深蒂固,人民建设热情空前高涨。对于梁漱溟三十年代依靠国民党反动政府支持而进行的乡村建设实践,批判力度可想而知。

一、"反动性"之批判

李紫翔认为,梁漱溟在推行乡村建设理论之初就知道蒋介石及其统治阶级已经丧失人心,失道寡助,所以他"聪明"地在青年面前表示和蒋介石、韩复榘等人的相当距离,以便取得人民群众特别是青年学生的信任,为一切反革命统治尽到最有效的服务。由此他采取拉拢策略,"我们与政府是彼此相需的,而非不相容的。至于我们落到依附政权,则亦有不得不然者",导致最后无论是"邹平工作"或"菏泽工作",结果都成了执行国民党反动派政府政令的下级行政机关,以致"以欺骗手段收取枪支带走壮丁之事,屡屡发生"。至于对帝国主义的态度,李紫翔认为与其对封建地主阶级反动统治的态度如出一辙,是在有意识地把乡村建设运动为帝国主义永远殖民地化中国而服务。他认为,梁漱溟和帝国主义不要半殖民地化的中国"发展物质建设和提倡民族主义"的理论立场一致,他的《乡村建设理论》一书即为日本帝国主义的殖民主义作了最好的正面宣传,以致"他的同人和干部杨效春等成为汉奸,亦正不是偶然的"[①]。所以综上所述,李紫翔认为梁漱溟乡村建设运动的目的昭然若揭,即"为死亡的阶级服务,为一切反动统治服务",中国革命的三大敌人——帝国主义、封建主义、官僚资本主义,恰恰是梁漱溟服务的对象,中国革命和中国共产党则成为其敌人。

接下来李紫翔以 1936 年自己的亲身经历,论证了自己的观点。即梁漱

---

① 李紫翔:《梁漱溟的四十年》,新知识出版社,1956 年,第 32 页。

溟先以"知识分子无法合作"为由拒绝了在全国乡村工作者中间倡导成立联合抗日阵线，其次以"老百姓害怕"为由拒绝在乡村实践工作中提出明确的抗日口号，李紫翔认为这充分表明梁漱溟实际上是从根本上不认同共产党的反帝反封建斗争路线，反而污蔑其为"乡村破坏者"，进而从根本上否定了共产党的正确道路，拒绝社会进步规律。即使是在内战结束、新中国成立以后，李紫翔认为梁漱溟也并没有彻底地转变立场，真心转向共产党和新生政权，而是继续为帝国主义和封建主义的利益服务，"他的'旧根本理论'不但没有'牵动'，并且他还正根据'旧根本理论'反对国家的社会主义工业化，反对总路线"①。

为了揭露梁漱溟乡村建设理论和实践与国民党反动政府、帝国主义势力之间的关系，吴景超将梁漱溟的乡村建设理论和实践定位于其配合美蒋反动政府发动对红军根据地进行围剿的"思想武器"，"其目的是在反对中国共产党"。吴景超认为，梁漱溟对共产党，"不只不跟着共产党走而已，他是站在共产党的对面，以他那套理论为武器，攻击共产党最厉害的人"，"以消灭共产党为他自己的任务的"②。在吴景超看来，以梁漱溟这种"代表地主阶级利益的人，到乡村去工作，当然不是要暴露和揭开半封建半殖民地社会中的矛盾，而是要掩饰这个社会中的各种矛盾，不是要去帮助农民进行阶级斗争，而是要熄灭阶级斗争"③。

徐宗勉则认为，梁漱溟不仅"庆幸"帝国主义的侵略使中国免于走上工业化道路，进而为他兜售乡村建设理论留下一席之地，更"否认帝国主义的侵略，公开为帝国主义侵略中国辩护，对坚决反帝的革命人民进行恐吓，并污蔑和反对中国人民革命特别是中国共产党"④。而这些"买办洋奴"式的反动言论和无耻嘴脸，徐宗勉认为最集中地体现在他的《乡村建设理论》一书中。梁漱溟宣称自己"反对以帝国主义为革命对象的说法"，"我从来不同意那一种归咎帝国主义的流行说法"，"旧中国同帝国主义的关系是'国际间的

---

① 李紫翔：《梁漱溟的四十年》，新知识出版社，1956 年，第 33 页。
② 吴景超：《批判梁漱溟的乡村建设理论》，载《梁漱溟思想批判》（一），生活·读书·新知三联书店，1955 年，第 15 页。
③ 吴景超：《批判梁漱溟的乡村建设理论》，载《梁漱溟思想批判》（一），生活·读书·新知三联书店，1955 年，第 17 页。
④ 徐宗勉：《梁漱溟对帝国主义采取什么态度》，载《梁漱溟思想批判》（一），生活·读书·新知三联书店，1955 年，第 33 页。

关系'，因此只有外交可讲，却无革命可言"。当 1940 年日本帝国主义侵略者的铁蹄深入国境，全国人民已奋起抗战的时候，他竟公然宣称"打倒帝国主义，只可作一口号来倡说"。他又说，反帝"只是说说而已，实行上要走曲线。走直线刚强到底必然被消灭"。梁漱溟否认农村破产与帝国主义侵略之间的关联，而将之归结为"我们感受外面刺激而起反应，自动的破坏乡村，殆十倍之不止"，更明确说"共产党更文不对题，其破坏工作乃全用之于乡村"。徐宗勉认为梁漱溟的此番论调就是他所代表的地主阶级眼里对客观现实的一种反映。正是由此出发，他认为梁漱溟的乡村建设运动"很明确地以反对共产党为目标"，是"替代共产党""消除共产党的农民运动"的一种手段，赤裸裸地表现出其同对日寇采取妥协、投降政策、高唱"曲线救国"的蒋介石卖国集团的一致性。①

千家驹也指出梁漱溟"四十年来坚定地站在地主阶级的立场，反对中国革命，反对中国共产党，反对中国人民"，"不仅是一个宣传反动理论的人，同时是一个以实际行动来反共反人民的人"，乡村建设运动的目的就是要把中国历史的车轮拖回到封建地主阶级的统治中去，"使中国人民永远成为帝国主义、封建地主阶级、买办资产阶级压迫剥削的对象"。② 千家驹进而指出美蒋反动政府是梁漱溟乡村建设运动的"靠山"，梁漱溟利用国民党反动政府的"钱"和"权"来搞他的乡村建设运动，国民党反动派利用他的反动理论来进行其对中国人民的欺骗与麻醉，彼此相需、相得益彰。因此，其乡村建设运动的目的，是觉得蒋介石那种硬剿的办法不见得收效，于是在 1932 至 1936 年写成《乡村建设理论》，公开提出自己的乡村建设运动本质上在于消除和替代共产党的革命运动，"有此运动而后其他的农民运动才用不着，共产党才可以没有"。因此，千家驹认为在本质上梁漱溟和蒋介石是一致的，即使有些许的不同意见也只不过是"小骂大帮忙"，"蒋介石匪帮用枪用刀来杀人，蒋介石在朝，梁漱溟在野"，③目的就是要永远维持中国半封建半殖民

---

① 徐宗勉：《梁漱溟对帝国主义采取什么态度》，载《梁漱溟思想批判》（一），生活·读书·新知三联书店，1955 年，第 34 页。

② 千家驹：《批判梁漱溟坚持中国落后反对工业化的谬论》，载《梁漱溟思想批判》（一），生活·读书·新知三联书店，1955 年，第 41 页。

③ 千家驹：《批判梁漱溟坚持中国落后反对工业化的谬论》，载《梁漱溟思想批判》（一），生活·读书·新知三联书店，1955 年，第 43 页。

地社会,维持封建地主买办官僚资产阶级的统治。

千家驹进而指出,梁漱溟是反对反帝国主义反封建斗争的,他十分"感谢"帝国主义对中国的侵略,"他害怕的就是帝国主义不来压迫我们,使中国的民族'工商业兴起',他所怕的就是不平等条约的取消,帝国主义统治被推翻,这样中国的无产阶级起来便要走俄国人的道路了。他不但害怕中国走俄国人的路,甚至也害怕中国走资本主义的路,因为走资本主义的路的结果,就难免发生'共产革命'。这样,梁漱溟的'乡村建设'就讲不成,也就是说,封建地主阶级的统治要完蛋了!"①

在另一篇文章中,千家驹更是明确批判道,梁漱溟表面上以"革命者""社会改造运动者"自居,自称代表"农民"的利益,实际上却同帝国主义国民党反动派相勾结而形式上若即若离,反对革命、反对人民而破坏乡村,"充其量也不过是一个'书生'",是与帝国主义、地主恶霸、买办官僚们一样"专以吸吮中国农民膏血为生的刽子手"。他们口口声声"建设""复兴"农村的实际目的,一方面是欺骗和利用全国人民反帝反封建的爱国热情,并遏制共产党革命,另一方面是挽救农村破产给反动统治阶级的损失及满足帝国主义的需要。"梁漱溟的乡村'建设'运动正是这一反动潮流下的宠儿,其得到帝国主义与国民党反动派的赏识和支持,正不是偶然的。"他完全充当了帝国主义"在中国农村中的代理人"的角色,供给帝国主义者以廉价的原料,推销它们的剩余产品,使中国甘于做一个"农业中国"。对于国内的蒋介石反动政府,梁漱溟及其乡村建设运动则"彼此相需而非不相容",所以"把他的乡村建设工作寄托在山东的地方军阀韩复榘身上,并且与韩复榘政权勾结起来狼狈为奸,做些残害农民的伤天害理的事"。但"梁漱溟的主子决不是一个韩复榘,而是代表中国封建地主阶级大大小小的一切反动派"。正是在此目的和前提下,梁漱溟顺理成章地反对共产党。②

何思源则将梁漱溟山东乡村建设实践时期称之为其最"炙手可热"的时期,认为"许多地方的军阀和土皇帝很看重他",他所办的研究院和实验区

---

① 千家驹:《批判梁漱溟坚持中国落后反对工业化的谬论》,载《梁漱溟思想批判》(一),生活·读书·新知三联书店,1955 年,第 46 页。

② 千家驹:《梁漱溟的乡村建设运动究竟为谁服务》,载《梁漱溟思想批判》(一),生活·读书·新知三联书店,1955 年,第 51~53 页。

"是他为所欲为地实现他那套反动的'乡村建设理论'的时期"①的产物。他指出,梁漱溟在山东办"乡村建设研究院"和"实验区"的时候,他的政治势力是赫赫惊人的,推举保荐的县长很多,又是韩复榘的顾问上宾,而韩复榘在山东的最大"成绩"是"剿匪"和"反共",是维护封建地主阶级的政治压迫和经济剥削,因此他把梁漱溟的乡村建设运动当作维持地方秩序、取消阶级斗争的最好办法,于是梁漱溟"想尽一切办法"帮助韩复榘维持当地秩序。乡村建设中的种种措施、种种组织都是为达到此目的而设置,"这种长虫脱皮的办法,军阀和地主勾结成一家的办法,是很毒辣的"。乡村建设运动的展开,是以梁漱溟与蒋介石反动思想本质和反动政府政策的一致为基础的,梁漱溟所保举的伪专员、伪县长等是那时用蒋介石政府的名义任命的,所以何思源认为梁漱溟"早已站在反动统治阶级的舞台上了"。②

何思源进一步指出,梁漱溟的官僚地主家庭出身和思想上的唯心主义观点正好与反动统治阶级平息阶级斗争、麻痹和消灭其革命精神的需要不谋而合。他为了维护中国封建社会的秩序,维持中国旧有的阶级剥削关系,就特别着眼于封建统治的基础——农村。他指责其赞同"工业日本,农业中国"的日本经济侵略策略,甚至于韩复榘的卖国行为也与其有着或多或少、或明或暗的联系。③

二、具体措施和实践效果之批判

李紫翔在其所著《梁漱溟的四十年》中,从六个方面对梁漱溟进行了批判,分别是:梁漱溟属于哪个阶级、梁漱溟与国民党、"乡村建设运动"的任务、梁漱溟为谁服务、梁漱溟反对谁、历史给梁漱溟作了结论。他认为从其一贯坚定的反动政治立场来看,梁漱溟的乡村建设运动绝不是如其宣称的那样是为复兴农村、缓解农民苦痛而开展的,而是主要担负了三方面政治任务:第一,宣称中国问题完全是由外部引发,在根本上是一个文化问题,不是

① 何思源:《揭穿梁漱溟的反动本质》,载《梁漱溟思想批判》(二),生活·读书·新知三联书店,1955 年,第 198 页。
② 何思源:《揭穿梁漱溟的反动本质》,载《梁漱溟思想批判》(二),生活·读书·新知三联书店,1955 年,第 202 页。
③ 何思源:《揭穿梁漱溟的反动本质》,载《梁漱溟思想批判》(二),生活·读书·新知三联书店,1955 年,第 206 页。

对帝国主义革命，也不是对封建残余势力即军阀革命所能解决的，"编造了一套'共产主义不适国情'的中国特殊论"，宣扬只有复兴"伦理本位、职业分途"的社会文化，重建社会秩序，才能解决中国问题，挽救中国农村和中国社会。第二，"欺骗青年特别是左倾青年"。梁漱溟极力宣扬自己的"第三条道路"和乡村建设理论，通过村治月刊"专意在对着青年——尤其是左倾青年说话"，以求给青少年"指点出一餍足人心的新方向，开辟一条给社会知识分子情甘努力的大道"，极力避免青少年"穷极思异，而激进于共产党"，否则"举国青年都要走上死路，其将成为何等的惨事啊！"第三，欺压农民。梁漱溟通过乡学村学欺骗农民，虚假宣传，把自卫视为首要工作，附和国民党反动政府的"剿共"政策，消解农村革命力量，蒙蔽广大农民群众。① 由此三项任务出发，他认为梁漱溟以"中国社会缺乏阶级"、农村社会是"一整个的"等谬论为基础，从事的乡村建设运动意在保护地主阶级不让其成为势不可挡的农民革命的斗争对象，其渴望建立的"新治道"更无非是谋取地主阶级统治的死灰复燃和长治久安。②

冯友兰也认为梁漱溟所领导的邹平乡村建设运动的主要目的就是同中国共产党争夺在农民中的领导权，企图以拥护地主阶级的反动的"农民运动"替代中国共产党所领导的反抗地主阶级的革命的农民运动。冯友兰指出，对于帝国主义的侵略，梁漱溟不仅毫无抵抗之意甚至对其暗暗感恩。"帝国主义以不平等条约和种种经济手段，对于中国的竞争压迫，杜绝了中国工商业的兴起，使中国免于资本主义化，这真是非常庆幸之事，我愿谢天谢地。""盖事实上，国际资本帝国主义原重在经济的侵略；我们受他侵略既深且久，固一面吃亏愈大，而一面亦愈依赖于他。好似吸鸦片烟一般，烟瘾愈深且久，身体愈伤，而愈离不了他。所以他若将其经济侵略手段一旦骤然撤回，我们便大起恐慌，支撑不住；反而要哀恳于他'请你还是侵略我罢！'""要不然，像俄国那样，形成一个半通不通的工业国家，最适宜于发生共产革命；那么，我们今天就不能讲乡村建设，而得讲共产主义了！"冯友兰认为这些言论足以表明梁漱溟庆幸几十年来中国没走上工业资本主义化的新路子，给了乡村建设运动维持封建主义统治和帝国主义侵略的机会，否则就再

---

① 李紫翔：《梁漱溟的四十年》，新知识出版社，1956 年，第 24 页。
② 李紫翔：《梁漱溟的四十年》，新知识出版社，1956 年，第 27 页。

也达不到其所梦想的"新治道"和"新秩序"了。所以梁漱溟在邹平乡村建设实践中开展的发展农业、组织合作社等运动，在冯友兰看来最终也是为了维护帝国主义和封建地主阶级利益，是"帝国主义和封建主义相互依附交相为用的必然结果"。[①]

吴景超则对梁漱溟乡村建设运动的组织系统予以了全面的介绍和批评。关于乡农学校，吴景超认为真正掌握学校内部实权的领袖人物"当然都是一些大小地主。所以在梁漱溟的组织中的中心人物，就是独占一方的恶霸，旁边还有一些大小地主来辅助他"。而其延揽进乡农学校的知识分子，则"先要在他所办的乡村建设研究院中训练一番"，"他就这样妄图把一些革命的青年，训练成为可资地主阶级利用的工具"。[②] 至于乡村建设运动的工作内容，如农业改良、合作化运动等，吴景超认为这也都是以梁漱溟为代表的地主阶级的知识分子"揣测帝国主义的意旨，观察帝国主义的颜色"的结果。他认为梁漱溟彼时主张的农村合作运动只是从"极端仇恨共产党"的心理出发，在乡村中只讲交情不伤和气地提倡合作，根本上只是对地主阶级有利，对农民阶级不利。至于金融流通，吴景超指出在彼时的中国社会，即使都市银行和工商业资金能够回流到乡村，也不是流到农民手中，而是必然回流到地主阶级或富农手里。"地主阶级和富农利用这些资金来在乡村中放高利贷，剥削农民，并以剥削所得，拿出一部分来送给买办资产阶级。这就是在反动统治时期所谓流通金融的实质"，"其本质就是要建成地主阶级和买办资产阶级的联盟，来加紧剥削农民"。[③] 至于引进农业科学技术，在吴景超看来也只不过是"地主阶级提高收入的一种工具"。关于梁漱溟基于自身认识，坚持只有通过"老树开新芽"最后建立一种"新治道"才是中国复兴的唯一道路，因而对由于帝国主义的侵略而造成中国早期资本主义萌芽发展的停滞而庆幸的言论，吴景超却认为这正是梁漱溟"地主阶级立场"的表现，帝国主义就成了梁漱溟所代表的地主阶级能够苟延残喘、逆历史潮流而动

---

① 冯友兰：《批判梁漱溟的文化观和"村治"理论》，载《梁漱溟思想批判》（一），生活·读书·新知三联书店，1955年，第10页。

② 吴景超：《批判梁漱溟的乡村建设理论》，载《梁漱溟思想批判》（一），生活·读书·新知三联书店，1955年，第19页。

③ 吴景超：《批判梁漱溟的乡村建设理论》，载《梁漱溟思想批判》（一），生活·读书·新知三联书店，1955年，第21页。

的"救命恩人"。对于梁漱溟主张经由农业发展自给自足的轻工业和手工业的工业化思路，与二十世纪三十年代的观点相一致，吴景超批评"梁漱溟所代表的地主阶级虽然不要工业化，但却希望他的中央要从事工业化"。①

徐宗勉则认为，作为梁漱溟乡村建设运动中心的乡农学校，只不过是地主阶级统治农民的工具，而作为乡农学校中心人物的校董、校长等领袖人物，只是"骑在农民头上吸吮农民血汁的地主阶级分子"。至于乡农学校所从事的主要内容，反映在"学众须知""学董须知""学长须知"等条文，如规定学长是"站在最高的地位，对一乡的人，他是站在一个监督教训的地位"，他"超居众人之上"，"来监督众人，调和众人"，而农民必须"尊敬学长""接受学长的训饬"，农民还需要学习国民党的"党义"和"精神讲话"等，徐宗勉指出这只不过是对农民进行封建教育以加强地主阶级特权，梁漱溟"就是这样周密和细致地来巩固农村中的封建统治秩序，要农民做地主阶级的俯首贴耳的驯服的奴隶"。对于乡村建设运动中的农民自卫训练，徐宗勉认为只是"建立和训练地主阶级的武装，用以镇压农民运动"，并作为反对政府的兵源补充。对于乡村建设运动中的以合作社运动为代表的经济建设运动，徐宗勉认为也都是从地主富农阶级的利益出发，一切为地主阶级所操纵掌握，不仅"农村中的封建生产关系不但没有改变，相反的得到大大的巩固"，同时暗合了帝国主义倾销本国过剩工农业品和开拓原料产地的需求，"直接替帝国主义向中国农村扩大市场，加强其对中国农民的剥削"，正是"农业中国，工业日本"这类使中国殖民地化的帝国主义论调的具体实现。最后，徐宗勉总结道，梁漱溟的乡村建设理论和实践"就是巩固中国半殖民地半封建的统治秩序，直接为帝国主义服务的一套反动措施"，在本质上与美蒋反动政府是一致的，所不同的只是采用的手段"软""硬"不同而已。②

与三十年代偏重于理论的批评相比，千家驹更进一步结合彼时国家建设实际，重点批判了梁漱溟三十年代乡村建设实践中的反对工业化思想。千家驹认为，工业和农业确实需要平衡发展，农业为工业提供必要的原料和粮食，发展农业的重要性不言而喻。但梁漱溟的"从农业引发工业"决不能

---

① 吴景超：《批判梁漱溟的乡村建设理论》，载《梁漱溟思想批判》（一），生活·读书·新知三联书店，1955年，第24~25页。

② 徐宗勉：《梁漱溟对帝国主义采取什么态度》，载《梁漱溟思想批判》（一），生活·读书·新知三联书店，1955年，第39页。

使中国工业化,因为梁漱溟所谓的"工业",只是一些乡下人"以自己现成的劳力加工于自己现成的原料,满足自己的需要",既不是重工业,也不是机器生产的轻工业,只是一种"封建主义经济基础"的农村副业性质的手工业,"只能使我们永远停留于落后的农业国家的地位",进而成为"为封建地主阶级统治、为帝国主义供应廉价原料的中国"。①

千家驹引用了梁漱溟"替代论"和"消除论"的原话,并进而援引他在乡村建设运动"起于乡村自救运动"一节中反复申明的观点,即他的"武装自卫"便是要防止"土匪赤匪和杂牌军队的骚扰",指出这是"明明白白为国民党张目,反对中国人民的革命武装"。至于乡农学校,千家驹更是称其为"是一个地主恶霸的组织,是一个行政机关(相当于国民党统治下的乡公所)"。借梁漱溟自己的话来说明:"今则以当局要壮丁,要枪枝,派差派款,执行其一切苛虐命令,凡当局一切所为之结怨于民者,乡农学校首为急怨。更以其为民众训练机关,平素之集合训练在此,召集调遣在此,壮丁枪枝皆甚现成。于是每每整批带走。假使无此民众训练,或不兼为训练机关,则当局虽要壮丁要枪枝不能如此方便。"所以千家驹认为乡农学校很明显就是一个替军阀拉壮丁、要枪枝、派差派款的办差机关,是一个执行一切苛虐命令的乡村政权组织。②

邹鲁风、李志达、钟宇人和杨正典等人在《批判梁漱溟的反动教育思想》一文中,则将批判重点具体到梁漱溟乡村建设理论和实践中的教育措施上。

他们批判了梁漱溟反动教育思想的理论根据,即夸大社会历史中主观因素作用的结果,宣称挽救中国的出路不是用武装革命而是依靠所谓"文化改造,民族自救",在这过程中尤为重要的是实施以"情志教育"和"行谊教育"为主要内容的封建伦理教育,否则"中国问题永无解决之日,中国社会仍无匡复之期"。所谓"情志教育"和"行谊教育",在他们看来也就是以孔子儒家为代表的封建伦理的反动教育,以所谓"义理"为中心来"化民成俗"的"教化"。他们认为其用意在于"抬高中国封建伦理教育,贬降科学",宣传封建蒙昧主义,使中国人永远停留在落后的状况或者甚至回复到中世纪的黑

---

① 千家驹:《批判梁漱溟坚持中国落后反对工业化的谬论》,载《梁漱溟思想批判》(一),生活·读书·新知三联书店,1955年,第45页。

② 千家驹:《梁漱溟的乡村建设运动究竟为谁服务》,载《梁漱溟思想批判》(一),生活·读书·新知三联书店,1955年,第55页。

暗状态,以便于统治者的任意摆布。① 至于梁漱溟对某些西方教育思想的推崇,如对杜威的实用主义教育学说、丹麦的教育方式等,他们认为这只不过是"摭拾了一些西方帝国主义的反动教育思想的唾馀来装饰自己,并给他的封建复古主义教育思想作论证"的行为,无非是妄图模糊人民的阶级意识,使人民甘心忍受统治阶级奴役,"这就是他所推行的'民众教育'、'乡农学校'的真实目的"。②

他们认为,梁漱溟所宣传的封建伦理教育思想的内容,主要就是要求人们在家庭宗族里对长者无条件顺从,在社会上对统治者绝对忠诚的"孝悌之教"。同时,他极力推崇逆来顺受反求诸己的"向里用力之人生"。在他们看来,所谓"向里用力"就是一切事情都要克制自己责备自己,这实际上是儒家所提倡的忍让精神和奴隶哲学的体现。梁漱溟的政治目的就是通过这些教育内容"企图用封建伦理精神把中国人民尤其是中国农民训练成'唯命是从'的奴隶,这样,中国就不会爆发革命,日趋灭亡的封建地主阶级的统治也就可以'万古长存'了"③。

他们指出,梁漱溟打着"社会教育家"的招牌,发表过一些教育论文,他的教育思想实际上就是他的政治主张,内容就是反对共产党,反对党领导的人民革命,宣扬封建伦理精神,同时致力于反动的政治活动,企图为帝国主义、封建地主和官僚资产阶级的联合统治奠定一个牢靠的农村基地。对于梁漱溟在山东乡村建设运动中提倡的政教合一,邹鲁风他们认为"更露骨地表明了他的教育思想的反动性"。他们指出,梁漱溟二十世纪三十年代在山东邹平进行的乡村建设教育运动,是为了"配合"国民党反动政府这一时期发动的对革命根据地的反革命武装围剿。梁漱溟一面通过他所主编的刊物宣传反动的封建复古思想,公开反对马克思主义,反对科学民主;另一方面还企图以"救济乡村"为名,兴办乡农学校来欺骗农民,组织地主武装,抵制和镇

---

① 邹鲁风、李志达、钟宇人、杨正典:《批判梁漱溟的反动教育思想》,载《梁漱溟思想批判》(一),生活·读书·新知三联书店,1955年,第167页。

② 邹鲁风、李志达、钟宇人、杨正典:《批判梁漱溟的反动教育思想》,载《梁漱溟思想批判》(一),生活·读书·新知三联书店,1955年,第172页。

③ 邹鲁风、李志达、钟宇人、杨正典:《批判梁漱溟的反动教育思想》,载《梁漱溟思想批判》(一),生活·读书·新知三联书店,1955年,第168页。

压党所领导的农民革命运动,以达到"代替共产党""消灭共产党"的目的。①

与邹鲁风、李志达、钟宇人、杨正典等人的观点一致,袁方也认为梁漱溟乡村建设所采取的以乡农学校对全体乡村农民进行社会教育的政策,是"披起文化教育的外衣,把反动的政治,通过教育来实现,在'乡农学校'里为地主阶级忠实的服务"②,通过乡农学校这样的"反动特务组织"和修补后的具有反动性质的封建乡约,实行一人不好连累一家、一家不好连累一村的连坐手段,以恢复封建宗法社会的伦理关系和阶级剥削。

除此之外,与吴景超、千家驹等批判者的态度一致,对于梁漱溟"以农业引发工业",通过组织农民进行自给自足的生产最后达到为消费而生产的经济路线,袁方也是不赞同的。他认为,首先,此计划与当时苏联的集体农庄是截然不同的,它赖以实行的合作社组织"是地主阶级的,而不是农民自己的",本质上是用"阶级合作"来代替阶级斗争并妄想以之"促进生产,统制消费",只能加强地主阶级的剥削,导致农民的贫困与破产,永远不可能走上集体化道路,最后必然会垮台。袁方更是以美棉合作社为例,声称"这个'合作社'由'乡村建设学院'当中间人,向买办阶级的'中国银行'接洽了大宗款项,贷与棉农",为了帮助银行买办资本掠夺农民"是卖了很大力气的",是为官僚买办资本和帝国主义服务的。其次,袁方由梁漱溟的重视农业并主张以农业引发工业,指出他实际上是不重视工业甚至"反对工业"的,认为梁漱溟主张以农业"引发"的所谓工业,不是国家急需的大机器工业或重工业,而是"乡下人以其自己的劳力,加工于其现成的原料,以满足其自己需要"的封建社会的手工业和副业,以达到"恢复宗法封建社会经济""满足地主阶级的消费"和"使帝国主义永远奴役和剥削中国人民"的目的。③

胡庆钧也对梁漱溟乡村建设的具体实践提出了批判,认为梁漱溟"想了许多办法,来掩饰自己这套活动的实质"。比如,他把自己的乡村建设装饰成一套"革命"的办法,说成是"从旧秩序根本改进成一全新秩序";把他的乡

---

① 邹鲁风、李志达、钟宇人、杨正典:《批判梁漱溟的反动教育思想》,载《梁漱溟思想批判》(一),生活·读书·新知三联书店,1955年,第170～171页。

② 袁方:《批判梁漱溟的"乡村建设运动"》,载《梁漱溟思想批判》(一),生活·读书·新知三联书店,1955年,第64页。

③ 袁方:《批判梁漱溟的"乡村建设运动"》,载《梁漱溟思想批判》(一),生活·读书·新知三联书店,1955年,第66～67页。

村建设粉饰成教人"齐心学好向上求进步",是要给中国人民指出"前进"的道路;他也把乡村建设粉饰成一种"合作主义",故意把资本主义国家的合作社与苏联的农业集体化运动胡乱引证一番,借以混淆两者的本质差别,实质上他是想利用"合作"两个字来宣传那套阶级调和的思想,反对走向共产主义。胡庆钧进而认为,梁漱溟所具有的反动本质,从他对封建时代吕氏乡约的借鉴吸取就可见一斑。胡庆钧回顾了吕氏乡约的产生和发展历史,指出其是封建地主阶级维持自身利益的一个工具,而梁漱溟所推行的乡村组织首先是吕和叔乡约的翻版,"只不过是换了一些新名称,按照国民党的村乡政权组织增添一些附属机构",然后对吕氏乡约进行了一些"补充改造","而这个'补充改造'也就说明了梁漱溟的乡村建设比吕和叔的乡约更加反动"。比如,梁漱溟所宣称的"将消极的彼此顾恤,变成积极的有所进行",在胡庆钧看来是"强化地主阶级的统治机器,以便把革命根本镇压下去";"乡村组织'要由乡的联络,而渐及于县与县、省与省的联络,要普遍的去联络,相往来,通消息'"则是"必须有一个全国性的地主阶级的大联合";在推行方式上,胡庆钧认为梁漱溟接受历史上若干反动政权推行乡约失败的经验教训,进而"采取了极为隐秘的方式,把自己装扮成一个幕后人物,把他的乡村组织归入'一个文化运动的系统'披上一件教育机构的外衣"。至于梁漱溟在乡村建设理论中反复提及的知识分子的重要性,在胡庆钧看来,只不过是"把罪恶的手掌伸向城市中的知识分子",先教会他们"维持统治反对革命的新办法",然后利用他们和乡村居民打成一片,"以此来骗取农民群众对于他的乡村组织的信任,借以有利于他去达到这个反动的目的"。胡庆钧在最后指出,梁漱溟一向自吹自擂的乡村建设并不是什么新东西,它不过是企图巩固地主阶级永世不移的统治秩序防止革命的一套老办法,是徒费心机和必然要失败的。[①]

何思源则通过举例论证,认为即使在乡村建设运动开展以后,邹平仍然是阶级斗争最残酷的地方,也是帝国主义剥削中国农民最严重的地方,农民生活仍然没有丝毫改善和转变,由此断定梁漱溟的"乡村建设研究院"和"邹

[①] 胡庆钧:《梁漱溟是怎样向马克思主义进攻的》,载《梁漱溟思想批判》(二),生活·读书·新知三联书店,1955年,第85页。

平实验区"是维护封建统治帮助帝国主义奴役中国的。① 对于梁漱溟主张推行的乡农学校制度，何思源认为地主的威风实际上被梁漱溟以法律的形式提高了，地主对于农民的统治，农民对于地主的服役，被梁漱溟所办的乡村建设巩固并扩大了。"地主在原有的剥削权外，又以法律形式赋予他们（是伪省政府给的，即是乡村建设研究院给的）参与全区行政、教育、经济和自卫权。"至于在实验区所办的各种合作社，他认为"只是韩复榘所希望的一种救济、补救、弥缝的办法"，是替代和清除共产党革命运动的一种策略。就乡村建设运动在日军入侵以后的最终结果，何思源认为留下来的组织基础和地方武力都成为由地主阶级自己负责的"反共反人民的武力基础"，在邹平、菏泽、莱阳、济宁等县都有实例可举，反共的是那些人，投敌做汉奸的也是那些人，"那都是梁漱溟所希望的结果，也是梁漱溟'工业日本，农业中国'的教育所希望得到的结果"。所以何思源认为，梁漱溟的乡村建设实践的失败结局并不是如其自述那样"蒋介石部下'对乡建派有所窃取'"，而是其自身"有意识地在巩固地主的统治"，二人在一条战线上"互相推广，发扬光大"，②共同反共反人民，以维持帝国主义和封建主义在中国的统治。

　　客观来说，新中国成立后的五十年代对于梁漱溟的批判，固然在很大程度上是借助于国家舆论机器发动起来的自上而下的批斗，没有给梁漱溟学术回应的对等位置和机会，某种程度上是在不加选择地贴标签、打棍子、因人废言。但如果以马克思主义的唯物历史观和列宁的国家革命理论分析，今天依然有必要对那段批判运动进行再评价和再认识，提炼出其中所蕴含的真知灼见，借以深化思想和指导未来道路发展。

————————

　　① 何思源：《揭穿梁漱溟的反动本质》，载《梁漱溟思想批判》（二），生活·读书·新知三联书店，1955 年，第 204 页。

　　② 何思源：《揭穿梁漱溟的反动本质》，载《梁漱溟思想批判》（二），生活·读书·新知三联书店，1955 年，第 207～208 页。

第五章
梁漱溟乡村建设理论和实践之批评意见的再思考

"中国追求以工业化为主要内容的现代化过程一直伴随着痛苦的自我文化批判、自我思想革命。"①以上简单叙述了历史上不同阶段人们对梁漱溟乡村建设理论和实践的批评。综观不同时期各方人士的评论,其核心就在于对梁漱溟乡村建设性质的定位上。令人遗憾的是,即使经过了几十年理论创新和实践的检验,对其改良主义性质的界定似乎已经成为一种定论,并在相当长的一段时间内,一直影响着人们对梁漱溟乡村建设的评价。以下拟结合具体史实,作一些具体的分析和研究。

第一节 对二十世纪三十年代批评意见的分析和再考量

不难看出,三十年代学术界对梁漱溟乡村建设理论和实践的批评主要集中在"独立评论派"和"中国农村派",二者由于立场不同、主张不同,所以侧重点也不同。相对而言,前者的批评重点主要集中在梁漱溟乡村建设理论基础上,更侧重于学理上的分析和文化观点的争论;而后者则主要集中于梁漱溟乡村建设实践对于当时反帝反封建民族任务的实际效用上,更侧重于意识形态的辩争和价值的评判。

一、文化之民族性与时代性的统一

与梁漱溟的爱国情怀一致,"独立评论派"中不管是陈序经还是胡适,他们对中国彼时的命运无比关心并且苦苦探索,希望以自己的智慧和努力为中国未来走向指出一条明路。但他们所处的时代无疑是一个特殊的时代,

---

① 温铁军:《我们到底要什么》,华夏出版社,2004 年,第 2 页。

各种思想、理论、流派层出不穷,各抒己见,时代痕迹和个人印记交互作用,因此他们的分歧也是明显的,这种分歧的焦点在于他们对中西文化传统价值和现实作用的不同看法和主张,并成为他们彼此之间进行论战和辨争的根本原因。

在"五四运动"那个特殊的时代,无论是新文化运动的倡导者还是文化保守主义者,都承认中西文化存在差异;同样,无论是以梁漱溟为代表的主张中国传统文化优于西方现代文化的文化保守主义者,以陈序经为代表的全盘西化论者,还是以胡适为代表的调和折衷派,他们的错误之处首先都在于构筑了一个一元的文化进化观,将中国的一切问题都归之于文化问题。胡适、陈序经的一元文化进化观是以西方近代文化为人类文化演进方向和最终依归,而在梁漱溟这里却是东方的中国文化和印度文化。换言之,以近代知识分子的社会功能来衡量,与以梁漱溟为代表的文化守成主义者类似,即使是二十世纪三十年代这些以西方文化为最终依归的"独立评论派",他们虽然自诩接受近代知识,但在人生和国家的价值取向上仍是传统的,重道不重器,不是视科技为技艺,就是变科学为"思想"方法和价值观。结果,他们追求的不是科学和富强,而是"科学的"人生观和世界观。"他们对西方正在发生的科技革命及其对社会的深刻影响闭目塞听,却对西方任何一个社会思潮兴味盎然,都似是而非的引进到中国来,奉为至宝,把中国的一切问题都化为思想和文化问题,导致一个比一个激进,批判一切,打倒一切,都要在文化山峰求得中国问题的解决。"①同样是以文化为着力点,他们的分歧仅仅在于,中西文化的差异是时代的不同还是类型的区别? 是西方近代文化优于中国传统文化,还是中国传统文化优于西方近代文化?

事实上,正如郑大华分析指出,任何文化都本质地兼具时代性和民族性,是二者的统一体。"所谓文化的时代性,是指为社会发展特定历史阶段上的一般状况所决定的文化之时代特征,它反映的是世界各民族在相同的时代或相同的社会发展阶段上的文化之共同要求。所谓文化的民族性,是指体现在特定民族文化类型中、并作为基本内核而存在的民族文化心理素质

---

① 叶赋桂:《新制度与大革命——以近代知识分子和教育为中心》,教育科学出版社,2010 年,第 142 页。

的特征,它是形成民族文化的基础,具有与民族共存亡的超时代性。"①就时代性而言,由于不同民族、不同类型的文化在历史阶段中所占据的位置以及所体现出来的时代价值的不同,从而有先进与落后、优越与低劣之分;从民族性来说,由于不同文化类型之间的差别正是不同民族文化得以存在的依据,无论何种民族文化都有其存在的特殊价值与意义,因此彼此并无轩轾之分。专注并细致地研究不同文化之间时代性的先进与落后,利处在于可以帮助我们发现中国传统文化相比西方现代文化存在的落后与不足,进而激发学习西方现代文化的自觉性和积极性,但对一些较为激进的人而言,此种分析不可避免地容易导致他们对本民族传统文化不加区别地否定甚至抛弃,进而导致病急乱投医的不辨真伪、泥沙俱下。

反之,以民族性的比较取代时代性的分析,优点在于可以帮助我们认识并提炼出传统文化的固有价值,增强国民文化自信心,但同时又极易导致国民固步自封、夜郎自大,不仅落后于时代步伐,也窒息了传统文化中积极方面的改造和变革,最终与宣扬的初衷背道而驰,反而泯灭了其自身固有的价值和活力。而综观二十世纪三十年代陈序经、胡适和梁漱溟等人的论战,无一例外都忽视了文化是时代性与民族性之有机统一体,或强调文化之民族性,而不承认文化之时代性,如梁漱溟认为中西文化的主要差异是其性质不同的体现而非简单的古今和优劣之别,对西方的宪政文化和个人意识不以为然;或突出文化之时代性,而排斥了文化的民族性,如独立评论派过分强调文化基于时代发展所带来的共同性,由此视西洋文化为彼时文化发展的最高阶段,两相比较主张全盘抛弃中国传统文化,不加选择地向西方文化趋同。他们各执一端,唇枪舌剑,彼此视对方为将中国社会和中国文化置于落后挨打、万劫不复悲惨境地的主要原因,彼此之间全盘否定而视若敝屣,争论数载,终至徒劳。

由文化观点的相异而延伸,独立评论派与梁漱溟等乡村建设派的另一个相异点就在于如何认识中国经济建设的路向。独立评论派基于西化即现代化的观点,认定中国只能走西方工业化的道路,由发展工业来救济农业,或者说由发展都市以救济农村,因而他们反对梁漱溟乡村建设的理论,反对他以农业引发工业的主张。实际上,在二十一世纪的今天来看,论战的双方

① 郑大华:《民国思想家史论》,中华书局,2006年,第242页。

都未能正确认识发展农业与发展工业之间的关系,也未能正确认识发展乡村与都市,以及与建设整个中国之间的关系。所以独立评论派对梁漱溟乡村建设理论和实践的批判,由于其自身的局限,始终未能真正切中要害,真正指出梁漱溟乡村建设的误区所在,却在一些枝节问题上大加鞭挞,结果必然影响了批判的力度和深度。双方的争论可以说是一场远离真理的争吵,正由于此,论战双方到最终,也未能令对方折服。

总而言之,独立评论派基于其成员构成和文化结构的特点,对梁漱溟的批评更多的是新文化运动中关于中西文化孰优孰劣之争的一个缩影,是构成民国时期纷纷攘攘的"尊孔"与"倒孔"运动的具体案例。毋庸讳言,梁漱溟的东西文化观"凸现了人类文化发展过程中的特殊性或民族性,而忽略或否认了文化发展过程中的同一性和时代性"①。但是,综观梁漱溟的东西文化观,结合彼时的特殊社会文化环境,应该肯定梁漱溟打破西方中心主义、祛除民族虚无主义的积极作用,且其对因地域、历史和民族所造成的文化特殊性给予了充分关注的科学合理性,以及站在人类文化发展全局对中国、印度文化不昧于自心特性的肯定。相应的,在以陈序经、胡适为代表批判梁漱溟的独立评论派看来,西洋文化中的个人主义、民主自由、工业化才是人类社会发展的必然归属和全球普适的最高价值,相较之下中国传统文化不值一提,理应全面清算和抛弃的主张忽略了文化民族性的特征,简单地将中华民族文化贴上"木乃伊""中古"标签也是不妥当的,究其根本他们都陷入了"一个简单的社会学者的看法"②之列,某种程度上都忽视了文化的历史复杂性。

以今天的研究成果为基础,任何一种文化既是一定时代之文化,又是一定民族之文化,是民族性和时代性的集合体。同时,文化的不同内容与经济和社会进步有不同程度的相关性,某些文化内容或文化形式在历史上变化较慢,有些则变化较快,表现了文化进步中传统性与现代性的差异、停滞性和进步性的统一。传统色彩强的文化内容或形式未必是糟粕,相反,它们可能仍具有较强的社会功能,在一定意义上来说,越是尊敬文化的传统性,越

①　郑大华:《梁漱溟与胡适——文化保守主义与西化思潮的比较》,中华书局,1994年,第198~200页。
②　刘集林:《梁漱溟与陈序经社会文化思想之比较——以陈序经的批评为中心》,《天津师范大学学报》(社会科学版),2009年第4期。

可能从中获得文化的现代性,"我们要正确认识自己的历史文化,区分精华和糟粕,使中华民族几千年来创造的文化成果,在社会主义现代化建设中获得新的生命,放出新的光彩"①。

二、社会进步之革命与改良的抉择

具体到二十世纪三十年代中国农村派和独立评论派对梁漱溟乡村建设理论和实践的批评,通过回顾和梳理可以发现,中国农村派对于梁漱溟的批评首要原因在于指导思想的不同。中国农村派是中国共产党彼时在后方的秘密团体,他们是坚定不移的马克思主义者,目标在于打倒国民党反动派,平均地权,消灭剥削,推倒压在广大农民身上的"三座大山",最终建立共产主义社会,其迥异于梁漱溟秉承的儒家传统社会的扬弃和复兴。其次是二者之间关于具体的实践方式和道路不同。就中国农村派而言,他们主张挽救中国的唯一正确道路是进行暴风骤雨般的革命,而非如梁漱溟等乡村建设派奉行的和风细雨式的改造之途。最后,与中国共产党的马克思主义实践观点不同,梁漱溟的乡村建设理论在中国农村派看来,是理论脱离实践的产物,是困于书斋的闭门造车,并不是实践创造和检验修正的科学理论,因此自然为他们所反对。由此出发,中国农村派一致认为,以梁漱溟、晏阳初为代表的乡村建设运动在本质上是改良主义,他们所领导的乡村建设运动的指导思想、立场、观点、方法与其所拥护的中国共产党完全不同,他们反对革命,主张用改良取代革命并最终取消革命,主张用细枝末节的隔靴搔痒代替直指靶心的一劳永逸。因为没有看到中国真正的前进道路所在,以梁漱溟、晏阳初为代表的乡村建设派虽然极具堂吉诃德和西西弗斯推石上山的大无畏精神,但结果依然是阻挡不了民族民主革命的星星之火,势如燎原,反而被国民党统治者全面利用,试图用其影响和欺骗广大青年知识分子,为维持帝国主义、殖民主义和国民党反动统治而服务,在客观上起了"开倒车"作用。

虽然中国农村派在某种程度上认为包括梁漱溟在内的乡村建设领袖大多是有学识、有道德、有追求、关心国家命运的爱国知识分子,特别是那些抱着拯救农村和农民、复兴民族和国家的青年学生,与中国共产党在根本点上

---

① 江泽民:《在首都青年纪念"五四"报告会上的讲话》,《人民日报》,1990 年 5 月 4 日。

还是一致的,但正如孙冶方在《为什么要批评乡村改良主义工作》中所说:"许多从事乡村改良主义运动的工作人员的精神是可以钦佩的,他们抛弃了都市的享乐,而到农村中去做那些艰苦工作,在他们主观方面,或者以为他们所作的工作确实是足以拯救中国农村之崩溃的",他们挽救中华民族危机的努力和人格道德"没有可以被人指摘的",然而他们的主观方面的好意"决不能掩饰他们的工作在客观上的开倒车作用",本质上宣扬的还是"麻醉人民的、不抵抗主义的信宗教,仍不能因此而不被先进的革命思想家批评为工人运动中的思想上的蛀虫",最终表明自己所反对的"不是'农村改进事业'本身,而是把这种事业当做'救国救民'的惟一大道,想利用这事业来蒙蔽(自觉的不自觉的)农民,阻止他们走上彻底的解放道路的改良主义"。①

　　客观来说,在批判以梁漱溟为代表的乡村建设理论和运动的过程中,中国农村派取得了很大成绩。在批评又联合的斗争策略指导下,他们一方面宣传了中国共产党的思想主张,澄清了种种谬论和成见,争取了各地乡建团体中的几百名中下层干部,成为中国农村经济研究会的会员,并使之在其领导下参加了各地救国运动。另一方面他们则使全国有实力、有地位的乡建团体,如平教会、乡建会等,主动倾听他们的意见,并与之建立了各种正式或非正式的联系,在政治上取得了一定程度的胜利。在抗日战争爆发以后,《中国农村》更是全力宣传抗日救国,争取和团结各派乡村工作者。他们陆续发表文章,分析挽救中国包括挽救乡村的现实路径和科学方法,号召"觉悟的乡村工作青年如果能够把这种组织,用去作反帝反封建的斗争,那么这种组织的意义就当然完全改变了"②。但是不可否认,在此过程中中国农村派还是存在一定程度的认识错误和策略错误的,正如薛暮桥所说,他们"无条件的反对改良,反对妥协,因而拒绝任何改良运动,拒绝到任何改良主义团体中去工作","不了解、不承认改良主义运动在群众中的影响,因而不主张到改良主义团体中去争取群众",导致对乡村建设运动的批判并没有达到预期效果,仅仅止于宣传教育和一些准备工作,组织上没能更进一步去利用争取国民党势力薄弱的大多数乡村建设团体,无法充分承担组织广大乡村青年的工作,更不能通过他们去组织国统区农民,错过了很多时机和资源。

---

① 《孙冶方全集》(一),山西经济出版社,1998年,第159页。
② 薛暮桥、冯和法编:《中国农村》论文选(上),北京人民出版社,1983年,第292页。

不可否认,在彼时百废待兴、民不聊生、秩序失范的旧中国农村,地主阶级鱼肉农民,帝国主义依靠坚船利炮吞食中国农村市场,官僚资产阶级罔顾农民生死,有着坚实的制度保护和根深蒂固的利益分配格局,冰冻三尺非一日之寒,从民国乡村社会的整体环境和构成因素来看,无论政治、经济还是文化都依然固守着封建社会的落后本质,很大程度上没有先进性、科学性可言,"不彻底改变封建的乡村经济形态、政治结构和宗法文化传统,民主自治制度就不能生根、开花、结果,现代国家的社会政治建设就可能成为空谈"①。换言之,那是一个需要革命猛药的时代,没有坚实的社会制度保证,没有自下而上的物质社会基础,单靠文化、教育等社会改造,可能会收到一时之效,但也仅仅是皮毛,本质上无法做到彻底的经济制度和政治制度的变革,无法在根本上保障农民的利益、乡村的发展和农业的进步,即使短期内能够有所改善,也无法保证长期的行之有效和全国范围的覆盖。

马克思主义指出,革命是历史的火车头,是推动历史进步的杠杆。二十世纪初期的中国,帝国主义、封建主义、官僚资本主义是造成中国社会凋敝、民不聊生的"三座大山",梁漱溟主张以和平改良的方式进行乡村建设和社会改造。"我的主张一向集中在如何引此崩溃的旧社会,过渡到新社会之建设途程上,而对于任何题目的暴力革命,或任何形式的对内作战,均不承认,反对到底。"②而以毛泽东为代表的中国共产党人则认为,要想推翻这些剥削腐朽阶级的统治,只有以革命的胸怀和眼光发动自下而上的暴力革命。"革命不是请客吃饭,不是做文章,不是绘画绣花,不能那样雅致,那样从容不迫,文质彬彬,那样温良恭俭让。革命是暴动,是一个阶级推翻一个阶级的暴烈的行动。"③结合彼时中国的社会性质,以毛泽东为领导的中国共产党人运用马克思主义科学地分析了当时中国的阶级状况,将阶级与一定的生产方式相联系,指出当时中国社会是一个半殖民地半封建社会,农民、工人、小资产阶级等最底层阶级是最可以依赖和发动的革命力量。而梁漱溟则认为中国传统社会是一个"伦理本位、职业分立"的社会,中国彼时政治、经济的软弱症结在于西方文化的入侵和中国传统文化的失调,要想改变中国此时

---

① 李德芳:《民国乡村自治问题研究》,人民出版社,2001年,第189页。
② 梁漱溟:《略述乡村建设运动的要旨》,《乡村建设运动周刊》,1937年第15期。
③ 《毛泽东选集》(一),人民出版社,1991年,第17页。

积弱积贫的悲惨现状,只有通过对乡村的和平改良进而达到全社会的进步。除此之外,毛泽东清醒地意识到知识分子所固有的软弱性和妥协性,而着重强调无产阶级及其政党在中国革命中的领导作用,创造性地把马克思主义理论中国化,走出了一条以无产阶级为领导、工农联盟为基础、农村包围城市的武装革命道路。而梁漱溟虽然意识到农民阶级本身所蕴含的伟大力量,但忽视了农民的切身经济利益而试图依附落后政权空谈教育和文化改造,并不切实际地寄予知识分子无限希望和重任,试图通过循序渐进的乡村建设达成目标。无疑这种观点与毛泽东主张的马克思主义科学理论根本上是南辕北辙、背道而驰的。

实践需要理论作指导,特殊年代的革命实践尤其需要科学的理论作支撑。从马克思主义的历史唯物主义观和列宁的国家革命理论出发,能够得出梁漱溟乡村建设的失败确是有其必然性,由此意义来看,二十世纪五十年代对其的批判即使尖锐刺耳、偏离学术轨道,仍有其理论上的科学合理性。三十年代的中国,到底应该采取毛泽东领导的无产阶级武装革命还是梁漱溟主张的和平改造道路,历史已经给出了答案。毛泽东领导的无产阶级武装斗争的革命道路取得了胜利,梁漱溟主张的和风细雨式的温良改革最终归于失败。对于中国共产党取得的革命胜利和历史功绩,梁漱溟心服口服并予以承认。新中国成立后的五十年代,在一次记者采访中,梁漱溟表示他过去虽然认识到中国问题的庞大性和复杂性,但一直持比较悲观的态度,"后来是中国共产党、是毛泽东主席把国家引进了康庄大道今天,任何人都会看到中国这个国家蒸蒸日上的前途,任何人都要敬佩、心折"①。

三、论争观点之再评价

毫无疑问,二十世纪三十年代"独立评论派"和"中国农村派"对梁漱溟乡村建设的批评在一定程度上都有着较为合理的理论深度和不容抹煞的现实斗争价值。时代不断前进,理论日新月异,抛弃学术论战背后的政治意味,通过查阅相关资料可以发现,各派对梁漱溟的批评、自身对中国社会的分析也并非毫无瑕疵,这一点,现代许多学者也从学术讨论的立场予以了批评和质疑。

---

① 马勇:《梁漱溟在反右运动中》,《理论视野》,2009 年第 10 期。

革命的政治史解释与社会经济史的研究是遥相呼应的,不能抛却经济的研究观点和方法而将革命单独地置于政治史的框架之下,否则只能是坐井观天的自以为是和僵硬固化的概念化解释。雷颐认为,以陈翰笙为代表的"中国农村派"对于革命和封建地主土地所有制此种内在联系的论说就是这一错误的典型代表。在批判梁漱溟乡村建设中对于农村经济问题的解决,对于农村土地问题的认识时,"中国农村派"将生产关系对社会结构和基础的形成与促进作用提到了最高度,认为对于彼时中国农村社会经济状况的分析应该严格以生产关系分析为框架,从而得出当时农村社会中的核心问题在于土地分配和利用的不科学、不合理。当然,这种观点无疑是科学的、合乎现实的,但是如果过分并单一地强调土地问题的重要性,认为无需对文化、社会组织构造等问题予以特别的关注,而且不用分别把握全国各地农村的特殊情况,"只要对土地所有制进行根本性变革,那么农村中其他问题也会迎刃而解"①的思考方法和解决方式,用今天的方法论衡量无疑也是不全面的。乡村建设运动参与者傅葆琛也认为只拿经济的眼光指责乡村建设运动并不合适宜。

对于当时农村土地所有制比例问题,学界也有着不同的看法和质疑,对三十年代"中国农村派"的批评提出了反批评。部分学者经过反复的考证后认为,二三十年代的中国农村,土地关系的一个重要组成部分就是小自耕农的土地占有比例大约在40%左右,且"土地关系变迁可以从诸子均产制对家产、家业的影响得到解释"②。"中国农村派"过分强调农村中地主对土地的集中占有,将土地关系单纯地简化概括为租佃关系,虽然部分地揭示出农村中地主和佃农的对立,但简单地将土地关系在农村中的表现概括并放大为"地主经济论",并以此来描绘彼时中国乡村经济、社会状况,无疑也是不科学的。简单地用"封建制度""地主经济论""资本主义萌芽"等概念描绘二十世纪前叶中国农村经济史领域出现的众多现象,忽视对当时农村社会文化因素的挖掘和考虑,充其量是一种革命范式主导下的"概念化的历史书写方式",足以说明其"离再现历史真实的目标究竟有多远"。③ 张佩国分析认

---

① 雷颐:《中国农村社会性质论战与新民主主义理论的形成》,《二十一世纪》,1996年第12期。
② 章有义:《本世纪二三十年代我国地权分配的再估计》,《中国经济史研究》,1988年第2期。
③ 张佩国:《质疑近代中国乡村史的概念化书写》,载复旦大学历史学系、复旦大学中外现代化进程研究中心编:《近代中国的乡村社会》,上海古籍出版社,2005年,第228页。

为,在中国传统社会中,小农在一定程度上处于伦理化的经济组织中,不能单纯地将其看作经济主体。一定程度上他们同时肩负社会文化、伦理责任,因此在经济交换中包含市场以及非市场两种属性。因此,在研究中国乡村问题时,要避免单一的革命范式或现代化范式思维,避免浮于表面用概念框架笼统地分析乡村变迁历史,"任何一种有关乡村理论的解释,必定是要根植于乡土社会本身的内在逻辑上,也因此必然是一种多元的而非一元单项的解释"①,否则只能南辕北辙、与历史越行越远。无疑这些观点都在一定程度上肯定了梁漱溟以文化、教育理念等为基础进行乡村建设在某种程度上的合理性,并对梁漱溟关于农村社会和经济状况的统计分析数据和方法给予了支持和肯定。在此意义上来看,"中国农村派"三十年代对于梁漱溟乡村建设理论和实践的批评,固然有很大一部分合理因素,但也不可避免地存在某种程度的外在"概念化"解释错误。

吸收上述学者的合理观点,具体到三十年代"中国农村派"对梁漱溟乡村建设和理论的批评意见,从符合历史的角度出发,我们提出了以下看法和分析。

(一)乡村建设研究院与国民党政府之间的关系

通过资料可以得知,在乡村建设运动的初兴阶段,"教育救国论"蔚为风行,影响极大,各派乡村建设运动的领袖人物包括梁漱溟、晏阳初、黄炎培等都认为"从事'人的改造'的教育工作,成为解决中国整个社会问题的根本关键"②。因此,虽然梁漱溟及研究院得到了某种程度的山东省政府和韩复榘的支持与赞助,但在根本上梁漱溟及其同仁只是"很想用教育的力量提倡一种风气,从事实上去组织乡村,眼前不与政府的法令抵触,末后冀得政府的承认"③。然而事实总是与理想存在差距,实践证明想完全脱离国民党官方只是梁漱溟等人的美好愿望罢了,仅凭自身力量推进乡村教育进而进行全面建设无疑举步维艰,痴人说梦。对于彼时的国民党政府来说,无论运动目的有多么进步崇高,如果不合作,那么就会百般制造事端进行破坏阻挠。残酷的事实终于使乡建领袖得出"由学术立场去建设农村是由下而上的工作;

---

①　张佩国:《质疑近代中国乡村史的概念化书写》,载复旦大学历史学系、复旦大学中外现代化进程研究中心编:《近代中国的乡村社会》,上海古籍出版社,2005 年,第 231 页。

②　《晏阳初全集》(一),湖南教育出版社,1989 年,第 561 页。

③　《梁漱溟全集》(二),山东人民出版社,1990 年,第 393 页。

由政府的立场去建设农村是由上而下的工作。两者必须扣和起来,方可博收成效"①的结论,随之提出"政教合一"的口号。自此以后,乡建领袖们不得不纷纷放弃了以自己纯教育或学术身份从事乡村建设的立场,"或将下级行政机关,合作于社会教育机关,或就下级地方组织,而设教育机关,或以教育机关,并而兼负下级行政任务"②。

建立县政建设实验区以后,国民党政权阻力确实有所减少,促进了乡村建设各项措施的推行,但不可避免地却使乡村建设团体失去了独立地位,"走上了一个站在政府一边来改造农民,而不是站在农民一边来改造政府的道路"③,成为现实政权的依附者。由于加入了现政权体系,成为反动政权的有机组成部分,听讼催科、抓夫摊派等祸民工作成为乡建团体的例行工作,国民党中央和省县政府的一些反动法令也必须由乡建团体贯彻到各乡各村,并监督乡民执行。长此以往,无可避免地引起了广大贫苦农民的不满和反感,削弱了民众的认可支持,打击了农民群众对乡村建设运动的朴素感情,最终走向没落和失败。

如果抛却意识形态的对立和当时斗争形势的需要,客观地分析包括梁漱溟在内的乡村建设实践发展过程,可以发现,乡村建设运动在某种程度上不能说就像"中国农村派"所批评的那样,是依附于国民党反动政府,效力于帝国主义对华侵略,主观上倾向于帝国主义封建势力的。尤其是梁漱溟领导的山东邹平乡村建设实践,在实践之初是致力于保持与国民党当局反动政府的距离的。当然,他们最终还是与国民党反动政府当局、帝国主义教育、文化、卫生、宗教等团体进行了各种形式的合作,但与其说这是一种主观的投靠与攀附,不如说是一种现实的无奈与最大限度的周旋,是为了最低限度合法存在的需要,同时也是为了力所能及地用自己认为正确的方式去挽救农村、挽救中华民族于水火之中,远远达不到"中国农村派"所批评的"走狗""帮凶""刽子手"的程度。

站在二十一世纪的今天,处在完全不同的社会背景下,在世界范围内综观不同国家和民族的现代化历程,可以发现这样一种现象,即政府在现代化

---

① 平民教育促进会编印:《二十五年平教工作概览》,1936 年,第 8 页。
② 《梁漱溟全集》(二),山东人民出版社,1990 年,第 470 页。
③ 《梁漱溟全集》(二),山东人民出版社,1990 年,第 581 页。

的过程中不可或缺且具有至关重要的主导地位和领导作用。这是为许多国家实践所证实的普遍经验，以日本、韩国的农业现代化为例，在农村现代化各项事业的推进过程中处处可见政府的影子，尤其在农业发展所需要的政策制定、秩序保障和财政支持上更是首当其冲。当然，客观历史条件不同，个人主观认识有差，梁漱溟试图避开政权并希望最终改造政权，结果不但乡村建设运动经过近十年的努力依然无疾而终，而且最终造成"高谈社会改造而依附政权"的窘境，为批评者和民众而严重误解和大力批评。几十年前的社会环境有其客观特殊性，这一点我们无法苛责。但历史经验最重要的是给予现代参考性，结合现阶段我国发展状况，不可否认自二十世纪五十年代以来，政权开始向社会基层逐渐渗透，导致社会体系的自我发展与完善受阻，农民在农业和农村发展中的主体地位被忽略，自我发展、自我管理、自我组织能力受到挤压，"这在某种意义上是另一种极端，与梁漱溟乡村建设运动中的窘境如出一辙"①，值得深思和反省。

（二）一无是处还是略有所成？

在三十年代对于梁漱溟乡村建设的批判过程中，不管是"中国农村派"还是"独立评论派"，对于梁漱溟乡村建设实践的效果都给予了尖锐的批评。"中国农村派"批评梁漱溟农村建设的理想，在当时的社会环境下不过是苟延残喘的补缺罅漏，即使"可以增加几个乡村或几个县份的收入，却抵不住国际经济侵略的深入农村，也不能使农产品的价格不低落，从事生产的资源不枯竭"②，对挽救中华民族并无实际意义。陈序经更指出："十余年来的乡村建设工作，还未超出空谈计划与形式组织的范围"，"不务实际"。③ 客观来说在这一点上，就连梁漱溟自己也有所察觉和认识，他说过："整个中国社会日趋破坏，向下沉沦，在此大势中，其问题明非一乡一邑所得单能解决，局部的乡村建设如何可能！"但是他不认为自己的乡村建设运动如批评者所言那样仅仅是"触及皮毛"，于大局无补，他认为虽然全国政治、经济等影响对于农村来说是无法避免、无能为力的，但通过每一个局部的建设运动，通过每一

---

① 崔效辉：《现代化视野中的梁漱溟乡村建设理论》，《合肥工业大学学报》（社会科学版），2007 年第 5 期。

② 西超：《全国乡村工作讨论会的印象》，载薛暮桥、冯和法编：《〈中国农村〉论文选》（上），北京人民出版社，1983 年，第 273 页。

③ 陈序经：《乡村建设运动》，大东书局，1946 年，第 62 页。

个人的点滴努力,积少成多、集腋成裘,对整个农村和整个中国还是有益的,"所以凡以为乡村建设是小范围的事,是从局部来解决问题者,都是错的"。

理论和实践从来都具有一定偏差性,无论理论设计再完美,总会遇到实践情况的出其不意和措手不及。正如梁漱溟所说,乡村建设运动是一个大工程,需要"发大愿""用大力"才能做成。联系今天新农村建设中出现的种种问题,以今天的眼光回溯彼时的乡村建设运动,应该也能够充分理解乡村建设运动过程中不尽如人意之处的无可避免。"对于农村建设,期望太殷,故言词之间未免表示失望。但期望太殷,未免把农村建设工作看得太易,而表示失望,又未免责人太厚。"①

应该说,在当时的社会环境下,理念不同、取向不同是正常的甚至是必须的,尤其梁漱溟的改良方式确实在很大程度上未能使乡村建设运动充分发挥出其建设功用,达到如其宣称的"救济乡村"和"救济中国"的目的,从这一点来说,"中国农村派"对梁漱溟乡村建设理论和实践的指摘与批评无可非议。但如果回到当时的现实社会环境,客观冷静的同时跳出彼时和二十一世纪的今天共产党人的标准去强加要求乡村建设者的思维,思考乡村建设者为什么要采取改良方式来解决农村问题,会发现原因很复杂。这既和个人的世界观、价值观和学术结构有关,也和当时的社会环境、政治经济形势有关,不是用简单的二分法所能轻易解剖的。

梁漱溟本人曾在《答乡村建设批判》一文中指出,乡村建设运动团体不是不反对帝国主义、不反对封建军阀,是反对的方法不同,即循序渐进的乡村建设而非暴力革命。社会发展是众多社会力量参与的结果,任何时代的人们都无法要求别人和自己有着相同的认识和路径选择,太多地强调"改良性质是导致乡村建设运动失败的根本原因",去做"为什么乡村建设运动者不采取革命的方式改造农村建设农村"的理论倾向和前提预设并不客观和可取。梁漱溟他们考虑自身的能力和资源,采用改良方式,虽然由于种种原因未能实现中华民族的彻底改造和复兴,但某种程度上确实给农村、农民原有的生存状态和精神世界带来了改变,使农村的生产生活方式第一次受到了科学和知识的洗礼,并帮他们打开了认识市场行情和外部世界的途径,现代意义上的"人的生活"逐渐为他们所认识并接受。一些公共设施也在这时

---

① 吴相湘:《晏阳初传》,岳麓书社,2001 年,第 264 页。

建成,有些还沿用到二十世纪九十年代初甚至现在,最重要的意义在于,乡村建设运动在农村第一次较大范围、较深层次地促进了传统文化与现代科技、官方与乡野、知识分子与普通大众之间的交流、沟通直至史无前例地融合和优化,客观上促进了农村变革和农民生活现代化。所以一定程度上来说,哪怕这种方法不是最恰当的,但相对来说依然是较好的方式和手段,不宜将其套入简单的非黑即白、不对即错的二元对立语境进行评判,更不宜用阶级分析的观点将其功效一笔抹煞。客观平和地结合彼时社会背景,用全面、辩证的理论眼光实事求是地进行回顾和分析,我们会从"中国农村派"对梁漱溟的乡村建设理论和实践的批评中解读出更深刻的时代意义和价值。①

查阅历史资料可知,正是因为乡村建设运动彼时起到的不容忽视的积极作用,中国共产党也对其予以过积极评价。钱俊瑞在《关于乡村服务人员大团结的一个具体建议》中明确写道:

> 在十月号的《中国农村》月刊上,又有章乃器,平心,千家驹,孙晓村,陈君谋,张西超诸位先生讨论乡村运动大联合的文章。到了南京又知道中国农村经济研究会方面几位先生和梁漱溟、乔启明诸位先生的谈话经过,这些谈话更加证明全国乡村服务人员在'共赴国难'的前提下进行'精诚团结',不但是必要,而且是完全可能的。其次,我们看梁漱溟先生领导下的乡村建设运动,不错,然而梁先生却竭力主张建设一个'民族社会',他认为'救济乡村'就是'民族自救运动之最后一着'。梁先生要求建立'社会之秩序',以为'有秩序则社会生活顺利进行,自身有力量可以御外',这样就不患'外国侵略',这些是梁先生等平素的主张。最近我到南京,孙晓村和千家驹两先生告诉我,梁先生对于乡村工作人员团结御侮这一点,在原则上完全同意。这样,我们就可以明白,在梁先生领导下的乡村建设派的工作人员,在目前民族危机下,的确愿意为整个国家民族,贡献他们的力量。②

---

① 李在全:《神圣思维下的世俗建设:福建协和大学的乡村建设运动——兼及如何评价乡村建设运动》,载李长莉、左玉河:《近代中国的城市与乡村》,社会科学文献出版社,2006年,第408页。

② 钱俊瑞:《关于乡村服务人员大团结的一个具体建议》,载薛暮桥、冯和法编:《〈中国农村〉论文选》(上),北京人民出版社,1983年,第642~644页。

1937 年 5 月,刘少奇在延安举行的白区中国共产党代表会议上的报告《关于白区的党与群众工作》中就要求白区中国共产党的组织,要根据国共合作成立之后,中国共产党在农村中的主要任务是为改良农民的生活而斗争,而土地革命的口号暂时成为宣传口号这一变化了的形势,积极参加山东乡村建设运动和定县的平教运动,并帮助他们开展工作。[①] 1938 年,毛泽东在延安接见乡村建设运动代表堵述初时,握住他的手诚恳地表示,共产党愿意做乡村建设运动者的朋友,并表示了自己对他们“以宗教家的精神努力”的敬意。[②]

第二节　对二十世纪五十年代批判意见的分析和再考量

一、批判背景:革命意识形态全能化

客观来说,中华民族素来缺乏崇高的宗教情愫,对宗教采取的是一种非常功利和现实的神人互惠的态度。尤其是新中国成立初期至改革开放这段时期,意识形态全能化,从高层领导到普通百姓都把此前的神圣性事务用革命标尺来解读,高歌猛进的政治正确与让“天地也要抖三抖”豪言壮语代替了对人生诗意的理解和对多元思想应有的包容性,泛道德主义排斥也扼杀了主体个人的思想体验,并将其挤压到政治正确的义理中去审判与阉割。[③]在那个特殊的年代,感情丰富、思想深刻的知识分子常常会为某种不切实际的理念而牺牲,占据他们思维的是“主义”与献身精神,而“主义”的大话语所具有的吸引力,最容易经由理性的畸变而发展为集权的乌托邦,在这样的社会环境下,最具理性的知识分子反而最容易产生思想上的混乱和无主,成为强权政治下身不由己的工具,主动或被动成为一波又一波政治批判运动的参与者或目标。

具体到五十年代对于梁漱溟乡村建设理论和实践的批判运动,“解放后‘一面倒’的政治力量,尽管在文化观上是‘全面西化’的性质,但西化中又被

① 《刘少奇选集》(上),人民出版社,1981 年,第 55~71 页。

② 堵述初:《毛泽东先生会见记》,载宋恩荣编:《晏阳初文集》,教育科学出版社,1989 年,第 395~400 页。

③ 萧功秦:《反思的年代》,复旦大学出版社,2010 年,第 173 页。

分出了两性或两姓,而把梁先生的理论不求甚解的摆进应加批判之行列"①。毛泽东的一声令下,在全国范围内掀起了轰轰烈烈的批判梁漱溟运动,于是梁漱溟的所有观点不加区别、笼而统之的被冠之以"唯心""反动"的名号,所有实践被解读为别有用心、与人民为敌的掩饰品和遮羞布,在学理上和人格上遭受到彻底的否定与鄙弃,在精神和肉体上承受了双重打击和践踏,成为那个特殊年代轰轰烈烈、层出不穷的政治运动的副产品,政治意义远大于学术意义,政治价值远大于学术价值,"其中半是挽歌,半是谤文;半是过去的回音,半是未来的恫吓"。如果把二十世纪三十年代和五十年代对于梁漱溟乡村建设理论和实践的批评文章放在一起比较,可以明显地看出,虽然每个年代的批评文章都不乏观点相异的针锋相对、行文用语的犀利尖刻,但总体来说,三十年代的文章大多还是对事不对人,学术理论的探讨是主流,对中国衰败和农村破产充满同样的焦虑和不安,"哀其不幸,怒其不争",都集思广益想方设法地提供自己的解决方案,正所谓"殊途同归"是也。而五十年代的批判文章,都是首先将对方预设在阶级对立面的绳索下,在学术上剥夺了对方的说话余地,是政治性的而非学术性的从阶级观点出发自上而下地进行道德和政治否定,很大一部分是在无限引申和捕风捉影。

在 1962 年 9 月的八届十中全会上,毛泽东提出了一个重要的命题:"凡是要推翻一个政权,总要先造成舆论,总要先搞意识形态方面的工作。无论革命也好,反革命也好,他先要搞意识形态。"②从历史上的阶级斗争和夺取政权经验看,毛泽东所说的确实是一个规律性的东西,具体到批判梁漱溟乡村建设理论和实践中所运用的历史唯物主义观视角和适当的阶级斗争方法,在彼时的社会环境下更是有其自身科学合理性和必要性,其中许多批评观点更是一针见血、切中肯綮。但是在无产阶级已经取得政权并且其领导地位日益巩固的情况下,过度强调资产阶级复辟的危险性,就难免将一定范围的阶级斗争扩大化。一定条件下对于意识形态领域的阶级斗争就越来越看重,结果发现问题越来越多,斗争范围越来越扩大,斗争程度越来越激烈,以致导致了这一领域一轮接一轮的过火批判。"这一场大批判,真是一场劳

① 费孝通:《论梁漱溟先生的文化观》,《群言》,1988 年第 9 期。
② 中共中央文献研究室:《毛泽东传(1949—1976)》(下),中央文献出版社,2003 年,第 1255 页。

民伤财。彻底打破了自由研究任何人文学科的幻梦的灾难。"①批判者深受"革命万能论"的束缚,认为革命是改造中国和建设中国的唯一可行的手段,把凡是不革命的就看成反革命,对人或事的评价完全取决于他对革命的态度以及与革命的关系,以此标准作为解读他人的唯一和至高原则,很大程度上扭曲了学术批评所应坚守的底线和标准。这种扭曲尤其体现在同时参与过三十年代和五十年代对梁漱溟乡村建设理论和实践的批评运动的理论家的文章中,如吴景超、孙冶方、千家驹等,为彼时知识分子面对社会大环境影响的艰难与异化作出了生动诠释,同时也为今天思考知识分子的社会角色与定位提供了真实案例和深刻启示。

二、批判主体:知识分子的两难困境

新中国成立以后,吴景超选择了包括梁漱溟在内的与他同时代绝大部分知识分子相同的道路,留在大陆期待为新中国服务。客观来说,与梁漱溟相比,这一时期吴景超的思想转变和对于新时代的顺应过程是比较迅速和自觉的。二十世纪五十年代初期,土地改革兴起,包括吴景超在内的大多数知识分子成为这一历史进程的参与者和见证者,思想上受到很大冲击,学术观点或主动或被动地发生了极大转变。就是在这样的转变过程中,在五十年代毛泽东发起的轰轰烈烈的"批判梁漱溟反动唯心思想"运动中,吴景超又一次当仁不让地成为了急先锋和主力军,于1955年写了《批判梁漱溟的乡村建设理论》一文,对梁漱溟的乡村建设理论和实践再一次进行了批判。通过对其早年的文章考察可以看到,吴景超的学术训练非常严格,非常注意欧美现代学术研究动向,很注重统计和史料的运用,从不说似是而非、没有根据的话,所以即使是早年对乡村建设运动、对梁漱溟的邹平乡建实验有不同意见、发生学术争论,但也仅限于就事论事,一直不失风度、温文尔雅、点到即止,决非居高临下、盛气凌人。而在五十年代的这篇《批判梁漱溟的乡村建设理论》中,则完全一反常态、断章取义、缺乏逻辑,其中不乏尖酸刻薄的人身攻击。比如,他将梁漱溟和胡适相提并论,认为两人在某些看法上"如出一辙"。但查阅学术资料可知,胡适和梁漱溟二人在思想脉络和学术观点上并不乏争论甚至相悖,差异性远远大于相似性,吴景超的论断无疑违

---

① 曾彦修:《立此存照》,《文汇读书周报》,2001年2月10日。

背了学术研究和评判中应秉承的严谨态度和客观立场,扭曲了曾经的学术气质和治学风格。在这篇文章中,他大量引用《毛泽东选集》、胡乔木《中国共产党三十年》、刘少奇《关于土地改革问题的报告》等政治文件和著作,完全抛弃了早年引经据典、严密论证的行文风格,这样的文章在吴景超一生严谨、追求超然独立的学术生涯中无疑是一大败笔。①

这种前后批评态度发生转变的另一个代表是李紫翔。在三十年代对梁漱溟乡村建设理论和实践的批评中,李紫翔一直是一员猛将,他从理论到实践,从梁漱溟乡村建设研究的路径和方法论,到实践过程的改良性和功效,不仅在哲学层面上,而且在文化观点和阶级观点上,都对其进行了丝丝入扣的分析和鞭辟入里的批评,并取得了很大效果。综观此时"中国农村派"成员对以梁漱溟为代表的乡村建设运动的批评文章,论分析之深刻全面和火力之集中猛烈,以及对全国关注这一运动的青少年的影响,应该说一时无出其右者。这一时期李紫翔所写的批评文章,虽然用语不乏猛烈尖刻,但大多言之成理、立之有据,一直坚守在学术讨论的范围,绝无人身攻击的刻薄言辞。在揭露和批评梁漱溟等乡村建设工作人员的改良性的同时,李紫翔也不乏对其工作客观的肯定和热情的赞扬,用意只在于揭示和表达自己观点的合理性,以期使以梁漱溟为代表的乡村建设工作人员及时警醒,不要再做劳而无功的"所谓乡村建设",早日抛下改良的"痴心妄想"而走到革命的"光明道路"上,号召全体乡村建设工作人员为中国社会和农村的彻底改造贡献自己的一份力量。归根结底,这是一种"惩前毖后治病救人"的负责任的人道主义批评精神而不是"一棍子打死"的政治斗争。而到了二十世纪五十年代批判梁漱溟的运动中,李紫翔却一改三十年代的理智和客观的学术态度,由有理有据的学术讨论一变而为言辞尖刻莫须有的政治批判和人身攻击。这一时期,他仍然站在批判的最前沿,并写出了《梁漱溟的四十年》一文,极尽所能地对梁漱溟所谓的"一贯的坚定的反动政治立场"进行了批判,文中指出梁漱溟对人民、对共产党怀着无比的"阶级仇恨",是"反共反革命的国民党理论家",他的乡村建设运动就是他"反革命的行动家"的具体表现,是"为害于中国人民事业的"。与三十年代批评文章的言之有物和层层逻辑推进的严密相比,五十年代李紫翔对梁漱溟的批判文章充斥着意识形

---

① 谢泳:《清华三才子》,新华出版社,2005 年,第 216 页。

态对立的指责,先把批判对象预设在对立的反动立场,既没有逻辑认证,也缺乏理性分析,武断地将其所有的言论都贴上反动标签,断章取义,捕风捉影,出入人罪。无疑,这是一种出于意识形态狂热的政治批判,早已经远离了学术讨论的初衷,而彻底沦为政治斗争需要的奴婢。

与李紫翔、吴景超在这次批判运动中的表现类似,孙冶方也加入了这次批判梁漱溟的行列。但历史就是如此吊诡,对梁漱溟的批判运动稍为减弱后不久,1964年下半年,又开展了对孙冶方及其经济学观点的批判,陈伯达、康生等发动中国科学院经济研究所全所人员揭露批判孙冶方的"修正主义经济理论和经济政策",甚至还用莫须有的罪名,将他同张闻天的所谓"反党活动"联系起来,打成"张孙反党联盟"。最后,又以"抗拒党和群众对他的原则批评,态度十分骄横"的罪名,撤销了他的经济研究所所长职务,并下放到京郊周口店韩继大队进行劳动改造。

细读上下两卷《梁漱溟思想批判》,联系批判者和被批判者在那个特殊年代浮浮沉沉的诡谲命运,不仅使人惊讶,更使人心情格外沉重。在随后一次又一次的政治运动中,他们批判梁漱溟的墨迹未干,其中绝大部分作者自己就不同程度地受到冲击、打击,甚至迫害。联系这段历史,不为捕风捉影,更绝非落井下石,而仅仅试图通过对卷入到二十世纪五十年代批判梁漱溟运动中知识分子前后命运转变的分析,挖掘出知识分子在学术争辩中所应坚持的立场和原则,思考知识分子在时代大潮中所受到的不可避免的影响。我们需要思考的是,当"大家"可以不公正地、粗暴地对待一个人时,即便这个人"完全错误",也意味着每一个人都可能被"大家"不公正地粗暴对待。

行文至此,掩卷沉思,唐德刚在《晚清七十年》一书中所写的一段话或许可以为那个特殊年代的盲目狂热、缺乏理性的批判运动作一个较为恰当的注解。他认为落伍之可悲,固无论矣,但勇往直前的跳跃前进何以亦发生反效果呢?史实告诉我们,中国的现代化运动,是分阶段完成的,而各阶段有各阶段的主题和若干副题,主题便是各该阶段的当务之急,而副题(可能是次一阶段的主题)在现阶段则往往是不急之务,完成主题与副题的方法则可能是龃龉的。因此,集中全力完成主题,可能增加解决副题时的困难,但是忘却主题而侧重副题的,则往往为该阶段所唾弃。古人云:"君子务本,本立而道生","知所先后,则近道矣"。如果忘却主题而侧重副题,则是本末倒置不知先后。所以,中国近代史上,在各阶段中,凡是从事解决当务之急的主题的社会力量,往往是前进的、成功的,同时凡是不知先后,侧重副题,搞不急之务的,则未有不失败的。但是正确侧重的前提是首先要分清主次,随着中国现代化运动进入次一阶段,以前的副题可能变成主题,主题可能变成副题,这就要求前一阶段的进步的社会力量必须随主题之变动而调整和进步,否则之前的进步力量必然成为此时社会发展的障碍和阻力。历史和时代绝非一成不变,这种反复变动与社会力量之兴替,在中国近代史上昭然若揭。①

在此意义上看,梁漱溟试图"以进步达到平等,以建设完成革命"的观点固然有其局限性,但如同革命的任务必须用革命的手段完成,建设的任务同样也必须用建设的手段完成,换言之,放在历史和时代的大背景下考察,梁漱溟的乡村建设运动虽不能解决新中国成立前的中国革命问题,但毫无疑问可以在革命后的中国改造和建设问题上发挥作用,而这恰恰在五十年代的批判运动中为多数知识分子有意无意的漠视或忽略。这种无视或无奈默许使他们主动或被动地成为那场批判运动的参与者和呐喊者,与梁漱溟一起成为今天思考知识分子问题的直接来源和参照。

三、批判态度:观念先行的彻底否定

在当代美国著名政治哲学家沃尔泽看来,人类的本性就是创造文化的生命,知识分子就是专门从事文化解释和文化表达的那些人,包括"传统社会中的教士、先知、贤哲、作家、诗人、历史学家以及所有以写作为业者"。他们的工作就是在物质的世界之外创造多种多样意义的世界,并进而阐明和维护自己所在社会的价值和理想,所以在此意义上知识分子的使命就是进行社会批评。但是,知识分子的社会批评必须是站在社会之内的批评,是一种集团的自我反思,它既是一种否定,也是一种维护。进行社会批评无需彻底打碎一个旧世界,再依照发现或依据理性构造的理想蓝图设计一个新世界,而是必须站在传统的也是现存社会的基本价值基础上对社会制度和实践进行修正。② 根据这种认识,可以理解,知识分子在进行社会批评时不仅不应该不分青红皂白地拒斥一个社会的传统价值,相反应该立足于维护社

---

① 唐德刚:《晚清七十年》,岳麓书社,1999 年,第 10 页。

② 任辉献:《迈克尔·沃尔泽——左派、知识分子和政治哲学家》,载许纪霖主编:《世俗时代与超越精神》,江苏人民出版社,2008 年,第 90 页。

会的优秀传统内核,唯有如此,批评才有坚实的基础和必要的价值。

具体到中国,仅从汉语的使用习惯上讲,"批评"虽然包括"批"和"评",但重点在于"评"。与此一致,我国许多专家学者也都在不同条件下对何为健康正确的批评态度进行了多角度的解释和主张,但相同点都在于主张努力使自己冷静理性,尤其需要注意语气,态度应该平和,避免走极端、施酷评。如闻一多曾经说过,批评精神应该遵循五个原则,要鼓励善良,因为"批评不专是揭短";要注重建设,"批评是方法,建设是目的,我们因为要建设,便不得不先批评";要务避激愤,"批评是不得已的事,我们对于受评的人和事,应抱一种爱惜的同情,我们的态度要和平公正。偏重感情,反避理性;个人攻击,徒起争端。以后凡是这类的言论,我们一概拒绝";要力矫浮夸;要删除琐碎。① 与闻一多的态度相似,当代著名学者季羡林也从人思想方法差异性的客观存在出发,主张尊重个体思想方法的内在合理性,不应简单地对其予以否定或消灭,"个人的意见不管一时觉得多么的正确,其实这还是一个未知数。时过境迁,也许会发现,并不正确,或者不完全正确"②。令人感叹的是,在对梁漱溟的历次批判运动中,很多批判者却有意无意地忽略了应有的批评原则和态度,一变而为纯粹的意气和意识形态之争,销蚀了学术批评的固有价值。

当然,从感性角度来说,面对不同的思想和意见,人更多地倾向于坚守和捍卫自己思想意见的正当性和科学性,而对不同意见容易采取排斥甚至对立的态度。换言之,放弃自己的学术观点并不容易,理性平和地对待不同意见也同样困难,但不能因为客观困难就放弃努力的意愿和实践,也恰恰由于困难的存在,才益发显现出客观理性的批评态度之珍贵。真理的长河是永远流动不停的,一种思想的发展毫无疑问要跟着社会的发展走,所以对于同一个问题,我们要允许不同的人基于不同的认识和理解提出不同的解决方案。方案有错有对,但只要是为着同一个美好光明的理想,这种尝试就值得尊重。除此之外,我们应当根据当时情况来评论当时的学术成就,可以不赞同他们的理念和方式并进而对其进行深刻细致的批评,但这种反对和批评必须建立在客观公正的基础上。谩骂不等于战斗,更不等于革命性强。

① 《闻一多全集》(二),生活·读书·新知三联书店,1982年,第315页。
② 季羡林:《此情犹思——季羡林回忆文集》(二),哈尔滨出版,2006年,第49页。

对一种观点不同意，那么对立面的学者首先应该做的工作是解释、描述自己为什么会作这种选择而不是对手的选择，而不是首先完全否定对方观点的合理性，换言之，即在解释中否定，而不是只通过否定来解释。在批评方式上，更应该心平气和，以理服人，坦荡直率，唯有如此，反对和批评才有意义，问题才能在不同的尝试中最终找到正确的解决之道，社会才能在这些问题的不断解决中走向进步。

越是缺乏理论创造能力和思维深度越是表现出狭窄自闭的心态，培育和鼓励健康、民主和宽容的批评与争论在很大程度上有利于视野角度的开拓和科学真理的接近乃至取得。以古希腊的多神教为例，它的特异或者优长之处就在于对异教的包容、对不同意见的体谅和对多元生活发自内心的接纳。"这让他们一度在世俗生活和超越精神之间取得微妙的平衡，这种平衡不是死水一潭的僵化平衡，不是以丧失人的全面发展和社会正义为代价的表面和谐，而是一种充满紧张与生机的内在和谐"①。在一定历史阶段发现或拥有朴实真理和先进理论的革命者，他们的任务不是批评现存的社会，而是摧毁它，毫无疑问这种摧毁有其存在和发展的必要性与进步意义，但需要警惕的是由于惯性和定式，这种批评家也很容易蜕变成自己社会的敌人，在此意义上使曾经正确的批评被摧毁甚至发生异化。"一个敌人不可能被认可为一个社会批评家；他失去了批评家的地位和资格。"②所以在批评与反批评时绝对不能超脱自己生活的社会，必须强调承认差异的宽容胸怀，求同存异的民主态度，不要过多地搞拉帮结派进行道德说教甚至党同伐异，否则不仅一事无成，而且会导致一些不可预料的消极后果甚至丧失辨别对错的基本能力。这在二十世纪五六十年代轰轰烈烈的各种各样批判运动中早已得到了极大的教训和证实。具体到中国现阶段的现实，由于社会经济的加速转型，各种关系的复杂性、变异性和信息增量急剧扩张。在政府一面，必须努力做到"野无遗贤"，广泛倾听学者意见，在体制上创造条件，在政治上创造宽松的环境。在知识分子一面，则必须不断地增进自己学养的力度和深度，潜心探索，在分歧产生时本着"以仁心说，以学心听，以公心辩"的谦虚

---

① 周濂：《尺度、分寸与超越》，载许纪霖主编：《世俗时代与超越精神》，江苏人民出版社，2008年，第42页。

② Michael Walzer, *Interpretation and Social Critics*, Harvard University Press, 1987, p134.

审慎的态度,共同展开有意义、有进展的学术争鸣,从而促进我国社会意识形态的健康发展,为当代思潮的良性互动做出贡献。

具体到梁漱溟乡村建设理论和实践,其最大特点就是基于自身思考,结合社会现实背景所做的艰苦实践。他从实际中发现问题,然后通过自己的独立思考对这些问题发表意见,针对性地提出解决方案。当然,这种解决方案可能并不完美,但在当时的历史条件下,他对中国的发展提出了自己的主张,并锲而不舍地去实践它,这并不是一个什么主义就能抹煞的。三十年代的"中国农村派"即使是在批评的同时,也没有对梁漱溟的实践精神和行动毅力一笔抹煞、全盘否定。而五十年代对梁漱溟的批判,则是观念先行的政治产物。尤其值得重视的是,五十年代批判梁漱溟乡村建设理论和实践中,除去少数文章能够客观公允地指出其理论和实践的失误之处,大多数都是出于政治高压的自保心态,纠结于那些激情有余理智不足的争论,以深文周纳的逻辑,捕风捉影莫须有的推理,断章取义地曲解梁漱溟出于理想的热情和对现实的个人分析而创造出的理论以及十多年的践行。这在一定意义上不仅仅是对梁漱溟个人的批判,不仅仅是对其爱国精神身体力行的不人道的完全否定,更在极大范围上为"文化大革命"中给人罗织罪名树立了一个反面样板,在客观上混乱了青年一代的逻辑思维,对科学理智思维培养的破坏力之大前所未有。如果不能从思想根源上认识到这种借学术批评之名行政治批判之实的运动的极大危害性,对前车之鉴昧而不见或云淡风轻,则无法保证这种历史不会重演。历史的进程与逻辑的推演在大多时候并不是统一的,历史总是离得越远,看得愈清,真理的平凡性恰恰存在于一种从岁月的惊涛骇浪中过滤下来的日常生活中。尤其在当前建立民主法治的和谐社会过程中,在最基本的爱国情操的前提下,允许宽容、多元的思想和实践的存在和尝试,对于当前社会主义事业的健康发展和广大人民群众公民意识的培养,不可谓不意义重大,值得正视并谨记。

第三节 现代化语境中梁漱溟乡村建设理论和实践的再审视

二十世纪二三十年代,是知识界思想极度活跃、学术研究充满活力的时期,乡村成为各种理论和实践研究的焦点。不夸张地说,这股滥觞于二十世纪二三十年代的乡村热潮直至二十一世纪的今天依然方兴未艾,堪称中国人文社会科学最为活跃的领域之一。涉及乡村研究的不仅有人类学和社会学,还有历史学、文学、哲学、政治学等各学科领域,现代性、国家和村庄的地方性知识更成为不少学者进行乡村研究的三个基本维度。[①] 但是在这一研究过程中,依据西方理论阐述乡村社会的性质构成了解读中国乡村社会的理论源泉。[②] 相比之下,梁漱溟的乡村建设理论和实践根植于中国乡村社会中的传统文化内容,并没有被二十世纪初中国乡村制度的激越变革浪潮所彻底倾覆,反而展示出任凭风吹浪打我自岿然不动的铮铮风骨,成为坚守传统的典型代表。

如果从学理价值和社会功利价值的双重意义出发,种种由思想家或政治家们设计的社会改造方案,在落实于乡村社会的过程中,无一不受到乡土社会现实的制约,也即不管是哪个派别的乡村建设在落实过程中都无法彻底达到传统与现代的绝对对立或替代,而更多考虑的是如何让传统与现代因素更好地衔接、融合与共生。"完全让传统因素退出并让现代因素占领社会生活领域的主观努力,如果不是陷入失措的困厄,就是从根本上被修正。对此,仅仅归结于'复辟'或'倒退'的道德评价无济于事,因为我们不能无视它的'客观历史进程'以及由此引申出的历史深刻性。"[③]在此意义上,梁漱溟的乡村建设理论和实践,归根结底都是传统与现代因素之间经历了一场冲突、替代与纠葛、融通复杂历史过程的结果,是这些尝试和努力的典型代表,即使它不是那么尽善尽美,但其勇于探索的理论创新和立足中国本土的具体实践,除了能给我们矢志于学术研究的鼓励,也在很大程度上对研究今天的新农村建设提供了不容忽视的理论和实践源泉,值得认真研究和借鉴。

可喜的是,随着理论研究和实践检验的逐步深入,随着中国新农村建设的逐步推进,在这种整体认识的主流框架下,我们依然可以听到不同的声音。他们从另外一个角度,用不同的方式,揭示并肯定了梁漱溟乡村建设理论和运动的另一种意义和价值,提供了不同的却极有启发性的方法和视角,

---

① 复旦大学历史学系、复旦大学中外现代化进程研究中心编:《近代中国的乡村社会》,上海古籍出版社,2005 年,第 9 页。

② 复旦大学历史学系、复旦大学中外现代化进程研究中心编:《近代中国的乡村社会》,上海古籍出版社,2005 年,第 7 页。

③ 王见明、常书红:《传统与现代的交错、纠葛与重构——20 世纪前期中国乡村权力体制的历史变迁》,载复旦大学历史学系、复旦大学中外现代化进程研究中心编:《近代中国的乡村社会》,上海古籍出版社,2005 年,第 57 页。

值得重视和关注。在此我们无意对批判中对此观点的整体对错性质予以翻案,而只是通过引用一些学者对此问题的探讨借以说明,梁漱溟的某些理论和实践观点并非如反对者批评的那样一无是处,尤其是在建设现代化中国的今天,其中的某些观点更加值得思考和分析。

一、伦理本位、职业分途之再讨论

梁漱溟在乡村建设理论中认为,中国传统社会是一个"伦理本位,职业分立"的状态,由此认识他反对中国共产党领导的通过阶级斗争武装夺取政权的道路,认为阶级斗争在中国社会改造中是一条走不通的路,而主张从乡村入手,以传统文化为主导进行点点滴滴的改良,以期由农业到工业,由乡村到城市,建立新中国。这种观点不仅在二十世纪三十年代就受到了"中国农村派"的猛烈抨击,更在中国共产党通过武装斗争取得了全国性胜利并建立新中国后,在五十年代的那场大批判中受到了铺天盖地的猛烈攻击。

从学理上看,梁漱溟对于中国社会结构特殊性的论述,尤其是他关于土地自由买卖以及中国历史上大量自耕农的存在是中国社会阶级阵线不明和阶级身份变动不居的重要原因,以及他对传统社会结构的分析侧重于家庭伦理关系等,有其深刻的合理之处。首先,他对中国社会性质的分析着眼点在于寻找中国社会的特殊性,而非论述其与西方社会的一般性。他指出,自己的中国特殊论不单是从其过去历史文化的认识上而建立,主要还在于自己亲身多年感性的认识上,而且正是从当前感性的认识追溯上去,才有那些历史文化的认识。既从今以追古,又由古而达今,事事与外国相比较,纵横往复之后,特殊论乃建立起来。换言之,他虽反对以阶级观点的方法分析中国社会,实际上他的通篇论述却是以西方社会的阶级对立为参照,此种论述方式随着时代和理论的发展在一定程度上更是与其他学者的观点不谋而合,某种程度上对梁漱溟的观点进行了印证和支持。如马克思的"亚细亚生产方式"、当代中国马克思主义者的"有中国特色的社会主义",以及时下世界范围内一些学者强调的"东亚模式对西方的挑战"等。所以,虽然必须承认梁漱溟确实夸大了中国社会的特殊性,但是其相关论述确实也敏锐地看到了中国社会不同于西方社会的特殊性所在,暗含着中国社会结构的东方特色可能与西方基督教文明的社会结构有不同之处的理论基点,是中国学者在此领域的先觉和先行者。

　　其次,梁漱溟之所以在阶级斗争问题上始终没有完全认同中国共产党,其根本原因还在于他认为以阶级斗争方法考察中国社会,虽有其合理之处,但并不能以此来完全解释他心目中的历史现象。"很难想象出一个比20世纪10年代和20年代的中国更不容易进行阶级分析的社会了。当时,资本主义在中国还很不普遍,而传统欧洲式的封建主义已不复存在。主要角色是那些在马克思的阶级分析框架中没有位置的地方军阀。甚至蒋介石似乎也主要是代表他本人和国民党,而非当时中国任何一个阶级的利益。"①除此之外,梁漱溟认为马克思主义并不是停滞不前的,而是无限发展的,但它也有自己的适用范围,并不是放之四海而皆准的真理。应该说,在此意义上,梁漱溟的观点具有相当的合理性和前瞻性。中国共产党在这方面有着深刻的教训,毛泽东晚年所犯的最大错误就是把阶级斗争理论绝对化,在政治、经济和意识形态领域都坚持这种两军对垒非此即彼的方法,无视中国社会的特殊性,使阶级斗争普遍化,将唯物史观的丰富内容抽空,最终导致了"文化大革命"的巨大灾难。

　　在现时代的世界范围内,与梁漱溟关于中国社会特殊性观点较为一致的学者并不在少数,他们在自己的著作中用不同的方式解读着中国社会的特殊性所在,试图以此为基点真正认识中国社会,并对自己关心的问题作出解答。

　　党国英认为中国传统社会的基本组成结构就是村社共同体。在村社共同体中,人际交往、产品流通、信息传播的范围相对较小,一定范围内居民组成有着很强的固定性,组织结构和构成因子较为稳定,人们生产生活内容简单,社会确定性程度较高,出于秩序和安全的考虑也会产生权威组织机构。但是由于村社共同体上述不同于其他社会组织的特殊性,它的权威机构更多地依靠宗教信仰、道德风俗、宗法关系等即可达到保障安全和维持秩序的社会目标,而较少地依赖于暴力,换言之,只有在少数情况下,村社共同体才需要借助暴力和宗法力量,通常情况下它们只是维持乡村正常运转的辅助力量。"如果从直接经济活动的角度给传统社会下定义,可以说传统社会是

---

　　① 参见 Coble、parks M,*The Shanghai Capitalists and the National Government*,*1927 - 1937*, Cambridge:Council on East Asian Studies,Harvard Universty,1980.

以农产品生产和消费为主的社会,其主要生产手段是人力、畜力和土地。"①尤其在农村,强大的宗族关系与想象中的阶级划分相抵触,宗族组织管理着村里的各种事务。由于中国人理解的社会关系强调尊卑有序的个人关系网,因此"基于对生产资料的关系的阶级定义肯定让许多中国人感到非常不切实际"②。

与梁漱溟的观点一致,许多学者也从历史的角度出发,分析了中国传统社会特殊的组织结构和阶层流动。他们认为在中国传统社会中,政治社会与乡土社会在较大程度上是分立的,只有在少数情况下二者才会产生互动。传统的政治社会以皇权为中心,通过中央集权形成权力共同体进行政治统治,以儒家文化作为论证其政权合法性的理论来源和基础,运用从上而下的层级官僚体制维持国家机器的运转,作为政治运作和国家治理的组织形式,军队是政治统治的暴力机器和最后保证。而乡土社会与政治社会不同,它更多体现出来的是以家庭为中心的生活共同体,成员以血缘、亲缘和地缘为纽带形成不同的社会组织,乡土社会不像政治社会只有一个权力和权威,而有多种和多个权力与权威,每种和每个权力与权威都构成一个或大或小的自治体。这些自治体有的是相对封闭和严密的,有的是十分开放而没有明确界限,有的是靠习俗和心理认同来维持而极为松散的,各自治体相互之间平行和独立,但大多彼此交互重叠,因此构成复杂的组织和关系网络,即"乡土社会就是由众多平行又交叉的自治体组成的矩阵状的组织体系"③。自清代至民国,乡村农民与地主之间的差异性在逐渐缩小,家庭人口的增加和分化又造成了土地的分散,土地拥有数量不再成为区别地主和农民最显著的特征,土地的集中甚至孕育了逐渐分散的可能性,而贫苦农民只能没有土地,只能依靠生儿育女宗嗣绵延来体现自己的存在价值和生存意义,"正是这一'自然'的却十分残酷的变动过程,保证了乡村人口的总体的阶级结构上的

① 党国英:《农民组织与中国社会稳定》,载中国社会科学院农村研究所编:《中国农村发展研究报告》(六),社会科学文献出版社,2008年,第153~154页。
② [美]李侃如:《治理中国——从革命到改革》,胡国成、赵梅译,中国社会科学出版社,2010年,第83页。
③ 叶赋桂:《新制度与大革命——以近代知识分子和教育为中心》,教育科学出版社,2010年,第291~292页。

稳定"①。与城市社区不同,中国农村社区的区位差异及其他许多决定具体农村社区环境的基本要素,在漫长的历史过程中已经形成;它们对于现时生活世界中的人们来说,是一种缓慢流逝和缓慢演变的、经常出现反复和不断重新开始的、长期的和几乎不能变动的客观存在,是一些根深蒂固的力量。②

　　具体到中国传统社会的阶层构成和流动状况,某些学者也与梁漱溟有着较为近似的分析和看法。他们认为,自汉唐之世以来,中国社会"四民"的身份等级性就很强,相互之间的流动非常凝滞。宋以后,随着士的平民化,身份界限被打破,流动增强。"古者四民分,后世四民不分。古者士之子恒为士,后世商之子方能为士。此宋元明以来变迁之大较也。"③特别是到明清,"身份体系是流动的和灵活的,已没有有效的法律和社会障碍来组织个人和家庭的社会流动"④。士农工商不仅是社会分工,还是等级身份,"凡民有四,一曰士,二曰农,三曰工,四曰商。论民之行,以士为尊,农工商为卑。论民之本,以农为本,工商为末"⑤。专制政治为维持社会秩序和安定,还实行"士之子恒为士,农之子恒为农,工之子恒为工,商之子恒为商"⑥的政策,禁止阶层间的相互流动。

　　近代社会以降,在农民起义、经济发展、政治斗争、民族融合等因素的冲击下,特别是在教育和科举制度下,阶层的社会流动和社会升迁虽然有了相当的发展,但士农工商的阶层构成直到近代基本不变。如明代仍强调"士农工商各居一业,则自不为非"⑦。尤其需要指出的是,即使在明清,这种流动的方向主要是农工商向士的流动,至于士向农工商的流动自然也有,但并没有发展为一种强劲的潮流。所以如此,一方面在于士的社会地位高,具有声

---

　　①　王见明、常书红:《传统与现代的交错、纠葛与重构——20 世纪前期中国乡村权力体制的历史变迁》,载复旦大学历史学系、复旦大学中外现代化进程研究中心编:《近代中国的乡村社会》,上海古籍出版社,2005 年,第 47 页。

　　②　苑鹏等:《中国农村社区工业化模式研究》,载中国社会科学院农村发展研究所编:《中国农村发展研究报告》(一),社会科学文献出版社,2000 年,第 269 页。

　　③　沈垚:《落帆楼文集》(卷 24),文物出版社,1987 年,第 12 页。

　　④　Ho, Ping - ti, *The Ladder of Success in Imperial China*: *Aspects of Social Mobility*, *1368 - 1911*, Columbia University Press, 1959, p. 257.

　　⑤　谢阶树:《保富·约书》(卷 8),载姚鹏等主编:《中国思想宝库》,中国广播电视出版社,1990 年,第 768 页。

　　⑥　参见李林甫校注:《唐六典·尚书户部》,中华书局,2008 年。

　　⑦　参见《明会典》(卷十),吏部九。

望和特权,有强大的吸引力,农工商皆拼命努力以跻身其中;而士即使不能在科举的阶梯上爬上成功的顶点,陷于贫困,却也要维持面子,不愿放弃士的身份而从事其他职业。① 与此对应,近代以来虽然传统的政治社会向近代政治过渡,儒学也在西方近代思想观念的侵蚀下而大为褪色,近代的民主平等观念和职业观念逐渐为中国人所接受,职业变更和阶层流动乃势之所趋,但近代社会流动主要发生在上层与上层之间,上下之间的流动仍然受到相当程度的制约和阻碍,具体表现在如官绅商军之间的身份和职业转换或一身兼具多重身份的现象很普遍;下层与下层之间也相互流动,工人绝大多数来源于破产的农民和手工业者,早期的工人常在工厂与乡土之间来回走动;除很少一部分工农子弟由读书进学而向上流动外,上下之间的流动有很大阻碍。② 这些分析和观点无疑与梁漱溟对乡村社会的见解有着一定程度的回应和支持,引导我们更加全面和理性地认识彼时的乡村社会,重新界定乡村建设的时代意义。

二、第三条道路之再讨论

在中国新民主主义革命时期的政治舞台上,由于经济成分、阶级关系和民族矛盾的复杂性、多样性,多种类型的政治思想并存。以新文化运动为开端,尤其是在十月革命爆发以后,是一个从单纯的文化思想之争逐步扩展到政治之争的渐进过程。随着马克思主义思想在中国的传播,关于中国文化与西方文化之间的优劣、中国政治上该往何处去的争论更加白热化,许多新观点、新主张层出不穷。概括来看,这阶段争论的焦点集中在由新旧思潮论战引发的革命与改良之争,主要包括以中国共产党人为代表的无产阶级的社会主义思想、以孙中山为代表的资产阶级革命派的新三民主义思想、以蒋介石为代表的封建买办法西斯主义和资产阶级改良主义的中间道路思想。③ 可以说,这些思想都是基于对新旧思想之激战的不同态度和对现代"中国向何处去"的思考,导致了他们在"五四运动"后走向不同的政治道路。具体到

---

① 叶赋桂:《新制度与大革命——以近代知识分子和教育为中心》,教育科学出版社,2010 年,第 47 页。

② 叶赋桂:《新制度与大革命——以近代知识分子和教育为中心》,教育科学出版社,2010 年,第 48 页。

③ 刘景富、杜文君:《中国现代政治思想史》,东北师范大学出版社,1991 年,第 8 页。

梁漱溟,如前文而言,虽然他承认并钦服西方先进理念,但此赞同的前提是"使其融合于固有文明之中"①,以实现新旧思想的融合折中,在此基础上,他认为帝国主义和军阀并不是彼时中国的革命对象,否认阶级斗争的革命动力作用和暴力革命形式,提出了自己中国革命"外部引发"论和"政、教、富、卫合一"的乡村建设道路。终于,在第一次国内革命战争期间以及失败之后,梁漱溟开始矢志践行自己学术和政治理想即乡村建设运动,"成为当时乡村改良运动的重要组成部分"②。

　　"九·一八事变"之后,民族危亡日益严重,梁漱溟呕心沥血数载的乡村建设也不可避免地走进了死胡同。此时的梁漱溟对国民党政府的不抵抗主义也日益不满,开始奔走于发动民众抗日。1937年8月,他应国民党政府之邀参加最高国防会议参议会,主张大规模发动知识分子,并建议改革教育制度。1938年访问延安,与共产党领袖彻夜长谈,探讨对于旧中国的认识和对于挽救民族危亡的探索。1939年在国共双方的协助下,梁漱溟带同自己的几个学生巡视华北、华东敌后抗日游击区,有感于国共两党军队摩擦纷争不断,不仅有碍于抗战大势,对国内和平也有着不可预计的阻碍,1941年梁漱溟与黄炎培、张君劢、左舜生等人发起成立"中国民主政团同盟",即后来的民盟前身,意图以第三者的身份调停国共关系,在国民党大地主大资产阶级专政和中国共产党领导的人民民主专政之外,寻找所谓"第三条道路","由于抗战特别是由于政协的机缘,客观上一时造成了他在全国第三党的地位,使他们中间许多领导人物代表着中产阶级的想法,企图在国共对立的纲领之外,寻找出第三条道路"③。以张澜、梁漱溟、黄炎培等人为代表的民盟第三条道路主张,"拿苏联的经济民主来充实英美的政治民主,拿各种民主生活中最优良的传统及其可能发展的趋势,来创造一种中国型的民主"④,他们提倡和平改良,反对暴力革命,经济方面承认私有制,主张实行改良的资本主义,并将中国实现工业化的希望完全寄托在外国资本尤其是美国身上等。

　　无疑,以梁漱溟为重要代表的民盟的上述主张与他之前践行的乡村建设运动,在很多理念和具体做法上是一脉相承甚至完全相同的,充分反映了

---

① 《答新青年杂志记者之质问》,《东方杂志》第15卷,第12号。
② 陈旭麓主编:《五四以来政派及其思想》,上海人民出版社,1987年,第422页。
③ 《周恩来选集》(上卷),人民出版社,1980年,第284页。
④ 《中国民主同盟历史文献》,文史资料出版社,1983年,第77页。

梁漱溟本人对中国社会发展尤其是政治发展的选择和主张。不可否认,在当时的政治环境下,这些主张客观上反映了以梁漱溟为代表的中国知识阶层传统的爱国主义、民主主义精神,在国共两党之间发挥了重要的桥梁作用,缓和了两党的冲突,促成了政治协商会议的召开,并在批评时政、保障人权、力争和平与民主方面都发挥了必不可少的积极作用。但是在当时国民党和共产党对峙的情况下,以民盟等为代表的第三方面不切实际地对美蒋政府抱有幻想,脱离了中国实际,违背了历史发展规律,对革命的前进和历史发展起了消极作用,换言之,梁漱溟等人所主张的"第三条道路"或"中间路线"是"是行不通的,也是无必要存在的"①,只能是不切实际的幻想。经过重重磨砺与挫折,梁漱溟也真正认识到"第三方面朋友糊涂不中用,特别是我糊涂不中用","深感自己搞不了政治,决心退出和谈",②并最终于1946年辞去民盟秘书长一职,宣称"吾无复邹平实验之趣。亦无意与政治结缘,所望于及门诸生者,能将吾之学问传下去"③。1947年11月6日,民盟总部宣布解散,标志着"全国性的第三大党运动已经失败,第三条道路的想法已经破产"④。

时代不断发展,理论日新月异。具体到现阶段的中国,政治发展依然是我国所要大力思考和解决的关键问题之一。作为后发型的发展中国家,我国不能简单地照搬或模仿西方发达国家的政治发展模式,而应立足于国情,对政治发展的普遍性和特殊性予以重点关注和分析,探索出我国政治发展的独特道路和内涵,最终建立一个适应或促进现代化进程的政治体系,通过政治发展促进和保障经济与社会的全面发展。在此意义上而言,二十世纪梁漱溟通过乡村建设运动和民盟所设计与提出的一系列政治发展理念,包括他对扩大乡村政治民主的努力,对开发和提高乡民自主个体意识的重视,对当时社会秩序、乡村传统秩序的强调和强化,对中国传统政治文化的继承和发扬,对乡村社会乃至中国社会法制建设的提及等,就有了必须重视和借鉴的价值所在。

---

① 李文:《论"第三方面"与民主运动——兼与施复亮先生商榷〈中间派的政治路线〉问题》,《文汇报》,1947年3月21日至4月9日。

② 闫秉华、李渊庭:《梁漱溟年谱》,广西师范大学出版社,2003年,第211页。

③ 朱传誉:《梁漱溟传记资料》(一),台湾天一出版社,1979年,第50页。

④ 《周恩来选集》(上卷),人民出版社,1980年,第283页。

"政治发展并不是一个单向的线性因果链条,而是一个多重因素彼此渗透、交互作用的复杂过程。"①必须承认,政治发展的终极动力在于生产方式的变革和生产力的不断发展,但经济因素远远不是经济发展的唯一因素,换言之,经济基础对政治发展的推动作用是通过与其他因素的相互连接、相互协调而得以发挥的。其中如民族利益格局分布、阶级阶层关系、民众觉悟和参与程度、特定的文化传统等,都在政治发展的过程中起到举足轻重的作用,它们万流归元、齐心协力地决定和推动着某一地区和国家的政治发展走向、途径和进度,进而塑造了社会发展和民众面貌。同样,政治发展采用什么方式、手段来实现其目标也并没有统一的标准公式,需要结合不同阶段的具体背景和环境具体分析与选择。由此理论出发,在详细分析后发国家尤其是我国政治发展的有利因素和不利因素的基础上,从"文化复古""改良主义"等标签化的单向思维中突破出来,考察和提炼梁漱溟彼时关于中国政治发展的诸多主张,挖掘出其固有的科学合理性和时代进步性,无疑能为今天的政治发展提供些许参考和借鉴。

面对二十世纪风起云涌、瞬息万变的国际国内形势,如前文所述,梁漱溟对中国的政治发展道路提出了自己的主张,通过仔细分析可以看出,无论是前期的乡村建设运动,还是后来民主同盟的建立,梁漱溟贯穿始终、矢志不渝的是对中国传统文化的继承和改造,是对传统政治文明的挖掘和坚持,这也是他不断遭受批判和争议的焦点所在。本书无意为梁漱溟思想和实践中的落后消极因素开脱和翻案,彼时中国的具体国情已经决定,只有代表先进生产力和生产方式的以中国共产党领导的工农联盟的武装革命才能彻底改变旧中国,领导中国人民走上民族独立、繁荣富强的康庄大道,这也早已为历史事实所肯定和证明。

但马克思主义经典著作也指出,社会上层建筑中的文化传统、意识形态等因素对社会制度尤其是政治、法律制度的建立和完善具有极大的反作用,是影响各项制度发展的重要因素,因此政治文化尤其是传统政治文化不仅是一个国家或地区的政治发展的重要基础和巨大动力,还决定着先进政治制度的确立和执行、政治民主化的推进和人们对政治体系的广泛认同。而任何一个国家的政治发展都伴随着传统与现代的矛盾,尤其在我国,传统社

---

① 关海庭主编:《中国近现代政治发展史》,北京大学出版社,2005 年,第 14 页。

会的习俗、观念、行为模式等根深蒂固,有着极为深厚且广泛的基础,因此如何将现代政治发展因素与传统政治文化结合,去伪存真、去粗取精,赋予传统政治文化中积极因素以生命力,同时借助传统的惯性和影响力增强国民的政治适应性和认同感,赋予政治结构以更多弹性,梁漱溟彼时关于政治发展的诸多思考和措施,他"对于政治制度的革新与保守这两个方面的某种结合"①,必然能给予我们启示。

三、儒家传统政治文化之再讨论

梁漱溟在其《东西文化及其哲学》和《乡村建设理论》等著作中一直坚持,文化就是一个民族生活的样法。世界文化以西方文化、中国文化、印度文化为主流,并且逐次向上发展,西方文化重物质,中国文化和印度文化重精神,尤其是中国文化在没有开发出繁盛的物质文明前就已经形成发达的精神文明,实质上是一种文化早熟。相应的,虽然梁漱溟在其著作中没有使用"政治文化"一词,但仍然处处可见他对中国政治的文化基础的解读,对文化基础与政治制度二者关系的思考,以及试图融合中西政治文化的种种尝试。"政治问题还是表面,非其根本;政治问题还是问题之一部,非其全部。论其根本,论其全部,原是整个文化问题。"②他认为中国所有的问题都可以归结到文化问题,包括政治问题的解决,也应该在中国传统文化包括政治文化的基础上,通过中国文化体系包括道德体系的重建,建立一个全新的政治共同体。对于梁漱溟文化以及政治文化的观点和基于此观点做出的实践,不论是"独立评论派"还是"中国农村派"都予以了激烈的批评,具体内容已在上文列出。但时移世易,随着理论研究的进一步加深和时代赋予人们感受的不同,现代学者对于中国传统文化尤其是政治文化的认识和理解,与梁漱溟的观点有了某种程度的呼应,值得思考和分析。

萧功秦认同梁漱溟对于文化概念的定义,认为"所谓的文化,就是一个民族的生活方式。它是一个民族适应环境挑战与压力过程中,通过无数次的试错而找到的适应环境的手段与方法"③。与梁漱溟的观点一致,他同样

---

① [以]艾森斯塔德:《现代化:抗拒与变迁》,张派平译,中国人民大学出版社,1988年,第172页。

② 李凌已:《梁漱溟学术文化随笔》,中国青年出版社,1996年,第208页。

③ 萧功秦:《反思的年代》,复旦大学出版社,2010年,第179页。

认为中国在先秦文明形成以后，由于缺乏其他异质文明的营养滋润而过早的成熟，文化基调早已形成，到了西汉中期，中国文化已经如同一个成年人了，可塑性已经不大，后世中国人与汉朝中国人的文化心态、价值观、行动方式已经差别不大就是一个有力的明证。萧功秦认为，汉朝以后中国文化与文明走的是路径依赖式的发展道路，即在一个固有的成熟文明传统内部的微调与更新的道路，而不是另辟蹊径或者改天换地。与这种早熟的文化相适应，中国人注重精神与内在，讲究自然与人的和谐共生，将人自我内在的提升与满足视为人生最高境界。相反，以美国人为代表的西方人相较中国人来说更为世俗，热衷于享受个人主义的乐趣，然而恰恰是这一点，"使他们能具有对建构主义意识形态与乌托邦的天生免疫力。这就能使他们在实务的世俗竞争中，充分地发展多元文化与经济。而多元经济与文化的活力与竞争力，却成为胜利的关键。某种意义上，梁漱溟所说的东方讲精神、西方讲物质的论断，虽过于简单，但在今天的我们再反思一下，或许还能体味出前人没有体悟过的新意"①。

　　具体到中国传统政治文化，梁漱溟关于儒家文化是中国传统社会根基性的论断得到了相关学者的认可和赞同。他们认同中国传统政治文化以儒家文化为代表，与中国具体的历史环境密不可分，有着自身的特殊性，且影响深远，至今犹存。传统的中国封建社会以封建皇权为中心，以小农经济为经济基础，以庞大的官僚体系为手段，以血缘关系、亲缘关系、宗法关系为核心依靠力量，形成一种务实、重民和重视伦常道德的中国传统政治文化，对于中国传统社会的延续和发展、维护封建专制王权起到了极为重要的作用。而梁漱溟一生也一直崇尚并践守儒家的传统德治型政治文化，信仰传统儒家修身齐家治国平天下的价值观，并试图将儒家的种种积极向上的进取精神通过乡村教育、乡村建设灌输到普通农民的心理观念中，引导他们过一种齐心向上、好学求进步的合乎旧有伦常的生活，以达到挽救农村进而挽救中国社会的目的。

　　和梁漱溟注重人自身的内心和谐安宁而呼吁顺应中国传统文化和印度文化，致力此二种文化未来复兴的观点一致，徐大同也认为中国传统的政治文化强调为政者要考察民心、注重民意，重视社会关系的调和以及人际关系

_____

① 萧功秦:《反思的年代》,复旦大学出版社,2010 年,第 185 页。

的和谐是我国传统政治文化的"合理成分","不应采取简单的否定态度"。具体到个人,梁漱溟认为中国不仅自古以来缺乏直接关注政治的文化传统,"中国文化的最大之偏失,就在于个人永远不被发现这一点上。一个人简直没有站在自己立场说话机会,多少感情要求被压抑,被抹杀"①。正是由于中国传统政治文化中过分强调人与人之间的"相与"之情的道德人格,抹煞个人权利意识、公共意识的存在,过分强调社会关系、人际关系的调和,以及中国权力一元化的历史传统才导致了民众普遍缺乏公共意识,缺乏独立性。由此,梁漱溟主张对传统的政治结构进行改良,将人治与法治结合起来,提倡一种政教合一的政治制度。这种观点无疑指出了中国传统政治文化对国民性塑造方面的消极影响,不可谓不一针见血、切中肯綮,即使到了现代,也得到许多专家学者的支持与肯定。如徐大同也认为,与西方人格独立的公民意识不同,由于中国传统的政治文化将个人天然地置于国家之下,置于血缘关系之下,置于宗法关系网之中,因此"中国政治文化中的个人只能是缺少或失去主体意识的人",即使儒家主张并提倡的"克己复礼""三军可夺帅,匹夫不可夺志"等隐约闪现出自由人格、独立自我的影子,但根本目的仍在于敦促人们收敛自我,克制欲望,服务君主、国家和家族。无疑这与梁漱溟所认为的中国传统文化造成国民个性不伸展这一弊端的观点有一定相合之处。他们也同样认为这种国民消极性对改造中国社会是有百害而无一利的,"这对商品经济与社会主义的民主法制是极为有害的因素,因此中国政治文化必须抛弃这种封建主义的糟粕,使中国政治文化中合理的优良的东西得到正确发挥"②。所以梁漱溟主张在继承中国传统文化的基础上,调和西方民众的参与、法制精神,实现一种"人治的多数政治"或曰"多数政治的人治",以达到"一个新社会的实现,也是人类的一个新生活"③的观点也为多数学者所呼应和赞成。

梁漱溟认为,从清末至民国彼时的民族自救运动之所以不是"救国"而是"祸国",原因就在于,虽然十九世纪下半叶知识分子为了学习西方先进的政治文明,将西方政治文化引入中国,但这种对西方的模仿追随并没有完全

---

① 《梁漱溟学术论著自选集》,北京师范大学出版社,1992年,第383页。

② 徐大同:《试论中国传统政治文化的基础与特征》,载《中西政治文化论丛》(一),天津人民出版社,2001年,第16页。

③ 《梁漱溟全集》(二),山东人民出版社,1990年,第278页。

适应中国实际,实现中国社会文明进步的初衷,反而表现为不分青红皂白对传统文化全盘否定与抛弃,认为这种对传统文化不负责任、盲目草率的态度才是"中国社会崩溃的真因。引起这厌弃反抗的自身缺欠,是中国文化的真失败点"①。由此结论出发,结合自己的思考,梁漱溟提出了自己乡村建设理论的重要思想基础——"老树新芽说",即从乡村小范围着手培养国人新习惯、新风尚的养成,使农民养成对外部公共事务的参与精神,以"重建一新社会组织构造"②,即由培养民众新的政治习惯进而完成民主政治基础的培育,由此建立新型社会政治组织制度,完成对旧社会的改造。"我由于对政治问题的烦闷而得到的一个答案,即要先培养新政治习惯。而新政治习惯的养成,须从小范围入手,因此才注意到乡村。"③以乡村为基点,进而扩展到整个国家。

就梁漱溟在乡村建设中对知识分子作用的强调而言,也体现出梁漱溟思想中中国传统政治文化中强烈的国家意识。在中国的传统政治文化中,对作为"主"与"本"的现实统一体的"国家"的意识特别强烈,作为"主"的君主和作为"本"的民众都是国家的基本构成要素,国家的兴衰关系每个人的利益,国家利益是政治评价的基本标准,每个人的行为都必须考虑是否有利于国家,当国家受到侵犯或其他灾难时,人民应该自觉地为国家的生存而奋斗。所以,梁漱溟才有"吾曹不出天下苍生何"的呐喊,才有对中国传统文化的至死坚守,才有"社会的生路要在乡村求,知识分子的生路也要在乡村求"④这种尊贤尚智的政治理想诉求。

从文化和政治文化层面上分析中国社会彼时弊病,并以此为着力点进行改造中国社会的实践尝试,梁漱溟无疑是深刻的。正如前文所言,不可否认梁漱溟的以"文化三路向"为主体的文化思想某种程度上存在着过分强调文化民族性而忽略了时代性的倾向,体现了梁漱溟某种程度上的文化理想主义或曰浪漫主义情怀,且存在逻辑论证上稍显粗糙、自相矛盾甚至历史理想化等缺点,但把乡村建设所要解决的问题定位为文化和政治文化问题,定位于伦理人生问题,无疑比简单定位于技术问题或者经济问题更具全面性

① 《梁漱溟全集》(六),山东人民出版社,1990年,第198页。
② 《梁漱溟全集》(二),山东人民出版社,1990年,第21页。
③ 《梁漱溟全集》(二),山东人民出版社,1990年,第318页。
④ 《梁漱溟全集》(二),山东人民出版社,1990年,第358页。

和深刻性。经济凋敝、民不聊生、帝国主义侵略的惨状使挽救中国、挽救中国乡村势在必行、迫在眉睫,但究竟造成此现状的深层原因在哪里,正本清源方能一劳永逸,深层次地将其归结到乡村文化的失范、人生伦理的缺失错位,重视传统政治文化中政治文明对未来政治发展的引导作用,注重政治文明中民族性和地域性的独特之处,主张政治发展中对传统因素的吸收和融合,无疑能对今天我国的基层民主政治建设提供许多理论和实践上的价值与意义。

以儒家思想为主导的中国传统政治文化"既是社会主义政治文明的现实历史前提,也是它的动力源泉之一"①。梁漱溟乡村建设中对儒家德治精神中合理因素的坚持和发扬,对解决中国人民尤其是乡村居民的人生安顿问题、文化重塑问题和政治制度下的文化基础问题的清醒和执着,"是建设中国的长期方案"②。由此意义延伸,在已经解决了生存问题的前提下,在二十一世纪建设社会主义民主政治的今天,这些问题尤其需要我们重视和思考。

四、乡村建设具体措施之再讨论

梁漱溟强调农村和农业在社会现代化中的重要性。他认为中国是一个以乡村为本的社会,因而农村在现代化过程中具有重要作用。他批评了近代以来历次社会改造对农村的忽视,否定了拿少数都市代表中国的见解,主张培养社会改造的力量必须从农民抓起。在经济建设问题上,梁漱溟认为中国经济的发展尤其是工业发展,不应该像资本主义发展初期的西方那样,从商业发展起来,而应该随着农业的繁荣而发展,在农业引发工业的基础上使农、工、商相互促进,协调发展。与此理论一致,邹平乡村建设实践就是通过合作社这种中介组织,通过教育功夫倡导乡村居民对社会生活做"有力的参加"和"商量着办事",以建立现代化国家的基础。这种主张及其实践在不同年代同样是批评者大力讨伐和鞭挞的重点之一。但如果今天以后人的经验和立场尤其是亚洲某些新兴经济体在二十世纪五六十年代的建设之路

---

① 关海庭主编:《中国近现代政治发展史》,北京大学出版社,2005年,第339页。
② [美]艾恺:《最后的儒家——梁漱溟与中国现代化的两难》,王宗昱、冀建中译,江苏人民出版社,1996年,第4页。

的选择为对照,再来重新分析其中的某些观点和做法,可以发现梁漱溟乡村建设理论和实践不乏带有预见性的闪光之处,很多内容并没有为时代所完全抛弃,并且已经被某些国家和地区的成功践行所佐证。

回顾梁漱溟乡村建设理论和实践过程,虽然他固守并试图发扬儒家的一些核心精神,但不可否认其"本质是属于全面接受西方文明才能回到儒家的人生态度的迂回战略"①。比如,他在乡村建设理论中反复强调并在后来的实践运动中致力践行的农民合作运动和教育的重要性等,这些措施都在二十世纪后半期东亚一些国家和地区的农业与农村发展经验中得到了很好的贯彻和发扬。如日本、韩国、中国台湾等,无一例外的都比较重视社会中介组织在农村现代化进程中的作用,尤其是农业合作组织和农民自治组织。这些国家和地区的发展经验表明,不同类型的农业合作组织是推进农村科学技术进步、发展乡村工业的有效形式,市场经济条件下农民合作组织的建立和发展是在市场交易中最大限度维护农民利益的重要且有效的手段,可以显著提高农民的讨价还价能力,提高其市场地位,有效地为农民提供各种咨询和服务,不仅可以提高他们的经济物质利益,在很大程度上还能提升他们的精神生活,使他们享受到现代文明带来的益处。除此之外,三地都比较重视农村、农民的技术教育、合作教育和现代生活教育,如韩国在二十世纪七十年代开始的"新村运动"就着重激发和复苏农民传统的优良精神,鼓励并培养他们的"勤俭、自助、合作"理念,将其作为运动推进的重要手段和目标。由于分散的农民难以抗衡市场中其他有组织的力量,三地还注意培养农民组织,使之团结起来进入市场,用组织手段提高其谈判地位,减少其交易成本。② 这无疑是梁漱溟在乡村建设理论和实践中反复强调的"一要发挥固有精神引进团体组织,二要以团体组织运用科学技术"③观点的细致阐发和具体践行。

在土地政策方面,日本、韩国、中国台湾三地也或多或少吸收了梁漱溟乡村建设理论和实践中的闪光点。"日、韩两国和我国的台湾地区在 20 世纪 50 年代,与中国大陆一样,都是人多地少,地权兼并严重,除日本当时的工

---

① 费孝通:《论梁漱溟先生的文化观》,《群言》,1988 年第 9 期。
② 崔效辉:《"三农"问题视野中的东亚经验》,《农村经济》,2005 年第 11 期。
③ 梁漱溟:《发挥中国的长处吸收外国的长处》,《百姓》,1985 年第 97 期。

业化程度较高外,韩国与我国台湾地区和大陆处在相同的现代化发展阶段。在三地农村现代化的进程中,都可以看到梁漱溟《乡村建设理论》的影子。"①与此相应的是,二十世纪末中国社会的民主实验——村民自治也是从农村开始的,这与梁漱溟的主张也是不谋而合的。②

以台湾农村的发展经验为例,从1949年国民党败退到台湾为起点,痛定思痛,他们决定进行渐进温和的土地改革,主要措施包括通过"公地放领""三七五减租",力图实现"耕者有其田",最终改变传统的封建土地所有制,使地主和佃农在土地占有上的鸿沟得到改变,以培植庞大的自耕农,进而引导产业导向,将地主的多余资金投向工商业,最终实现"以农业培植工业,以工业发展农业"。利用土地改革的有利形势,台湾同时对日据时期的农会组织进行了彻底的再组织和定位,使改革后的农会承担起更多更为农民所迫切需要的任务,如农业技术推广改良、水利设施修建、农民融资渠道改善、农村教育发展等,使之真正成为农民自己的组织,充分发挥联系农民与市场的桥梁作用,最大限度地维护和拓展农民利益。客观说来,这与梁漱溟在二十世纪三十年代所设想的"裁抑地主,终使其土地出卖;而同时奖励自耕地农"的土改原则在实质上并无多少差别,并最终通过一系列措施基本上实现了梁漱溟所提出的"复兴农业,以农业引发工业"的发展目标。

以本世纪上述国家和地区的实际经验为佐证,回归到梁漱溟在乡村建设中主张的乡村工业化思想,同样可以发现其中诸多的闪光点和可行性。首先就是梁漱溟对当时中国产业发展的统筹性考虑,即主张充分考虑资源和需求,因地制宜划分产业发展区域和类别,以适应不同地区的发展需要,最终实现全国范围内的现代化。如充分利用农村资源、调动农民积极性,组织农业合作社,兴办与农民生产、生活相关的工业;利用地方团体与地方政府的力量兴建本地发展急需的区域性产业,中央政府机构则主要负担全国性的关系国计民生的重大基础产业,以此为基础,形成各种不同层次和类别的工业中心,最终建立"从中央到地方、从城市到农村、从沿海到内陆,一个完整的、庞大的工业网络。这就是梁漱溟所希望的中国工业化的美好未来。

---

① 崔效辉:《梁漱溟的乡村建设理论与实践》,《银行家》,2006年第5期。

② 童星、崔效辉:《梁漱溟工业化思想研究》,《江苏行政学院学报》,2002年第2期。

应该说,这个设计是非常具有合理性的"①。与"赶超型"战略不同,梁漱溟的这种思想实际上是主张采取一种"比较优势战略",即结合经济发展的具体趋势和阶段,结合自身区域资源的比较优势,按部就班、循序渐进,实现可持续的资本开发和积累,改善资源结构,最终达到经济发展和产业优化提升。这无疑与林毅夫等人对东亚工业化国家和地区发展战略的新认识甚为相似。

其次,更重要的是,联系今天中国的社会环境和发展形势,梁漱溟的这种工业化思想对改革开放以后中国经济发展的道路选择无疑具有重要的借鉴价值。随着改革开放的推进,乡镇企业异军突起,极大地改善了农村地区的经济和社会环境,政府采取多种措施支持和促进乡镇企业发展,极大地改善了农民的经济收益,提高了生活水平,另一方面不同程度地采取多种农业保护政策,利用工业发展中获取的资金、技术支持农业科技进步,促进高科技农业的发展,这无疑是梁漱溟"农业引发工业,工业农业相互推进,产业乃日进无疆"观点的实践典型。以梁漱溟曾经实践过七年乡村建设理想的邹平为例,今天的邹平,在市场化导向的改革中工业化得到迅猛发展,新世纪邹平县政府更是顺应时代潮流,抓住机遇,鼓励农民依靠本地资源优势,加大农产品加工业的发展,鼓励他们由第一产业向第二产业、第三产业转移,优化劳动力结构收益,以乡镇工业的发展带动农村面貌的改变,实现城镇化。值得一提的是,邹平魏棉集团,它们继承并发扬了邹平种植优质棉花的传统优势,大力发展棉花加工产业,取得了极好的市场收益,为邹平当地经济发展做出了重要贡献。这种从农民日常生活需要出发,充分利用农村丰富的原料、市场,发挥巨大劳动力优势,使乡镇工业的发展利益切切实实惠及每个农民,"是符合梁漱溟在乡村建设理论中的设想的"②。

美国著名经济学家、诺贝尔经济学奖得主舒尔茨曾指出,大多数国家都低估乃至人为压制了农业现代化发展对经济总体增长的贡献,即"只有少数国家从工业和农业中都得到大幅度的经济增长,成功地发展出自己的农业部门"③。无疑这可为今天反思梁漱溟乡村建设农业引发工业建设道路提供

---

① 童星、崔效辉:《梁漱溟工业化思想研究》,《江苏行政学院学报》,2002年第2期。

② 崔效辉:《乡村多维发展经验——来自邹平的启示》,《南京人口管理干部学院学报》,2006年第4期。

③ [美]西奥多·W.舒尔茨:《改造传统农业》,梁小民译,商务印书馆,2006年,第5页。

一个科学化的注解。正如前文所述,二十世纪三十年代和五十年代批评者对梁漱溟"以农业引发工业"的工业化思路提出的批评,实际上"大多犯了自由主义者这样的错误:经济增长意味工业化,传统农业无法对经济增长做出贡献"①。随着时代的发展和理论视野的完善,绝大多数专家学者都意识到了农业和工业相互促进、互为动力和同步发展的必要性与合理性,二十世纪三十年代纷扰不休的"以农立国"或"以工立国"的绝对化思路早已是明日黄花,但面对着新时期我国农业和农村发展中出现的新情况、新问题,同样要警惕那种视农业、农村发展为次要任务,视工业发展为一切工作出发点的错误思想倾向,这种短视和功利的行为无疑是对社会改进和国民生活水平提高的不负责任。

除了对于农村经济发展的具体主张,梁漱溟乡村建设采取的实际措施中还有一点值得借鉴,即对"人"的重视,也就是对主体精神的重视。可以说,梁漱溟对"人"和人的精神在农村建设过程中的重视贯穿于整个乡村建设过程的始终,贯穿于他对乡村建设过程和结果的一贯体认。梁漱溟认为,在乡村建设过程中一方面要积极发挥人包括农民和知识分子的主观能动力量,唯有如此才能最大限度达到建设的积极目标,但乡村建设的最终目标还是在于农民生活水平的提高,在于农民物质和精神的双重完善与圆满。用当代经济学家阿马蒂亚·森的观点来说,所谓财富、技术、现代化等虽然是大多数人所致力的目的所在,但更多的只能将其纳入工具性范畴,不能舍本逐末、买椟还珠,最终我们所要达到的仍然是"人的发展、人的福利"②。具体到今天,具体到我国,在政府正在大力倡导和推行习近平新时代中国特色社会主义思想的宏观背景下,为了更加科学准确地理解和设计发展道路与目标,为了避免在现代化进程中过分追求物质内容所带来的弊端,促使我们更加注重发展中的非物质因素,"梁漱溟的乡村建设理论或许可以为这个问题的更好解决提供一种可资借鉴的本土资源"③。

从中国社会的宏观角度出发,农民和农村问题是近现代中国社会的根

---

① 崔效辉:《乡村多维发展经验——来自邹平的启示》,《南京人口管理干部学院学报》,2006年第4期。

② [印度]参见阿马蒂亚·森:《以自由看待发展》,于真译,中国人民大学出版社,2002年。

③ 崔效辉:《乡村多维发展经验——来自邹平的启示》,《南京人口管理干部学院学报》,2006年第4期。

本问题,时至今日仍然不容稍刻忽视和放松。而问题的产生和形成都是历史地发展的,不可能有一蹴而就、立竿见影的解决方法。尤其是在二十世纪二三十年代内忧外患、弊病丛生的中国,期望乡村建设运动包治百病、药到病除,用短短十来年的时间和局部地区的个案实践解决要用数十年、上百年甚至数百年才能解决的问题,无疑是对前人的苛求,是非理性的偏见,是非历史的错位,不仅忽略了他们在战乱年代披荆斩棘的艰苦探索和披肝沥胆的热情探求,长此以往对需要科学、理性、客观的学术发展也有害无益。民国时期的乡村建设运动确实是在维护现存社会制度和秩序的前提下,采取和平改良方式,通过兴办教育、改良农业、流通金融、提倡合作、办理地方自治与自卫、改善公共卫生以及移风易俗等措施,复兴日趋衰败的农村经济,提振农民麻木萎靡的精神以实现"民族自救",有其无法否认的保守性,但是任何事物都是一分为二的,革命与改良也并不是完全对立、互不相容的。"对于革命与改良的评价,最基本的标准是看其对生产力的发展和社会进步有无推动作用。至于这种推动作用的大小,只是量的差别而已。"①乡村建设运动也有其符合客观实际、促进农村社会进步的积极作用,尤其在今天建设社会主义新农村的伟大进程中,更需要借鉴梁漱溟二十世纪三十年代乡村建设实践中的具体经验教训进行广泛而深刻的农村社会变革,逐步提高农村生产力水平,改善农村生产关系,最终实现农村社会的高层次文明与进步。所以,对于梁漱溟他们的乡村建设理论和运动的遗产,不仅不能草草盖棺论定进而一扔了之,更重要的是应该联系当前我国农村的实际情况,细致分析它所留下的有益经验和失败教训,进行不断的反思和借鉴。

五、乡村建设之参与式发展再讨论

就梁漱溟乡村建设理论和实践的现代意义而言,无疑可以作为"参与式发展"理论的中国本土来源与贡献。② 参与式发展理论最初形成于二十世纪六十年代以后,起源于对传统发展理论的思考与批判,其深层次地传入中国并产生影响是在二十世纪九十年代,并以各种各样的实践活动存在着,如消

---

① 王武岭:《论梁漱溟的乡村建设理论——以革命与改良的辩证关系为视角》,《当代世界社会主义问题》,2005 年第 3 期。

② 崔效辉:《乡村建设运动:参与式发展理论的本土来源与贡献》,《南京人口管理干部学院学报》,2005 年第 2 期。

除贫困、环境恢复、人权保护等,目前"项目也逐步扩大,从农业、林业发展到农村能源、卫生保健、妇女、供水、教育等领域,从纯粹的自然保护拓展到生产与保护相结合,从单目标扩展到综合发展,从农村项目向小城镇发展项目扩展"①。参与式发展理论不同于一般现代化理论惯常采用的"宏大叙事"方式,它更加强调特定区域、微观甚至个体的发展,主张在承认并尊重差异的基础上,多方协调沟通,充分利用外界帮助,依靠本地民众力量,激发他们参与的积极主动性,"实现其可持续的、成果共享的、有效益的发展"②。与传统发展理论相比,参与式发展理论一定程度上基于微观视角致力于思考和解决发展主体与受益者的平衡问题,其最终价值目标也是实现以人为本,最大范围地扩大发展利益、实现发展目标,因而其在促进落后国家、地区的现代化发展方面越来越受到关注和运用,其有效性也受到了很大范围的验证和认可。

具体联系到农村建设和农民个体发展,参与式发展理论认为,一定区域内的农民在长年的生产生活实践中积累了丰富的经验知识,也能够理解自身所面临的政策环境,所以他们作为参与发展的主体拥有一定的基本能力;资源的匮乏、生活的压力、致富的渴望使他们拥有参与发展的强大动力;渴望自身生活水平的逐步提高,物质和精神领域的双重富足,则是他们参与发展的直接目的。因此,参与式发展理论在农村和农民建设过程中就特别重视利用本地乡民的农业知识技能,发挥他们的经验优势,激发和鼓励农民的个体主动性和最终获益性。

由此理论反观我国二十世纪二三十年代的乡村建设运动,到处可见参与式发展理论与方法的运用和发挥,梁漱溟的邹平实验更是其中的杰出代表。邹平乡村建设实验"比较重视乡村建设人才的培训,也都认为农民的主动参与是乡村建设成功的前提"③,极为注重发挥农民的主体性、积极性。邹平乡农学校致力于学校教育、社会教育两方面,主张既改良又建设,教员不仅要重视对学众的知识教育,也要重视对他们的技能教育和社会教育,所以乡农学校和教员的教育都是广义的。乡农学校由校董会、校长、教员和学众

---

① 李小云:《谁是发展的主体》,中国农业出版社,1999年,第35页。
② 李小云:《谁是发展的主体》,中国农业出版社,1999年,第23页。
③ 郑大华:《民国乡村建设运动》,社会科学文献出版社,2000年,第473页。

四部分人构成,除教员外,学校组成人员当地村民,客观上给本地农民提供了沟通交流的机会和场所,如果他们不经常主动聚集交流,"我们的教员(乡村运动者)要设法从中做吸引的功夫、撮合的功夫,使他们聚合。假使虽聚合而谈不到问题上,则我们要提引问题,促使讨论。假使他们虽谈到问题,而想不出解决之道,将付之一叹的时候,我们要指出一条道路,贡献一个办法,或彼此两相磋商研究出一个办法"①,充分发挥农民和教员的聚合作用,使他们参与到发展中来,献计献策,制定切实可行的法子。"乡农学校的本质就是要让乡村人学会自我组织和自我管理,并在这个过程中学会与乡村中的外来者进行合作,这与参与式的原则也是一致的。"②外来者积极组织和当地农民积极参与的双重作用力使乡农学校最终充实并发展为一个"活"的组织,不仅可以解决具体问题,还能促进村民相互联系,提升参与、合作氛围,极大程度地促进了合作的加深,有利于乡村建设运动实效的发挥。但在促进交流合作的前提下,不同乡村的乡农学校也包容差异、量体裁衣、因地制宜,他们并不在试验区强制推行统一实践内容,而是从实际出发各取所需,依据各地环境资源差异,"随时成立种种短期的职业补习班,或讲习班,在实地劳作时就与他讲解,如养兔、造林、织布、养蚕、烘茧等等。又因此可以随宜成立种种组织,如林业公会、机织合作、棉花运销合作、储蓄会、禁赌会等等数不尽"③。也正是因为这样广泛参与下的因地制宜,梁漱溟领导的实践中的各地乡农学校才取得了较为明显的成绩,并具有了活力和发展的可持续性。

梁漱溟领导下的乡村建设邹平实验是参与式发展理论的杰出范本。乡农学校为参与式发展提供了一个实践最佳平台,在最初阶段集合参与各方围绕发展目的、发展各环节、发展过程、发展手段进行交流探讨,并最终达成一致共识,最大限度地保障了参与群体利益,部分实现了参与目标。如果抛去环境因素和时代条件的限制,可以说这是对参与式发展理论的生动诠释。时代发展到今天,中国幅员辽阔、地区差异较大、不同地区文化传统不尽相同的事实并没有改变,结合本地实际情况广泛动员参与主体,充分利用当地

---

① 《梁漱溟全集》(二),山东人民出版社,1990 年,第 352 页。
②③　崔效辉:《乡村建设运动:参与式发展理论的本土来源与贡献》,《南京人口管理干部学院学报》,2005 年第 2 期。

的自然资源和劳动力资源,因地制宜、量体裁衣,最大限度地使发展可持续、扩大发展效益就成为今后发展的题中之义。由此看来,梁漱溟几十年前的乡村建设实践则可以为此理论在我国的持续健康发展和实际应用提供相当鲜活生动的本土资源。①

---

① 《梁漱溟全集》(二),山东人民出版社,1990 年,第357 页。

第六章
梁漱溟乡村建设运动及争议的现实审视

二十世纪初,特殊国情与社会形势使中国面临着亡国灭种的危机。中国近代知识分子未超越传统与近代的纠葛;在废除科举后,表现得茫然焦虑不知所措,本土与西方冲突的空前紧张又使他们面对着共时性意义上的本土与西方的差异,传统与近代的矛盾也转以本土与西方的形式表现出来。此种形势下,调和这种矛盾和冲突就成为中国近代知识分子在心灵上、实际事务中和近代化的道路选择上的一个需要永远面对的命题,①刺激着他们不由得不关心时事,不断的谈论政见,力图通过重建知识的庄严,重新确立读书人在现代社会的位置,并进而像传统知识分子那样继续担当起"治国平天下"的庄严使命。于是,建构"学术社会"的理想和随之而起的各种各样的实践甚嚣尘上此起彼伏。

在二十世纪前期的中国,那时的知识分子由于与古代知识分子所处的社会环境不同,及种种其他原因,其意识形态和思想文化长期处于不可调和的尖锐对立中,不同意识形态、价值观、知识趣味、道德理想、思维方式、行为方式层出不穷不可胜数,使得彼此之间在很大程度上没有共同的语言、思想和价值观。知识分子固有的清高又使他们各自执着于自己的判断标准和价值追求,自以为是意气用事,视一切反对意见为寇仇,非要把对手彻底打倒,相互之间根本不能进行理性的探讨和对话,尊重、听取并思考对方的观点,因此始终没有形成一个统一的联盟,对中国近代化的道路和国家民族发展达成共识,"批评有余,建设不足,对政府不满,对民众也不满,对现实不满,对传统也不满,总是批判一切,看不起一切,唯独对自身缺乏必要的反思和

---

① 叶赋桂:《新制度与大革命——以近代知识分子和教育为中心》,教育科学出版社,2010年,第281页。

批判"①。如齐格蒙·鲍曼所论,知识分子由于立场不同导致见解主张各异,在对一些社会问题发表意见设计方案时,容易"分裂成相互敌对的阵营,使他们频繁的卷入相互的战争、相互的仇视,并使他们彼此争斗而无所不用其极,其严重程度要超过他们在反对其他的社会团体或社会阶层时所表现出来的"②。所以我们看到中国近代器物、制度、思想文化方法之别,自由主义、社会主义道路之争,还有"五四"之后"问题与主义"之争,国民党的武汉与南京之争,共产党内部的路线斗争。对梁漱溟的乡村建设理论和运动的无休止的争论和批评,不管在二十世纪三十年代还是五十年代,应该说在某种意义上都是这种不妥协的斗争的产物。不可否认的是,虽然世易时移势迁,那时彼此争论和批评的焦点问题大都烟消云散明日黄花,但真理越辩越明,其背后所隐藏的价值关怀、精神践履却自有其永恒性,在今天仍然是应该关注和讨论的焦点。

第一节　传统儒家文化之于现代社会

梁漱溟《乡村建设理论》一书中最大的特色,也是他领导的乡村建设实践中方方面面都在贯彻的最大原则,就是对中国传统儒家文化的重视和运用,他因此也被看作新儒家运动的开山鼻祖。而这也正是为历代批评者所大力诟病的一点,不管是二十世纪三十年代的批评,还是五十年代的批判,甚至当代学者对其所作的局限性评价,都无可避免地集中在这一点,"复古主义""保守主义""封建意识残余""地主阶级帮凶""文化守成主义"等,类似称谓比比皆是不一而足。承袭前人的关注,在二十一世纪的全球化时代,面对世界范围内物质和文化的大规模涌入,面对人们民族精神和民族文化的双重迷失,面对新儒学运动的强势回潮,对于这个问题无疑要作更多更深入的讨论。

---

① 叶赋桂:《新制度与大革命——以近代知识分子和教育为中心》,教育科学出版社,2010 年,第 3 页。

② [英]齐格蒙·鲍曼:《立法者与阐释者:论现代性、后现代性与知识分子》,洪涛译,上海人民出版社,2000 年,第 228 页。

一、传统儒家文化的价值定位

正如赫尔德所说:"每一个民族都有其自己的幸福之核。恰如每一个天体都有其重心!"①中国本有几千年辉煌的传统文化,儒家文化一直是传统文化的主干。"作为'人伦日用'和作为精神信仰的儒学,已经进入中国人的潜意识中,已经渗透到中国人的血液中,甚至已经成为中国文化遗传基因的主要组成部分,并不仅仅寄托于传统制度。"②诚然,儒家文化有其封建、腐朽、落后的一面,与君主专制政权在长达两千年的时间里形成了一种共生关系,但其几千年来对中华民族人心的凝聚、对社会关系的维系、对经济的发展也起到了很大的促进作用,不宜将其一笔抹杀。严复更是认为人之所以为人,国之所以为国,天下之所以为天下,乃至"中国之所以为中国者,以经为本原"。③ 他认为作为中国主流文化形态的"群经"不但具有教化道德的作用,而且在中华民族追求富强与自立的过程中也是体现中国人的"国性"的载体。但是在近代经过几次战争的挫折后,中国知识分子有见于政治军事的失败,先是愚昧的自傲和无知的保守,后是彻底的丧失信心,表现为不可救药的自卑和幼稚而来的自弃、自残与不可名状的攻击性。他们不是想着从政治军事上去努力,更不是通过发扬文化激发民族自尊心和凝聚力,却反过来将失败归之历史和文化身上,将自己时代的责任推诿给祖宗和古人,只知紧跟如白驹过隙的西潮,潮来潮去,潮涨潮落,自囿于小我,匍匐在西方的脚下,而缺少深刻的思考和理性的创见。

"事实上,如果一种传统无法在某种程度上既保守又自由的话(保守核心价值,同时足够开明,能够适应新的形势并吸收新的观念),它就无处生存。只有现代的革命神话才会把悠久的传统看成沉重的负担和历史进程中的绊脚石。对于我们而言,现实主义意味着承认历史变化和表面的进步是多线条和多形式的,不能仅仅以西方的方向进程作为唯一的衡量标准。"④二

---

① [德]恩斯特·卡西尔:《启蒙哲学》,顾伟铭、杨光仲、郑楚宣译,山东人民出版社,2007年,第232页。

② 郭沂:《国家意识形态与民族主体价值相辅相成——全球化时代马克思主义与儒学关系的再思考》,《哲学动态》,2007年第3期。

③ 《严复集》(三),中华书局,1986年,第560页。

④ [美]狄百瑞:《儒家的困境》,黄水婴译,北京大学出版社,2009年,第122页。

十世纪前期国人对待传统文化、历史文化的态度,深层折射出中国近代知识分子的民族主义的强弱程度,从历史维度看这种思想方法是有问题的,原因就在于它不是要以中国历史文化的研究来激发民族的自尊心,反而要彻底否定中国历史文化,在根本上挫伤民族的自信心。任何一个国家的传统文化都并非毫无瑕疵,要求后世不分优劣的全盘收藏,具体到中国的儒家文化,也绝非臻于完美并要求我们毫无选择地神圣供奉。但传统之所以为传统,之所以历经几千年而不衰,就必然有它奉献于具体时代的特殊意义和超越时代的永恒价值。比较其他后发展国家的现代化历程,可以发现,传统文化和价值体系与现代化发展并非不相容,促进还是阻碍关键在于运用方式。如日本在塑造转型社会、规范社会秩序时就充分利用了传统价值符号在国民心中的强大心理认同和保留;再如二十世纪初期的土耳其,号召复兴传统土耳其价值的基马尔主义大行其道并最终获得了广泛的认可和支持;其他如印加帝国在秘鲁国民心中引起的共识与呼应;墨西哥对"哥伦布以前帝国"的追忆与赞颂,等等,都是将传统的力量灌入现代化的伟大征程,借此浇筑强大的民族精神动力,整合社会秩序,维持人们长期的深层心理稳定,完成社会整体的协调、融合和凝聚,从而重建社会转变过程中所需要的社会规范和秩序稳定。可见传统之于现代化,绝不仅仅是阻力。

以胡适、陈序经等为代表的"独立评论派",激进地、不加选择地反对传统文化,过分强调西方的影响,没有看到中国文化自身的内在演变,"把西方影响中国之制度和人文世界观的程度作为衡量一切变革的决定性尺度"[1]。这种求变心态与其说是源自社会内部自发的现代化新质的成熟,不如说是中国人对传统体制的弊病的厌恶和因外部现代文明的示范效应而感受到的文化失落感、危机感和焦灼感。"非新无以为进,非旧无以为守,且守且进,此其国之所以骏发而又治安也。"[2]没有适度理性支撑的激进改革,只能"方其汹汹,往往俱去","设其(传统)去之,则其民之特性亡,而所谓新者从以不固"[3]。由此看来,如果不去讨论个人的文化经历和偏好问题,不去过多强调传统社会内部的传统力量的惯性问题,客观从文化传承的角度,从知识分子

① 柯文:《在传统与现代性之间——王韬与晚清改革》,江苏人民出版社,1995年,第2页。
② 《严复集》(一),中华书局,1986年,第49~50页。
③ 《严复集》(三),中华书局,1986年,第560页。

应该承担的文化责任和社会责任的角度评析,梁漱溟乡村建设理论和实践中对中国传统儒家文化的注重、保留和应用,同时对西方先进文化科学和民主的吸收利用,相对其他泥古不化或全盘西化的知识分子来说,正是对彼时全盘西化论者对于传统文化过于激进草率态度的质疑,是对传统文化、传统价值作用的负责和珍视,无疑这是一种更为自信雍容的态度,一种更为博大开放的胸襟和视野。

二、传统儒家文化的现实功用

"现代化最深刻的文化冲突,在于其工具理性与精神理念的悖谬,和其历史进程与人文价值的悖论。"①加拿大女学者莎蒂亚·B.德鲁里在《列奥·施特劳斯与美国右派》一书中也认为,现代性在某种意义上会通过世俗化而使人类失去古老的智慧与灵魂。世俗理性的力量太强大了,它可以解构一切,而古老的经典如同宗教一样,是经不起理性的解构的。实事求是地说,同马克思主义相比,不能否认传统儒学和当代儒学有着其无法突破的区域局限性和阶段局限性,"但仍然包含着马克思主义所没有的内容,比如对于人的内在心性的深入探讨和体悟"②。马克思·韦伯曾说过,一个国家现代化的程度,取决于对多元文化的包容程度。近年来,中国的思想多元化、文化多元化的格局已经形成,相比二十世纪三十年代和五十年代,中华民族的文化包容性已经增强。但今天的中国人对传统文化的继承与发扬仍然不够。无可否认,这种人文精神的缺失,是百年来激进反传统主义开始发酵的结果,是世俗自由主义持续影响的阶段性反映。传统文化的某些内容是快速发展的时代文化传承不可或缺的,但其他部分又可能在某种程度上阻碍了现代化的政治新生和社会发展,这或许是现代化进程中不得不面对的二律背反,"这种文化断裂到底使我们感到自豪还是黯然神伤,这是一个夹带着审美情感的伦理价值问题,值得我们去反思并解答"③。

传统儒家文化作为轴心时代的高级文明,内在资源是非常丰富的。儒

---

① 高力克:《梁漱溟:在历史理性与价值理念之间》,《浙江大学学报》(人文社科版),1994 年第 1 期。

② 刘东超:《中国当代儒学批判》,社会科学文献出版社,2008 年,第 215 页。

③ 萧功秦:《反思的年代》,复旦大学出版社,2010 年,第 263 页。

家对待世俗生活具有两面,一面是修身,另一面是经世。① 二十一世纪西方世俗自由主义、后现代主义的解构主义大行其道,以对儒家传统文化的坚守与回归为基调的文化保守主义被赋予了前所未有的新鲜意义和丰富营养。那些特殊年代对梁漱溟之于传统儒家文化特殊推重的批判,在今天看来已经成为另一种潮流和"真理",而且表述方式如出一辙。越来越多的人认为在当下的时代发展中,经济增长和科技进步并不是摆脱危机、永葆和平并获得幸福的充分条件,"西方文明领导着潮流,但已弊病丛生。东方文明在度过它艰困岁月之后,正处在将兴未兴的时刻"②。因此儒家仁学的再生可以说是恰逢其时。"'西方不亮东方亮',连西方的有识之士也已觉悟到,西方文化已陷入困境,唯一的挽救办法就是乞灵于东方,英国大历史学家汤因比就是其中一人。"③"以凤凰涅槃作为象征的文化传统不论存在什么样的缺点,中国人依然凭借它一次又一次地从失败和灾难中崛起。因此,我们不能低估了中国的文化传统。"④与此相伴而来的,则是中国各阶层都出现赞赏、认同并回归传统文化的价值趋向与文化潮流,新儒学表现出了学理和实践两个层面的提升态势,在道德伦理、风俗习惯、教育材料、文化心理甚至政治运作中有各种或隐或现的体现,开发儒学资源的活动已经形成了一定的声势,取得了一定的成果,成为二十一世纪中国最具普遍性、最富生命力的思潮之一。很多学者认为,以儒家文化为主干的中国传统文化,通过发掘人的内在资源、充盈人的精神内在、光大人的人格力量,可以起到制衡全球化带来的价值世俗化的消极影响的作用,给中国人找回曾经的古典文明教化精神,以增强抵制低俗文化免疫力的精神资源。我们相信,提取中国传统文化价值,在现代化进程中结合实践进行创造转化,是克服世俗危机、提升幸福指数、获取人生意义的重要方法和途径。所以现阶段面对"如何从传统儒家精致文化中获得制衡世俗文化冲击的资源,避免整个民族在过度世俗化过程中,走向动物化与低俗化"⑤类似问题,中国传统文化精华无疑将是获取答案的重要因素。

---

① 许纪霖主编:《世俗时代与超越精神》,江苏人民出版社,2008年,第9页。
② 牟钟鉴:《走近中国精神》,华文出版社,1999年,第46页。
③ 季羡林:《此情犹思——季羡林回忆文集》(二),哈尔滨出版社,2006年,第61页。
④ [美]狄百瑞:《儒家的困境》,黄水婴译,北京大学出版社,2009年,第103页。
⑤ 萧功秦:《反思的年代》,复旦大学出版社,2010年,第255页。

综上所述,在当代中国社会甚至国际学界中,新儒学和文化保守主义的一阳来复的局面在某种程度上是历史和逻辑的必然性,而二阳为临、三阳开泰的局面也同样可以预期。一方面,我们充分肯定儒学的一些基本观念是当代中国社会治理道德失序的有效良方;另一方面,必须直面现阶段资本经济处于世界发展的引领和主导地位,中国传统的宗法制度、儒家价值观念随着科技的进步和经济的发展已经逐渐苍白甚至消退的社会现实。不得不承认,传统儒学文化的价值理念在新时期复兴和发展的前提是必须立足于全球化、现代化的广阔背景,充分接受、吸收并依靠西方资本主义发展的物质文明和精神文明,接受资本主义文明所带来的自由、公正等基本理念,学习、利用西方的理性主义精神,以此为基础唤醒并提升中国传统儒学的价值和意义,使它们焕发出新的生机。本着道术并行不悖且互补互动的原则,“和世界各地的精神传统进行互惠互利的对话、沟通”,“走出一条充分体现‘沟通理性’的既利己又利人的康庄大道来”①,才能在连接传统和现代方面应该有所作为,才能对当代中国社会的文化建设发挥积极的功能。

具体到中国现阶段的社会现实,面对现阶段新儒学的发展态势,成中英认为,传统儒学文化中蕴藏着许多需要继承并发展的宝贵遗产,它所提倡的自强不息、厚德载物、稳健和谐、敬业乐群的精神和理念是中国人长久以来的精神源泉和安身立命之本,不仅不容忽视或抛弃,更是建设中国特色社会主义所要大力塑造的民族灵魂和思想动力,但无论如何随着时代发展和科技的进步,尤其是面对全球化带来的各种思想的大规模、深层次的融合和汇通,儒学不应该也不可能是中国思想、中国文化和意识形态的唯一。因此不少学者主张现代新儒学的重新建立和长远发展必须立足于文化整体的内涵多元化基础,“以自己的特色思想对这种融合做出自己的贡献,并可能以自己的中庸性格使这种‘大合’的过程减少些冲突而增加些和谐”②,唯有如此新儒学才能“具备面对现实的警觉性和竞争力”③,提升自身在全球化多元文化中的竞争力,并以此确立自己的地位,赢得自身长远发展的内在动力和外在支持。由此思考,作为新儒家第一期开山鼻祖的梁漱溟对儒家文化价值

---

① 杜维明:《儒家传统的现代转化》,岳华编,中国广播电视出版社,1992年,第468页。
② 刘东超:《中国当代儒学批判》,社会科学文献出版社,2008年,第53页。
③ 成中英:《知识与价值:和谐、真理与正义之探索》,李翔海编,台湾联经出版事业公司,1986年,第328页。

的坚守与珍视,以理论促进实践、以实践检验理论的儒家践行精神值得后辈学者思考和借鉴。所幸令人欣慰的是,认同自由、平等、民主、共和等革命遗产的主义者们,无论左、右两派,都开始认识到了回溯中国古代经史和追慕西方古代经典的重要性。"随着这种文化复兴运动的开展,人们会越来越认识到现代各种主义之争的虚妄;而主义之争和质野革命对于文化复兴的道路开辟意义,越往后越心平气和,就会看得越清楚。"①

第二节 知识分子之与中国现代化建设

一、传统社会下的中国知识分子

对于梁漱溟在乡村建设理论和实践中对知识分子作用的强调,也是引起各个年代批评者群起攻之的焦点之一。客观来说,自古以来知识分子在中国社会发展中起到了不可磨灭的作用,传承文化、塑造文明更多的还是知识分子。应当承认,在大多数国家的历史进程中,传承文化的责任都落在知识分子身上,他们传承文明、教化民众、维持政府运转,"居庙堂之高则忧其民,处江湖之远则忧其君"。辅助国家传承文化的相关的人的身份和称呼,因国而异。具体到中国,古代社会中将传统文化的传承者名之为"士",活动区域主要集中在太学、国子监等官僚机构和各种书院;近代以来则是各个大学、学院、研究所,身份一变而为教授、学者,专家。称呼和地点在变,知识分子的角色和作用却一直在延续。

与其他国家的知识分子相比,中国的文化传承者有其独特个性。从《论语》中主张的"士不可以不弘毅,任重而道远",后来发展成"天下兴亡,匹夫有责",士们俨然以天下为己任,天下安危系于一身,后来又继续发展,一直到了近代,始终未变。在几千年的历史长河中,中国知识分子的这个传统一直没变。"中国知识分子所传承的文化中,其精髓有两个鲜明的特点:一个是爱国主义,一个就是讲骨气、讲气节,换句话说也就是在帝王将相的非正义的行为面前不低头;另一方面,在外敌的斧钺面前不低头,'威武不能屈'"②。

---

① 柯小刚:《从文质史观来看世俗社会与超越精神》,载许纪霖主编:《世俗时代与超越精神》,江苏人民出版社,2008 年,第 67 页。

② 季羡林:《此情犹思——季羡林回忆文集》(二),哈尔滨出版社,2006 年,第 65 页。

当 1905 年科举制度废除以后,传统知识分子面临着人生道路和社会环境的极大转折,面对这种形势,无可避免地,他们必须寻求另外一种途径和方法去寻找自己的人生坐标,实现自己的人生价值,他们选择通过其学术活动和介入公共事务所形成的"权势网络",力图重建知识的庄严,重新确立读书人在现代社会的位置。在此过程中知识分子延续和加重了传统社会中曾经拥有的"精英意识",并进而筑起了一张公开的与潜在的权势网络,通过依附这种权势网络,读书人新的身份与角色具有很强的依附性,导致其最后的定位仍旧是一个依附性阶层,某种程度上并没有真正摆脱传统士大夫角色的暧昧性。梁漱溟乡村建设实践中虽有心却无力的试图摆脱与国民党政府的依附关系,就是近代知识分子阶层根深蒂固的依附性的明证。如果从这一点来看,批评者对梁漱溟"帮凶""走狗"诸如此类的批评,虽然过于激烈但也有一定的合理性,只是把整个知识分子阶层的软弱无力一股脑地加诸于梁漱溟一人,也不禁让人产生"我本有心向明月,奈何明月照沟渠"的嗟叹。

二、知识分子价值之再评判

正是由于知识分子身上无法克服的局限性,对于梁漱溟关于知识分子在乡村建设中的作用的描述,各个年代的批评者都对此提出了异议。从客观上来说,这种批评不无道理。即使是在二十一世纪的今天,对知识分子在上世纪中国近代化发展过程中所起作用提出质疑的学者也不在少数。

近代以来,虽然乡土社会在商品经济的冲击下正在发生转变,但由于中国资本主义发展的缓慢,和在近代化过程中乡土社会有意无意地被忽略,加上传统势力和观念的保守,乡土社会的资源大量流失,其近代变迁十分艰难而濡滞。与梁漱溟对知识分子在乡村建设中的崇高作用的定位截然相反,叶赋桂认为在彼时特殊的社会环境中,"接受了新式教育的知识分子不愿回到乡土社会,即使是生计无着,漂泊不定,也要留在城市。"[1]由此导致乡土社会的文化流失和知识的贫困化。知识分子不仅无法担当起社会建设和乡村建设的重任,"在乡村中的传统知识分子被政权抛弃,在城市中的新知识分子很大一部分没有获得其所期望的社会地位和生活,生存状况很不如意,在

---

① 叶赋桂:《新制度与大革命——以近代知识分子和教育为中心》,教育科学出版社,2010 年,第 42 页。

政治上整个知识阶层又严重分裂,大多对现有政权不满意,但又不知支持或依靠哪个政治力量,如此一来,知识分子就成为近代中国政治和社会中最不稳定的因素"①。总体而言,无论出于工作还是生活的需要,知识分子对物质条件的要求相对普通民众要高,因此注定他们较少愿意流向生活条件差、科研条件极度缺乏的农村去工作或生活,即使出生于农村,学成后也大多倾向于留在城市而非扎根家乡,这就造成知识分子过分集中于城市,急需知识分子科学技术指导的农村仍然渴求人才、后续乏力。这种状况即使在二十一世纪的中国社会也普遍存在,值得反思。

与梁漱溟所谓知识分子能感受农民所不能感受之苦痛的敏锐性和超越性的结论截然相反,近代学者则对于中国知识分子从历史传袭下来的基于阶级利益自私性而对外界新事物的麻木迟钝进行了猛烈地抨击。他们认为,十九世纪七八十年代,知识阶层中的绝大多数都依然踩着既往的步调一心一意的求功名利禄,而对民族和社会危机不闻不问,即使鸦片战争也并没有引起绅士过度关注,割地赔款也没有惊动绅士宁静安闲的心境和生活,英法联军侵入京师也不过激起几朵小小涟漪,很快又归于沉寂。除了少数先觉者,传统知识分子的绝大多数因为占据社会的上层,担心社会和文化变革对其地位和权益的威胁,根本不愿超出其阶层利益进行变革,具有很强的保守性和惰性。清朝灭亡以后,绝大多数知识分子基于自保心态不得不被动向近代化转变,但转变的仍然不彻底,徒具其形而已,对国家近代化进程没有起到应有的作用,这些事实充分说明了"中国知识分子的麻木、迟钝、愚昧、自私,已经发展到了极致,只要他们自己的利益有保障,根本就不管国家和人民","从绝大多数知识分子来说,所谓敏锐性、超越性等不过是知识分子的自吹自擂而已"。② "孔子把从政当使命,这在中国是传统。学者称为担当,我看是恶习。我国的知识分子,很少有人抗得住当官的诱惑。从'铁肩担道义'到'脱骨扒鸡',也许只是一步之遥。"③

即使知识分子中有一些人如梁漱溟、晏阳初等乡村建设工作人员有到

---

① 叶赋桂:《新制度与大革命——以近代知识分子和教育为中心》,教育科学出版社,2010 年,第 51 页。

② 叶赋桂:《新制度与大革命——以近代知识分子和教育为中心》,教育科学出版社,2010 年,第 167 页。

③ 李零:《我读〈论语〉》,山西人民出版社,2008 年,第 393 ~ 394 页。

贫穷落后的乡村进行建设的意愿和热情,他们中大多数的知识结构也限制了他们在此过程的作用的发挥。传统知识分子是以"君子不器"的完人为理想的,为道不为学,以经世济民为职志,没有专门的职业技能和专业知识,而只有治国平天下的抱负。即使是近代以来由于欧风美雨的侵袭,留学风潮的愈演愈烈,对科学技术等实用科学的接触和掌握有了一定程度的重视和提高,但留学生中学习政治、法律、哲学等人文科学的依然占大多数,根本无意也无法引入西方正在发生的科技革命,反将科学异化了,科学技术的教育和研究依然极其落后,与工业发展与国家富强的建设目标始终还有相当大的距离。具体到乡村建设,农民本来更多需要的是切实能教导和帮助农民提高生活水平的掌握农业、畜牧、水产、水利等实用技术的知识分子,而事实恰恰相反,掌握实用科技知识的知识分子不多,满口"人权"动辄"民主"的知识分子却为数不少。虽然他们对农民科学民主意识的启蒙也做出了很大贡献,但在彼时彼景下,乡村建设中的学校教育和社会教育如果不落实在农业发展与生活水平提高上,乡村教育与八股制艺、心性空谈又有什么差别呢?

美国学者狄百瑞在知识分子的主体角度对儒学和儒学知识分子的社会功能进行了分析,对照梁漱溟的理论和实践过程来看不无道理。他认为作为地方精英的儒学学者,虽然他们不做官也能照样发挥领袖的职能,保护、引导和监督百姓,充当百姓的代言人与地方官吏打交道,但是他们很少能够成功的领导具有较大政治影响和意义的运动。"这些儒家经常不得不单枪匹马面对大权在握的统治者,独自应对帝国官僚体系的复杂、僵化,或派系内讧。他们越是有良知就越容易成为烈士,或者更多的时候成为政治空想家。他们当中很少有人能够成为成功实现高尚目标的政治家"[1],"儒家文人即便能够承担起君子的艰难角色,也很少对百姓产生磁石般的吸引力,很少吸引大批追随他并可以在日后转化为政治资本的人"[2]。但是,"对于真正的'儒家'来说,根本的问题不仅是物质方面的,而且是道德和精神方面的"[3]。

理论和实践研究是一个不断发展和完善的过程,短时间内一蹴而就、尽善尽美有着一定难度和不现实。所以具体到梁漱溟的乡村建设理论和实

---

① [美]狄百瑞:《儒家的困境》,黄水婴译,北京大学出版社,2009年,第100页。
② [美]狄百瑞:《儒家的困境》,黄水婴译,北京大学出版社,2009年,第96页。
③ [美]狄百瑞:《儒家的困境》,黄水婴译,北京大学出版社,2009年,第111页。

践,如果能不以成功或失败的标准过于苛求的标准去衡量,而是从一个儒家知识分子的主体角度,从生命热情和关怀的理论和实践角度去理解、分析和继承梁漱溟的乡村建设运动,也许会发现更多价值。尤其在新时代社会主义新农村建设的背景下,挖掘知识分子在此过程的重大作用,运用种种措施激发知识分子的参与热情和创造力无疑有着更为重大的现实意义和价值。

发展经济学指出,经济发展来源于技术创新和制度创新。农业发展离不开技术创新和推广,而农业科技创新整个过程的研究开发、推广应用都离不开各类知识分子人才,知识分子十分重要。新农村建设不只是农民和国家的事情,也是知识分子的事情。新农村建设不是一条不证而明的路,用何种办法进行新农村建设?怎样的新农村建设最能有效的解决农村现存问题?这些都需要学界知识分子进行探索。除此之外,在已有观点的支持下,学术界知识分子和有关政策部门选择各式各样的农村,进行各式各样的农村建设试点,无疑将为相关决策部门作出有效决策提供经验,为促成农村发展提供可能。尤其是在市场经济席卷而来、农民处境日益边缘的背景下,知识分子全力探索和实践新农村建设,探索农村和农民希望之路,也是中国现代化和农村现代化的希望所在。由此出发,知识分子介入到新农村建设的第一个重要行动就是对农村的深入研究,包括政治、经济、社会、文化、教育、环境乃至医疗卫生、水利工程,等等,以确定中国乡村在未来发展中的处境,定位新农村建设的步骤与活动。第二,知识分子要创造适合农民需要的文化作品,在文化上设计适合农民目前生产生活状况的文艺作品、生活方式、价值系统等,理解当前农民在经济、政治、文化等全方位的处境,以提供不同的新农村建设的具体方案,并可以在实践中作些实验。第三,知识分子要把最新的适合农民和农村的科学和技术推广至乡村,并在技术层面展开研究,尤其是将工程性的技术与人文研究结合起来,研究建设适合于农民目前生产生活状况,又能为他们带来真正益处的生产生活方式、居住环境、村庄规划、组织体制,等等,换而言之,新农村建设需要大量专家型的工程师和设计者。

目前的中国农村与梁漱溟进行乡村建设的二十世纪三十年代的中国农村既有相似之处,也有极大不同。中国目前的农村可以说是中国历史上最好的时期,农民温饱已经解决,国家工业化已经完成,内政稳定国力强盛,但农村依然有着某种程度的衰落和退化,"农民真苦,农村真穷,农业真危险"

的呼声依然不绝于耳。这样的农村问题,这种背景下的新农村建设,无疑是知识分子沿袭前辈轨迹、贡献智慧、发挥作用的绝佳场地,对于知识分子,既是一种千载难逢的机会,更是一种当仁不让的责任。可喜的是,在新时代的现代化建设中,后辈学人中不仅有像余英时这样的后辈文化精英给予梁漱溟为代表的彼时知识分子以积极的评价和深深的敬意,"梁先生所代表的人格典范是重社会实践的中国传统士大夫","像传统儒者一样,他是以改造世界自负的,并且自居于'以先觉觉后觉'的地位";①更不乏以承继梁漱溟以实践儒家的道德和精神为重,以生命激情阐述自己的文化、社会和政治观点的立场的现时代知识分子。他们以诗意的眼光和历史的良知觉解历史,服务社会实践,以富于生命力的阐释去激活升华更多需要人文润泽的生命,和梁漱溟的为人、为文、为事的主张有一定程度的暗合。从这一点来讲,梁漱溟可以含笑并感到安慰。

第三节 乡村建设实验之于新农村建设

新中国成立以来,农业、农村和农民问题,始终是关系中国经济和社会发展的全局问题。随着国家对"三农"问题的愈加重视,随着新农村建设政策的逐步推进,当我们把眼光和学习经验的足迹延伸到异国时,也不应忘记,前辈先贤二十世纪二三十年代轰轰烈烈的乡村建设运动。尤其是"不但大规模地进行乡村建设的实践,而且有一整套完整的理论"②的梁漱溟先生。教训和经验都是财富,不容忽视或遗忘。尽管这场运动由于这样那样的原因最终归于失败,尽管这场运动有着明显的历史局限性,但如果不对历史过度苛求,我们会发现,如同现当代其他国家和地区的农村建设运动一样,这场运动同样提供了太多可以借鉴学习的东西,值得所有关心中国新农村建设问题的人士参考。

一、"走自己的路"与新农村建设

梁漱溟二十世纪三十年代的乡村建设理论和实践的突出特点就是强调

---

① 余英时:《中国知识分子论》,河南人民出版社,1997年,第189页。
② 张汝伦:《现代中国思想研究》,上海人民出版社,2001年,第433页。

中国社会和中国农村不同于西方的特殊性,由这种特殊性而坚持中国传统文化本位,力主"走自己的路"。换言之,他思考中国出路的前提是中国主位的思考,他吸收西方社会科学知识及对西方的理解,都是服务于他寻找中国强盛道路的目标。他的学生公竹川认为,梁漱溟的乡村建设理论是他七八年来对于中国整个问题包括:政治、经济、社会、文化,全部问题的一个说明解答,自有其社会观和历史观。梁漱溟乡村建设派的主要舆论阵地《乡村建设》也曾如此称誉:"梁漱溟先生颇费了一番力气。他确有所见,所以他对于乡村建设方面的理论,有深厚不拔的根据。""他不是国故派,不是守旧派,更不是复古派;他是一个最认真的,最不肯妥协的人。他不跟今人跑,也不跟古人跑,更不跟东西洋人跑。"①在新农村建设的背景下,对梁漱溟的观点正确与否做一个最后的评判并不是当务之急,但其立足国情、独立思考、不盲从盲信随波逐流的思考和实践方式仍然值得人们思考和借鉴,为当代的中国乡村基层研究和治理提供了学术品行和宝贵资源。

进行科学研究不外乎有两种方法:一种是把前人的经验加以分析、比较,再去验证它;另一种是试验法,即把某些观点、思想经过一个试验的过程来证明对错。② 历史经验是过去了的实践,这些过去了的实践,不但构成了当前正在展开实践的基础,而且往往活在中国人的头脑中,构成了正在展开实践的一部分。寻求二十世纪三十年代中国乡村研究和建设这一优秀学术传统的接续,并沐浴其所提供的"更高妙的灵感"无疑应该是新时代选择的应有之义。令人惋惜的是,二十世纪八十年代由于西方社会科学的引进,具体到乡村研究和治理,虽然无可否认其得益甚多,但过犹不及,问题也随之而来。一直到现在,国内学界不仅忽视了对中国历史经验的深入研究和借鉴,且在引进西方社会科学理论研究时,也忽视了西方社会科学的语境,忽视了西方社会科学也只是地方性知识的一种,是一种具体的知识而非真理,将西方学术理论毫无条件的设置为中国乡村研究和治理的标杆。对中国农村基层研究和治理的研究中,不仅缺乏了中国本土经验的强调,而且缺乏了一种对中国农村基层本身的考察,忽视了制度运行具体场景的分析,忽视了制度实践条件的研究。总体来看,即是没有专注研究中国农村,而是将研究

① 《乡村建设》旬刊,第4卷6~7期之编辑后记。
② 温铁军:《我们到底要什么》,华夏出版社,2004年,第9页。

的中心集中于与西方社会科学的对话,或倾向于将中国整体的农村割裂开来,将研究的注意力集中于少数农村的局部经验,忽视了整体经验的审视和汲取。

职是之故,为了新农村建设的顺利推行和取得实效,在新农村建设的研究和推行中,就要充分重视梁漱溟乡村建设理论思考和实践中的独立意识和自主态度,树立一种主体意识和国情意识,强调对经验研究的足够重视,真正扎根于基层田野,不再把西方理论当作当然的教条和目标,而仅仅是一种启示和方法。我们要在争取对中国整体国情有一个科学全面的质的把握前提之下,在对中国经验的研究把握上,在尊重经验本身的客观性前提下,重视经验本身的完整性,避免将其切割成碎片,避免带着厚重的理论有色眼镜去看待经验材料,同时要意识到经验本身可能具有的片面性与不可靠性,并允许其他经验和理论和挑战和讨论,强调对中国经验的整体把握和深入讨论。一旦缺少对中国经验的强调,农村研究就会缺乏共同针对的对象,就会成为众多自说自话的理论偏见的汇集。① "任何理论都是灰色的,而生命之树却长青。"因此尽量不应局限在学科知识中,而要沿着经验研究中的发展和问题往前走,沿着新农村建设实践的需要往前走,紧紧把握住时代脉搏,回应时代的要求,并在此基础上,从不同层面、不同领域、不同方向深化以经验为基础的各项研究,并不断回到中国现代化建设和新农村建设实践中去检验。历史经验不等于现实,但有助于人们认识现实。唯有如此才能建构起具有共识的理论,才能真正有助于在不排除外来理论与价值的同时保持对学术的西方中心主义的警醒与独立,才能寻找到本土理论的社会根基,才可以为本土化的中国社会科学提供资源,并以之为指导为新农村建设做出正确科学的建议与指导,为中国农村和农民的健康持续发展做出切实贡献。

二、文化繁荣与新农村建设

"文化,就是吾人生活所依靠之一切",详细说来,"文化之本义,应在经济、政治,乃至一切无所不包"。② "中国社会是以乡村为基础,并以乡村为主

---

① 贺雪峰:《什么农村,什么问题》,法律出版社,2008 年,第 9 页。
② 梁漱溟:《中国文化要义》,学林出版社,1987 年,第 2 页。

体的;所有文化,多半是从乡村而来,又为乡村而设——法制、礼俗、工商业等莫不如是。"①对于二十世纪初期深重的民族危机,梁漱溟认为"并不是什么旁的问题,就是文化失调;——极严重的文化失调。"②因此,他主张以中国传统的儒家文化为根基,同时选择性的吸收西方先进文明理念,对乡村进行全方位的建设改造,进而改造和挽救中华民族。"他的乡村建设运动是在经济上以生产分配的社会化,来实现人内在本性的善和美的文化建设运动"③,本质上即"一场自下而上的文化运动,是一场以大众的文化觉悟和实践为出发点,旨在解决当时中国社会经济危机的文化运动"④。

中国是一个有着十三亿人口的发展中的社会主义大国,其中近九亿人口在农村。在中国现代化建设进程中,城市化和市场化并不能在短期内解决有关农村和农民的所有问题,所以在当前复杂的国际国内形势下,建设社会主义新农村、提高农民生活水平仍然是我国现代化建设的基础工作。中国长期以来的政策选择及发展模式是将资金的投入和资源的配置向大城市和沿海地区倾斜,忽视了广大的农村和农民尤其是大部分中西部绝大部分地区的农村和农民发展。当然,这样的增长模式和发展道路可能是最有效益的,确实造就了二十多年的经济增长,并有力地促进了国家的工业化和城市化,但也产生了影响深远的问题。其结果正如党的十六大所指出的,城乡二元经济结构还没有改变,地区差距扩大的趋势尚未扭转,农村贫困人口还为数不少,相当部分的农村人口还未能享受带增长的收益。在此意义上说,虽然二十多年来中国实现了经济的高速增长,但在某种程度上尚未实现可持续的真正意义上的发展。

社会发展不仅仅是经济发展,更是社会公平和社会秩序的再造问题。只有改变原有的发展模式,树立促进农村经济、社会、政治、文化综合发展的科学的发展观,并辅之以切实可行的有力的措施,"三农"问题才能得到根本解决。⑤ 由此而来,"三农"问题和新农村建设的一个重要方面不仅是农民增

---

① 梁漱溟:《乡村建设理论》,上海人民出版社,2006年,第10页。
② 梁漱溟:《乡村建设理论》,上海人民出版社,2006年,第22页。
③ 崔洪植:《关于梁漱溟乡村建设运动的理念目标研究》,《当代韩国》,2003年 Z1 期。
④ 崔洪植:《关于梁漱溟乡村建设运动的理念目标研究》,《当代韩国》,2003年 Z1 期。
⑤ 张晓山:《有关"三农"问题的理论思考》,载中国社会科学院农村研究所编:《中国农村发展研究报告》(六),社会科学文献出版社,2008年,第16页。

收问题,还应该有乡土本色的不同于消费主义的生活方式。在经济收入以外增加农民福利,改善农民人居环境和人与人之间关系,引导农民将生活水平提高的衡量标准转移到享受基本公共服务方面,强调主体体验和人际联系的"低消费,高福利"的生活方式,将是应该选择的道路。① 由此思考,大力发展农村文化、丰富农民精神生活将是今后新农村建设的重点所在。

文化是一个民族的精神谱系,"没有文化的积极引领,没有人民精神世界的极大丰富,没有全民族精神力量的充分发挥,一个国家、一个民族不可能屹立于世界民族之林"②。对于还有近一半人口居住在农村的我国来说,农村文化的建设和发展更应该引起重视。农村文化建设,对农村生产力的提高具有极大的促进作用,是提高农民素质、促进农村经济和社会事业发展的重要举措,是全面实现小康社会和新农村建设的关键措施,更是推动农村可持续发展的强大动力和必备条件。对此国内部分专家学者已达成共识并进行了广泛而又深入的实验。例如温铁军曾经指出,乡村建设实验中"文化建设,收效最高";王绍光也指出,对于一个社会的健康来说,重要的往往不是政治性的,也非经济性的,而是文化性的;贺雪峰也指出,从文化方面重建农民福利,将是乡村建设中最有事情可做的领域,也是最有价值的领域。③

随着我国农村经济和社会事业的不断发展,农村文化建设的条件得到了很大改善,但是不可否认仍然存在着一些问题。可以说,当前农民的问题更多的不是纯粹物质问题,不纯粹是生产方式问题,而是精神和社会问题,是一个文化问题,是生活方式问题,是农村现代化与传统文化的传承问题。在梁漱溟进行乡村建设的特殊历史时期,西方物质文明扫荡了中国传统文化,中国传统文化不止在城市尤其在乡村都面临着全面失落的普遍问题。由此问题出发,梁漱溟的乡村建设运动初衷不仅想要推动中国农村的现代化,同时也试图重建中国农村的文化结构,挽救农村社会秩序失范。历史前进到此时,中国的农村问题并没有完全解决,彼时梁漱溟面对的问题,有些在今天仍需要新农村建设加以注意并解决。其中也包括传统制度规范与现代化发展之间的冲突与错位。一方面农村经济发展日新月异、现代商业经济

---

① 贺雪峰:《乡村的前途——新农村建设与中国道路》,山东人民出版社,2007 年,第 1 页。

② 《中共中央关于深化文化体制改革推动社会主义文化大发展大繁荣若干重大问题的决定》,新华网,2011 年 10 月 25 日。

③ 贺雪峰:《乡村的前途——新农村建设与中国道路》,山东人民出版社,2007 年,第 59 页。

加速引进,另一方面则是本已脆弱不堪的中国传统文化、制度和规范愈加岌岌可危、势如累卵。因此,传统文化中的精粹如何得以复苏和重生,如何引导现代商业文化给予现代农村和农民积极正面的滋养和提升,借此二者优化农村秩序、涤清农民精神困惑、引导农民的精神归属,梁漱溟二十世纪三十年代的乡村建设中所体现出的济世卫道的文化建设思路仍然值得借鉴。

因此,各级政府必须努力由农村文化管理转向农村文化投入,积极推动农民开展丰富多彩的文化活动,积极发现农村中民间文化活动形式,培育民间文化自主发展的机制。"把创新精神贯穿文化创作生产全过程,弘扬民族优秀文化传统和五四运动以来形成的革命文化传统,学习借鉴国外文化创新有益成果,兼收并蓄、博采众长,增强文化产品时代感和吸引力。"[①]在文化、体育、影视等方面进行改革,提供一套强有力的适合农民生活实际且对于农民整体可欲的文化价值理念,倡导作家和文艺工作者深入农村创作农民喜闻乐见的作品,以丰富农民群众的精神生活,在保持农村经济繁荣的基础上实现农村文化的持续健康发展。为了培育农村文化市场,国家要加大公共财政投入,创建多类型的公益性文化单位为全体人民尤其是广大农民服务,给农民提供文化交流、文化鉴赏、文化参与的有效渠道,保障他们的基本文化权益,提高和完善他们的文化观念尤其是消费观念,在广大农村地区形成"低消费、高福利"的健康向上的生活方式,让村庄成为一个有道德、有舆论的文化生产场所,以抵消市场经济将农民置于边缘地位和无价值感的负面影响。通过农村文化建设,建立并发展诸如文化馆、综合文化站、文化室、老年人协会等民间组织,扩大并完善农村文化公共服务,发展大众体育、大众文艺乃至大众教育和大众医疗,让农村出得去也回得来,成为物质丰富、精神充实、乡民和睦、目标明确的温暖家园。将国家教育与乡村教育相结合,降低农民子女及全体农民的教育成本,通过提高农民的文化水平来提高他们适应社会、致富和生活的能力等,无疑都是新农村建设中文化建设的战略方向。

在一定意义上说,人不仅是经济人,而且是社会人、文化人,相比对经济物质的需要,精神和文化需要是一种更高层次更为重要的需要。在新农村

---

① 《中共中央关于深化文化体制改革推动社会主义文化大发展大繁荣若干重大问题的决定》,新华网,2011年10月25日。

建设的广阔背景下,大力建设、优化农村生产生活环境,保障并逐步提高农民的经济利益、政治权利和文化权益,让农民充分享受现代化农村和农业的进步,过上一种生产富裕、生活和谐、闲暇有意义的生活,这应该是新农村建设的题中之义。青山绿水田园牧歌,家庭和睦邻里友爱、适度消费内心充实的农村生活,不仅是中国城市化、现代化发展的强大保障和持续动力,更是抵御当今资本主义某些不宜腐化思想的精神堡垒和物质基础。这种文化。这种建设,在某种程度上正是梁漱溟二十世纪三十年代孜孜以求的乡村建设之路,即"与古老的东方文明相联系,强调人与自然和谐相处、人与人和谐相处、人与自己内心世界和谐相处的中国道路,是对中国传统文明伟大复兴的寻求"[1]。

三、乡村经济发展与新农村建设

(一)新农村建设下的农村产业结构调整和优化

"无农不稳,无工不富,无商不活",只有在巩固和发展农业的基础上,大力提高工业和服务业在国民经济中的比重,调整、优化农村经济产业结构,以此提高农民的科技素质和经济效益,才能实现农村经济的全面发展和繁荣。在中国农村中始终延续着对工业化的向往、追求和发展工业化的不懈努力中,梁漱溟在乡村建设理论和实践中反复坚持和强调的"以农业引发工业"的经济道路选择,他认为"中国民族的能否复兴再起,中国社会能否繁荣进步,定规要看中国社会能否工业化"[2],并在《乡村建设理论》一书中以一节的篇幅专门讲"工业化问题",在某种程度上正是体现了有先有后、协调发展的农村工业化发展精神。当然,梁漱溟所讲的工业化由于未能超脱"以农业引发工业"的框架而具有一定空想性,但其二十世纪三十年代对这一思想的揭示,却不失为一种远见卓识,且其中不乏真知灼见,这些都对今天的新农村建设无疑仍然有一定的现实借鉴意义。

在新农村建设中,在保证农业平稳健康发展的同时,毫无疑问要支持有条件、有资源的农村发展工业经济,开发挖掘资金优势,促进劳动力集中以提高效率,确保农业稳固基础上的工业发展,工业发展带动下的农业持续发

---

① 贺雪峰:《乡村的前途——新农村建设与中国道路》,山东人民出版社,2007 年,第 3 页。
② 梁漱溟:《往都市去还是往乡村来》,《乡村建设》,第 4 卷 28 期。

展。只有实现农村工业化，才能有利于改善农村产业结构和产业升级，才能有力推动城乡一体化建设和有机分工相结合，才能更加有利于城镇化提高和现代化发展。因此必须坚定不移地推行可持续性的农村工业化发展，并以此推进我国工业化的长足发展。

自二十世纪七十年代末以来，中国农村社会已经发生了很大规模的社会分化，迄今为止这一分化更多的和更主要的表现为不同区位、不同历史传统和不同工业化模式的农村社区层面的分化。中国农村工业的结构性分化使中国农村工业内部在企业规模、技术装备和技术创新能力、员工素质、管理方式等方面的差距愈益明显，并形成一部分区域和一部分农村工业的"城市化"和另一部分农村区域的"工业化受挫"局面。① 在新农村建设的宏观背景下，要想实现农村地区经济的工业化健康持续发展，要做的还有很多。

（1）各级政府要大力扶持和促进乡镇企业的发展。无可否认，乡镇企业的出现和蓬勃发展是农村地区工业化的重要举措之一，是农村地区发展的重要引擎和农民收入的重要来源。而乡村企业在某种程度上也具有鲜明的社区性，企业并不是以追求利润最大化为单一目标，而是既要追求利润，又要安排本社区剩余劳动力就业，为本社区居民提供福利。所以乡镇企业不仅是改革开放以来农村工业化发展的一面镜子，更是农村工业化发展的重要助推器，采取各种措施促进它的健康发展是农村经济乃至整个国民经济增长的必要举措。

（2）国家要给予困难农村地区必要的扶持和帮助下，积极引导农村和农民以经济建设为中心，以市场为导向，调整经济结构，开发当地资源发展商品生产，建立有竞争力的特色支柱产业。

（3）各级政府部门在推动发展的同时，也要做好农村工业企业的环保、节能和降耗工作，避免环境污染和能源浪费，因地制宜、扬长避短，推进科技进步和技术创新，充分发挥区域资源优势，大力发展资源加工企业，真正实现梁漱溟所期望的"避免重蹈西方现代化发展"带来的环境污染、人际疏离、内心空虚的恶果。

（4）根据少数发达农村的经验，在工业化过程中，村集体要及时填补国

---

① 苑鹏：《中国农村社区工业化模式研究》，载中国社会科学院农村发展研究所编：《中国农村发展研究报告》（一），社会科学文献出版社，2000年，第280页。

家职能在广大农村的缺位,发挥"提高效率、增进平等、促进经济的稳定发展与增长"①的准政府功能,采取各种有效措施缓解农民在工业化、现代化进程中的不适和风险,帮助农民向科技化、职业化、知识化转变,优化和提升产业结构,在充分发挥村集体的指导帮助作用前提下,强化农民的自主意识和自主能力,促进集体和个人的有效互动,借此发展和实现农业现代化和农村城镇化。而对于部分"工业化受挫"农村地区,则要在政府提供资金和技术支持的条件下,继续大力发掘地方工业化潜力的同时,大力重视农业基础的进一步发展,切不可偏废一方,以免最终造成工业部门无从发展、农业部门又退不回去的尴尬局面。

在当前新农村建设形势下,应当立足"三农"问题的解决来促进农村工业化的发展,必须协调农业发展和农村工业化发展的关系,必须注意农村工业化发展和其他产业发展的关系,如果没有农业的发展,农村工业化发展就失去了坚实的物质和人力资源基础,势必不能健康持续长久。当农村工业化发展到一定阶段后,要特别重视农村工业化和农业现代化的关系,以农村工业反哺农业,为农业基础的发展提供必要的资金和技术支持,唯有如此,才能形成良性循环,实现农村社会全面健康发展,农村才能真正从发展中得到福利,新农村建设才能真正落到实处。

(二)新农村建设下的农村合作组织建设

发展经济学的一个新观点认为,发展中国家的经济体制应该综合发挥国家、市场和社区三种组织的功能,将三者结合起来发挥作用。它们发挥作用的方式各不相同,互为补充,其中市场通过价格手段调节资源配置,国家通过行政手段对市场进行一定的引导和调控,但由于市场经济存在一定的自发性、盲目性和滞后性,且在运行过程中不可避免地会出现信息、资源不对称,仅凭市场和国家的调控不能完全克服市场调控失灵或政府干预不到位等缺陷,因此社区的基础作用不可或缺。社区拥有国家和市场所不具备的广泛资源,通过引导和促进同一社区或相邻区域人际关系的交流互动,培养社区成员之间的信任感,协调彼此之间的关系,并在此基础上促进彼此之

---

① ［美］保罗·萨缪尔森、威廉·诺德豪斯:《经济学》,萧琛等译,华夏出版社,1999年,第27页。

间的自愿合作,以实现资源的有效配置。① 有鉴于此,农村社区在农村城镇化、工业化的过程中发挥着举足轻重的作用,因此有必要推动以农村社区为中心的组织创新,以切实维护农民利益,提高他们的市场竞争力。发展社区组织,并不是前所未有的创新,往前追溯到民国时期,包括梁漱溟山东乡村建设实践在内的一系列乡村建设组织团体,对合作运动都进行了不遗余力的培育、推广和尝试,从总体上看仅仅处于分散、小规模的实验状态,并没有在较大范围内得到推广和农民的积极响应。

中华人民共和国成立以来,在维持农民独立的经营权、财产权的前提下,政府以其共同利益为出发点,以专业化生产为目标,"按照自愿、自助、自主的基本原则构成了农户自助组织,农民合作组织才开始蓬勃发展起来"②。它作为农民的自我组织、自我服务的机构,最了解农民的需要和市场的变化,最具备为农民提供优质服务的激励机制。把农民整合起来,提高农民的组织化程度,推动建立各种类型的农民组织,在技术层面上看既是建立有效的农业公共技术创新体系的必要条件,也是实现农民的穿新技术需求与研究部门的创新技术供给有效结合,诱导技术创新活动持续开展并不断深化的必要条件。农村合作组织要坚持以人为本,强调每个农户成员最广大程度的参与,通过成员间的联合行动,为成员农户提供生产资料购买、市场信息和技术指导、产品销售、内部资金融通等服务,在农产品市场和资本市场买方垄断的市场格局下,期望通过实现规模经济,改变个体农户的市场弱势地位,以降低单个农户的交易成本和风险,最大限度的保障农民利益。推而广之,顺应现阶段新农村建设的时代发展,发展并壮大各类型的农民合作组织意义尤其重大,它们将极大地保障农村地区经济建设、民主建设和精神文明建设的顺利推进,最终将全面改善农村的生产生活环境,提升农民群众的科学文化素质。结合现阶段农村工业化进程,大力发展农民合作组织不仅在促进农民的经济发展和保护、增进农民利益方面具有其他的组织形式所难以替代的作用,而且终将促进农村地区的全面现代化。农民合作组织以社区为建制的组织基础,不仅可以使成员通过相互影响而相互信任,而且在

---

① [日]速水佑次郎:《发展经济学——从贫困到富裕》,李周译,社会科学文献出版社,2003年,第282~283页。

② 苑鹏:《工业化进程中村庄经济的变迁——以东部地区的一个发达村庄为例》,载中国社会科学院农村研究所编:《中国农村发展研究报告》(六),社会科学文献出版社,2008年,第138页。

农业公共技术创新体制建设和农业技术研究和推广应用中不可或缺。

　　针对这一现象,理论界也有较多论述。于建嵘曾指出,要进行新农村建设,首先就需要建立真正的属于农民的组织。他认为如果没有以农民为主体、体现农民意志和利益的农民组织,建设新农村就缺乏真正的行动主体,农业和农村发展的政策就难以得到真正的实施。[①] 党国英则更进一步认为,在农村中不只是要着力建设农民经济组织,国家也要在某种程度上帮助农民发育并建立自己的政治组织,如农民协会等。因为农民的组织程度与农村社会的稳定乃至国家的稳定成正比,如果不把农民的组织吸收到合法的主流体系中,而让他在体系的外面发展,将会造成极大的社会摩擦,不利于社会稳定。所以国家应该尽量把农民纳入组织,包括经济组织和政治组织,利用组织在政府和农民之间进行对话,以降低对话的交易成本,有利于推进新农村建设。[②] 贺雪峰则指出,相对于经济上的合作,农民还可以在公共事务上进行合作,尤其是在与农民生产生活关系密切的公共事务上进行合作[③]。李成贵更是将农民组织化问题看作解决"三农"问题和进行新农村建设的核心问题,认为建立农民组织是改变其弱势群体地位、提高其对资源的控制能力、社会行动能力和利益表达能力的必由之路。即农民只有从政治体系的参与者转变为组织起来的可以平等竞争的政治公民,才能改变国家持续向城市偏斜的政策,才能争取到属于自己的利益。李成贵主张,就现实情况来看,中央和地方首先应该支持农民在基层建立联合自助组织,在支持它们发育的同时,赋予它们政治活动的空间,赋予它们参与社区治理的自由,最终使其不仅成为经济上农民分享市场利益的组织保证,而且成为提升农民政治参与意识的政治载体。[④]

　　立足于中国现实国情,我们也必须清醒地看到,现阶段的农村合作组织还远远没有成为连接农户与市场、农户与政府的主导形式,迄今为止中国农民专业合作组织的发展极不规范,很多合作组织内部的产权关系、管理方式

---

　　① 于建嵘:《农会组织与建设新农村——基于台湾经验的政策建议》,载中国社会科学院农村研究所编:《中国农村发展研究报告》(六),社会科学文献出版社,2008 年,第 206 页。

　　② 党国英:《农民组织与中国社会稳定》,载中国社会科学院农村研究所编:《中国农村发展研究报告》(六),社会科学文献出版社,2008 年,第 154 页。

　　③ 贺雪峰:《乡村的前途——新农村建设与中国道路》,山东人民出版社,2007 年,第 15 页。

　　④ 李成贵:《国家、利益集团与"三农"困境》,载中国社会科学院农村研究所编:《中国农村发展研究报告——聚焦三农》,社会科学文献出版社,2006 年,第 51~52 页。

和分配制度,不符合国际通行的合作社原则,合作社资本实力薄弱,流动资金普遍不足,严重制约了农民专业合作组织的发展壮大。① 因此,结合现阶段的具体现实,要鼓励农民的各种类型的合作和联合。农民可以选择多种合作形式,只要有利于节约交易成本、其产品顺利进入市场,只要有利于培养农民的合作意识和竞争能力,就有存在的意义和价值,具体形式可以包括基层行政组织、经济合作组织、农民维权组织、传统民间组织、社会文化组织,等等。唯有如此,才能确保新农村建设的主体不是分散的农民,而是组织起来的农民,方方面面各项政策的出台、推行和反馈才能更全面更有效率,新农村建设实践效果才能更明显。从社会主义新农村建设、构建和谐社会的长远目标来看,现阶段政府应该以更注重农产品生产和营销的农民专业合作社的发展为主体,为其创造一个有力的法律和政策环境,提供多种优惠服务和财政支持。只有使其成为发展现代农业、扩展农产业链实现垂直一体化经营的重要组织载体,才能逐渐发展成为农民自己所有的农业龙头企业,农业基本经营制度才会有积极创新,农业发展才能具有稳定保障。

四、乡村治理与新农村建设

(一)新农村建设下的公共服务体系构建

众所周知,包括公路、水电、教育、医疗,等等,在内的公共基础设施的改善对减少贫困的影响是不言而喻的。早在二十世纪二三十年代的乡村建设运动中,以梁漱溟为代表的乡村建设运动者同样意识到了公路、水利等基础设施建设对农村和农民生活的巨大作用,并随之进行了艰苦卓绝的实践和努力,其中有些设施至今还未退出历史舞台,继续承担着发展当地农村经济、便利农民生活的实际作用。

随着时代的变迁,世界主要发达国家的发展经验同样表明,在工业化进程的同时不失时机地选择适合本国国情的手段统筹城乡公共服务供给,尤其是统筹农村的公共服务供给,对于发展农村经济推进农村建设,以此缩小城乡差距,顺利完成经济社会结构的转型,有着至为重要的作用。如美国一般采取立法和项目计划管理的形式,从要素、产业、社会保障等各个环节保

---

① 杜吟堂:《合作社在中国农村的地位和作用》,载中国社会科学院农村研究所编:《中国农村发展研究报告2009》,社会科学文献出版社,2010年,第299页。

障了对农村基本公共服务的供给形成了社会各方的良性互动机制,并在全国兴建了交通运输、电力供应、学校、社区公共设施、环境保护设施等基础设施。欧盟各成员国在保证社会最低保障、初级卫生保健和义务教育的基础上,尤其重视推进对农民的社会保险,以保证农民的社会保险收入维持在全社会保险收入的平均水平上。不仅如此,欧盟各成员国拥有全方位的农业教育和科研财政支持体系,各国政府的财政投入主要应用于农业技术教育、农业研究和技术支持等基本公共服务供给。而日本则通过"农业协同组合",将所有参加农业合作的农户,通过国家和县两级联盟组成全国性的紧密农民合作组织,以最大限度的满足农户的基本公共服务需求,以提高农业生产力和农民在社会上的经济地位。与此同时,日本政府极为重视农民的义务教育和社会保障,不仅由中央财政通过转移支付对农村义务教育经费进行补助,还通过一系列法律对各级政府明确规定职责,以提高对偏远地区教育基本公共服务供给,在农村设立社会教育设施,为普及和发展农村教育提供优越的硬件条件。不仅如此,早在二十世纪六十年代,日本农村已经基本建立起以医疗保险和养老保险为主的农村社会保障体系,农村居民与城市居民享有大致相同的社会保险制度、国家救助制度、社会福利制度及公共卫生等。

比发达国家起步稍晚,过去十多年来,中国在减缓农村地区贫困和改善基础设施方面也给予了相当的重视,并取得了很大成就,其中一个重要手段是大力修建和完善公路基础设施和服务。通过研究可以发现,公路基础设施在减缓农村地区贫困中起着重要的作用。它们不仅通过改善穷苦农民空间移动和生活条件直接影响减缓贫困,更重要的是公路基础设施通过使收入来源和就业结构的多样化与提高生产率,对减缓贫困做出贡献。改善公路基础设施还有助于改善教育和卫生条件、促进穷人与外部世界的交流和联系。[①] 公路基础设施和服务主要是通过改善贫困人口获得更有效率、更安全、更健康的公路服务的状况等间接式作用于减缓贫困的,更多与其作为建筑和服务部门作用的形式有关。作为建筑工业,公路基础设施的建设能够为本地的劳动力创造就业机会,同时增加对建筑地区的农产品和服务的需

---

① 吴国宝:《农村公路基础设施对减缓贫困的影响研究》,载中国社会科学院农村研究所编:《中国农村发展研究报告——聚焦三农》,社会科学文献出版社,2006 年,第 325 页。

求,为所在地区农民提供就业和创收的机会。作为服务行业,公路基础设施敢于也许会改善贫困者获得公共服务的状况。除此之外,农村公路基础设施和服务还能大力改善农民非农活动收入,如运输增加带来的运输收入,并通过拓宽商业范围、减少商品运输成本,缩短运输时间减低运输费用,减少从外地购进原材料的运输成本,促进所在地区商业和工业的发展。公路基础设施变化除了对收入形成产生影响之外,还对教育和医疗服务的可能性产生影响。公路基础设施较好地区的农民在获得教育、医疗服务乃至一系列公共服务上更加便捷有效,生活水平有了很大提高。所以,鉴于公路基础设施建设对于农村地区和农民群众的切身利益如此相关,就需要在政策调整、机构安排等多方面千方百计采取有效措施,以期发挥公路基础建设在新农村建设过程中更大的作用。

具体地说,未来二十到三十年的新农村建设的重点,首先就是利用国家财政支持,为农村提供较好的水、电、路设施,解决农村公共设施严重不足的问题。[①] 为了更好地发挥公路基础设施在减缓农村地区贫困中的作用,全国上下无疑要万众一心、部门联动、群策群力。政府部门和赞助机构应该将减缓贫困整合到其公路基础设施的设计、建设和运行过程中去,对投资和减缓农村贫困关系的理解达成共识,并尽量找出可行方案来解决困扰投资方和赞助机构的公路基础设施和扶贫联系的难题。比如在项目建设阶段,选择适用技术和在不同收入农户之间合理分配用工需求,使农民共享公路基础设施建设中用工支出的利益成果;在运行阶段,公路运输价格的制定和调整应该将增加交通能源用户作为一个重要考量因素,并从长期角度计算投资的回报率。这样既可以增加公路运输的消费,在实质上提高农民生活质量,也可以使投资者获得持续受益。除此之外,关键是增加农民公路运输服务的消费。除了前述有利于农民的战略之外,采取综合扶贫措施以增加穷人对公路基础设施的利用同样重要。如放宽农民信贷条件、增加对农民的技术培训、改善农民获得教育和卫生服务的条件等,将这些措施与改善公路基础设施相结合,无疑可以更好地发挥交通能源对缓解农村贫困的作用,进而提高农民的生产率和实现就业和收入来源的多样化,进而提高他们应对市场竞争的能力。随着国家对农村地区财政转移支付能力进一步加大,在保

---

① 贺雪峰:《乡村的前途——新农村建设与中国道路》,山东人民出版社,2007 年,第 61 页。

证对农村地区公路基础设施足额投资的前提下,质量和速度并重,高速公路和低等级公路建设并重,平衡发展,尽力在贫困农村的交通发展中争取更大的道路密度,把更多的道路修到自然村和农户,无疑比仅仅将公路通到村对减缓农村和农民贫困的作用大得多。

不仅公路基础设施对农村和农民发展有着巨大推动力,公共卫生服务也是农村社会发展和农民生活水平提高不可回避的一个重要议题。对此,梁漱溟在山东乡村建设试验中也给予了极大的努力和关注,并取得了良好的效果。中华人民共和国成立以来,中国医疗卫生事业发展迅速,相应的农村医疗事业也取得了显著进步。广大农村地区基本上已经建立起覆盖本区域的卫生服务网络,乡村医疗工作人员的专业能力和素质得到极大提高,农村医疗保险制度已经基本建立,农村地区传染病地方病已经得到较好控制,绝大多数农民能够就近获得基本的医疗卫生和保健服务,农村初级卫生保健工作也取得长足发展,农民健康水平显著提高。成绩尽管显著,但不可否认目前我国农村医疗健康事业仍然需要改进,距离切实满足农民医疗需求尚有一定距离,需要继续努力。农村医疗卫生机构不健全、技术落后、专业人员缺乏、资金不足、保障体系不完善、医疗设备老化等等问题的存在并恶化,不仅使农村公共卫生体系缺乏应对突发重大公共事件的能力,"甚至连最基本的日常公共卫生服务也难以保证"①。但事实指出,农村医疗卫生体系的建立完善举足轻重,一旦出现重大事故和问题,不仅会严重影响当地居民和社会的安全安定,甚至不可避免地会冲击周边地区直至全省全国。因此农村公共卫生问题也同样值得人们重视并为之努力。

美国经济学家杰弗里·萨克斯教授曾经指出,中国医疗卫生改革事业的成功取决于能否解决三个问题,即政府对贫困人群医疗覆盖的作用,政府在医疗保险中的作用,政府在公共卫生服务中的作用。所以在新农村建设中,政府必须采取多方面的必要的措施,确保农村地区居民也能真正获得全面的卫生医疗保健方面的公共服务和相应资源。

(1)这就需要政府针对农村卫生的不同项目设立并实施专项财政转移支付,建立、完善并切实监督规范的财政转移支付制度,改革农村医疗机构管理体制,加大人力物力投入,以保障农村医疗机构的正常运转和健康发

---

① 李卫平:《我国农村卫生保健的历史、现状与问题》,《管理世界》,2003 年第 4 期。

展,确保农民获得充分合理、高质高效公共卫生医疗服务。

（2）政府应采取多项措施提供农村合作医疗或大病医疗保险的引导资金,在承认地区差异的基础上,引导建立不同形式的农民健康保障,大力解决农民因病致贫、因病返贫问题。

（3）结合各地实际情况调整农村公共卫生布局,对现有的农村医疗资源进行重组和优化,切实提高农村医务人员素质,使农村医疗资源达到合理配置,医疗水平和医疗效率得到提高,切实承担起改善农村公共卫生环境、预防公共安全事件发生、广泛传播预防保健知识并最终提高农民身体健康指数的社会目标。与此相适应,全国范围内双轨医疗体系的建立、公立医院改革、药品流通体制改革、社区——使用者控制与机体能力培育等措施也必不可少。

（二）新农村建设下的乡镇政府改革

梁漱溟在《乡村建设理论》一书和随后的乡村建设实践中,都把县政改革作为建设实践的重要组成部分。尤其是1933年7月后,根据国民党中央政治会议决定,山东省政府划定邹平、菏泽等地为"县政建设实验区",进行县以下地方自治的实验以及社会改进实验,梁漱溟领导的乡村建设实验由此进入了一个新阶段。梁漱溟曾经指出:"所谓实验区工作的内容也与以前不同了。以前只是想从这个社会的改进,渐渐地达到乡村建设,对于行政改革没有包括在内,这时我们有机会来做,而事实上也要求做,因为乡村种种事情,实在是与县政的关系太密切了。"①在随后的几年实验中,梁漱溟及乡建同仁对县政府组织结构、工作制度、会议制度等一系列内容进行了改革,使邹平实验县政府工作面貌焕然一新,工作效率大为提高。

从历史延伸到二十一世纪,客观来说,作为国家政权在农村的基层组织,现阶段的乡镇政府可谓是问题缠身。乡镇政府体制已经无法适应农村进一步发展尤其是社会主义新农村建设的要求,存在很多亟待解决的问题,因此,乡镇政府的变革就成为今天不得不思考和面对的问题。乡镇政府改革是一个复杂庞大的课题,涉及从上而下方方面面的关系和亿万群众的利益,需要考虑到的因素有很多,正因如此,立足今天的国情借鉴历史的经验就成为改革过程中值得重视的一环,需要人们去研究和探索。

---

① 《梁漱溟全集》(五),山东人民出版社,1990年,第1014页。

目前关于乡镇政府改革问题的文章著述可谓是汗牛充栋,但主要还是聚焦于乡镇政府规模问题,做的主要是"人多人少"的文章,基本思路是如何替乡镇政府减人减负①。笔者认为,乡镇政府作为宪法规定下我国农村地区的最低一级政府,它的基础性和微观性决定了其政府职责的务实性,乡镇政府应主要履行社会管理和公共服务的职责,乡镇政府的未来角色应定位于服务型政府。加强乡镇政府在公共服务方面的职能,使乡镇政府的职责配置达到"以公共服务为中轴",构建起服务型乡镇政府,是新时期下对乡镇政府建设与发展的一个新定位。

作为一个国土面积辽阔、人口异常庞大且区域自然条件差异明显的超大国家,中国长期以来一直存在比较明显的区域发展差异。目前,不同区域在整体经济发展水平、社会结构的现代化程度、政府财力等方面,都存在着明显的差距,并且这种差距不大可能在短期内消除。这种区域发展的严重非均衡性局面反映在乡镇层面,就是不同乡镇在结构、类型上的差别。综合考虑各种因素,中国目前大致存在两种基本类型的乡镇,即以传统农业为产业支柱的农业型乡镇和主要以工商业为产业支柱的工商业型乡镇。因此,关于乡镇政府未来发展的方向,要以能否切实履行好自身公共服务职责为衡量标尺,进一步考虑到不同区域在发展上的严重非均衡性,以此来进行相应的政策设计。

如果单从自身的产业基础来看,目前中国的多数乡镇仍处于以农业为主的小农经济状态,且在中西部省份表现得尤为突出。在农业型乡镇,农业税的全面取消意味着乡镇政府已基本摆脱了农业剩余汲取者的角色,但与此同时发展的却不是普遍发展意义上服务职能的扩展和增加,相反却是乡镇政府普遍的严重脱离农村现实,成为"悬浮型"政府,②在很大程度上已经失去了作为一级政府所须有的公共性,其组织行为在一定程度上已经出现了变异扭曲,几乎只是在为自己的生存而苦苦支撑。正是基于上述事实,笔者认为,就目前农业型乡镇的普遍情况而言,为了克服机构臃肿,人员超编严重等问题,节约公共资源,大规模的撤并和派出化已经是难以避免的基本

---

① 赵聚军:《乡镇改革研究的综述与思考》,《行政论坛》,2008 年第 2 期。
② 周飞舟:《从汲取型政权到"悬浮型"政权——税费改革对国家与农民关系之影响》,《社会学研究》,2006 年第 3 期。

发展趋势。

与农业型乡镇不同,我国也存在着为数不少的工商业型乡镇,它们的运转状态则要普遍理想很多。工商业型乡镇主要集中于东部沿海地区几个相对发达的省市,例如北京、上海、天津、浙江、广东的大部分地区,江苏的苏南地区,山东的半岛地区和福建部分地区的乡镇。对比传统以农业为主的乡镇,这一类乡镇自身的产业基础已经发生了很大变化,农业已不再是最主要的产业和就业部门,迅速发展的二、三产业成为经济的支柱。由于工商业普遍较为发达,农村土地升值很快,从而为发展第三产业及高附加值农业奠定了基本的条件。此类乡镇由于存在相对发达的工商业,从而为乡镇财政提供了较好的保障。在财政比较充足的条件下,以专业分工为基础的现代行政体制便可以顺势建立起来。事实上,当前工商业发达的乡镇也的确有较为健全的政府组织及各种职能结构,这些机构的运作还是较为高效的。由于自身财力相对充足,除了"养活"自己,乡镇政府亦有能力承担更多的公共产品供给责任,因此包括"七站八所"在内的乡镇政府各部门,基本上能够做到各司其职,运转良好。① 对于此类工商业型乡镇政府来说,目前主要的问题不是去与留问题,而是根据正在高速迈向城市化的社会整体结构,及时调整自身的职责定位,以更好地提供社会所真正需要的各种公共产品。

---

① 贺雪峰:《乡村研究的国情意识》,湖北人民出版社,2004 年,第 120 页。

结　语

　　二十世纪前期的中国，民族危机和民生凋敝成为当时社会最严重的问题。围绕民族独立和复兴，不同学派、不同政党都基于自身立场和思考提出了不同的论断与设想。不同于历史上其他各派别的主张，梁漱溟思想和实践的独特之处就在于，他认为中国问题归根结底在于"文化失调"，认为应从文化的角度分析、考察和设计解决中国政治、经济问题之道，主张结合中国优秀的儒家政治文化传统和西方先进的政治理念，从乡村入手，通过乡村建设，重构社会本位的乡村组织结构，最终实现中国问题的彻底解决。

　　"任何一个源远流长的思想系统所接触的问题都是比较全面的，同时，任何一个复杂的思想系统，由于它的特殊性和具体性，对各种哲学问题的探索也有其片面性。"[①]在当时特殊的社会历史背景下，正是这种不可避免的"全面性"和"片面性"之间的矛盾，使梁漱溟的乡村建设理论和实践在不同的历史时期由于种种原因引起了巨大的争议，并给其本人带去或大或小的冲击。围绕着这些争议，本研究运用现代社会科学的理论与方法对梁漱溟乡村建设理论和实践本身，以及它所蕴含的民族和时代价值展开了系统的梳理和解析。我们不能仅仅以己之长比人之短或以己之理想比人之现实，忽视这些缺陷产生的必然性和历史原因，更加不能仅仅以成败论英雄，否则任何评判和解析都会失去理论深度或学术意义。正如新中国成立后首开研究梁漱溟乡村建设理论和实践先河的美国学者艾恺所言："他的思想在当下不易为人们所接受。不过，一百年后回顾 20 世纪中国的思想家，或许只有他和少数几个人才经得起时间的考验，而为历史所记住。"[②]

---

　　①　杜维明：《儒家传统的现代转化》，岳华编，中国广播电视出版社，1992 年，第 51 页。

　　②　[美]艾恺：《最后的儒家——梁漱溟与中国现代化的两难》，王宗昱、冀建中译，江苏人民出版社，1993 年，第 4 页。

本书通过回顾和分析梁漱溟二十世纪三十年代乡村建设运动的思想来源、理论基础和实践过程，以及不同年代各派别对梁漱溟乡村建设运动的争议焦点，试图从梁漱溟乡村建设运动和围绕其产生的争议中挖掘出适合于现时发展的积极因素。经过一系列的努力，本研究在相关的历史脉络、时代价值等方面取得了初步的进展。但由于种种原因，对于许多论题还需要进一步深入探讨，未来可供拓展的部分论题包括：二十世纪九十年代政界、学界对梁漱溟乡村建设运动的定位和评价，新农村建设应从梁漱溟乡村建设运动中吸取的教训、现代化背景下的梁漱溟乡村建设运动解读等。

"任何模式肯定都有普适性，但也会有特殊性。"换言之，"任何一个普适性的东西到了具体的文化中肯定会变的，所以，模式都是特殊性和普适性的结合"①。在此意义上，梁漱溟矢志不渝于乡村建设中的独到思考和百折不回的诚恳坚毅，他所提出的乡村建设理论中的种种观点，以及其实践中解决实际问题所累积的经验，仍然可以为我们提供参考和有所适用。要实现这一目标，需要注重运用现代社会科学研究工具开展长期、扎实的研究，作者期望以梁漱溟乡村建设运动及其争议研究为起点，为中国城镇化建设和现代化进程的知识积淀和经验提炼做出相应的努力与贡献。

---

① 郑永年：《中国模式政治化不客观》，http://www.cb.com.cn/1634427/20120330/357347.html，2012 年 3 月 30 日。

参考文献

一、中文著作

1. [德]恩斯特·卡西尔:《启蒙哲学》,顾伟铭、杨光仲、郑楚宣译,山东人民出版社,2007年。

2. [德]马克思·韦伯:《儒教与道教》,江苏人民出版社,1995年。

3. [韩]宋荣培:《中国社会思想史——儒家思想、儒家式社会与马克思主义的中国化》,中国社会科学出版社,2003年。

4. [美]阿瑟·恩·杨格:《1927—1937年中国财政经济情况》,陈泽宪等译,中国社会科学出版社,1981年。

5. [美]埃弗里特·罗吉斯:《乡村社会变迁》,浙江人民出版社,1988年。

6. [美]艾恺:《这个世界会好吗》,东方出版中心,2006年。

7. [美]艾恺:《最后的儒家——梁漱溟与中国现代化的两难》,王宗昱、冀建中译,江苏人民出版社,1992年。

8. [美]保罗·萨缪尔森、威廉·诺德豪斯:《经济学》,萧琛等译,华夏出版社,1999年。

9. [美]狄百瑞:《儒家的困境》,黄水婴译,北京大学出版社,2009年。

10. [美]杜赞奇:《文化、权力与国家——1900—1942年的华北农村》,王福明译,江苏人民出版社,1996年。

11. [美]费正清:《剑桥中华民国史1912—1949年》,杨品泉等译,中国社会科学出版社,1998年。

12. [美]弗里曼、毕克伟、赛尔登:《中国乡村,社会主义国家》,陶鹤山译,社会科学文献出版社,2002年。

13. [美]黄宗智:《中国的隐形农业革命》,法律出版社,2010年。

14. [美]李侃如:《治理中国——从革命到改革》,胡国成、赵梅译,中国社会科学出版社,2010年。

15. [美]列文森:《儒教中国及其现代命运》,郑大华译,中国社会科学出版社,2000年。

16. [美]马若孟:《中国农民经济》,史建云译,江苏人民出版社,1999年。

17. [美]迈克尔·沃尔泽:《阐释和社会批判》,任辉献、段鸣玉译,江苏人民出版社,2010年。

18. [美]文森特·鲁吉洛:《超越感觉批判性思考指南》,顾肃、董玉荣译,复旦大学出版社,2010年。

19. [日]内山雅生:《二十世纪华北农村社会经济研究》,李恩民等译,中国社会科学出版社,2001年。

20. [日]速水佑次郎:《发展经济学——从贫困到富裕》,李周译,社会科学文献出版社,2003年。

21. [苏]斯拉德科夫斯基:《中国对外经济关系简史》,郗藩封译,财政经济出版社,1956年。

22. [印]阿马蒂亚·森:《以自由看待发展》,任赜,于真译,中国人民大学出版社,2002年。

23. 艾思奇:《批判梁漱溟的哲学思想》,人民出版社,1956年。

24. 柏桦:《明代州县政治体制研究》,中国社会科学出版社,2003年。

25. [英]鲍曼:《立法者与阐释者》,洪涛译,上海人民出版社,2000年。

26. 曹锦清:《黄河边的中国》,上海文艺出版社,2000年。

27. 曹跃明:《梁漱溟思想研究》,天津人民出版社,1995年。

28. 陈翰笙:《四个时代的我》,中国文史出版社,1988年。

29. 陈翰笙:《中国农村经济论》,黎明书局,1934年。

30. 陈序经:《东西文化观》,中国人民大学出版社,2004年。

31. 陈序经:《乡村建设运动》,大东书局,1946年。

32. 陈序经:《中国文化的出路》,中国人民大学出版社,2004年。

33. 成中英:《知识与价值:和谐、真理与正义之探索》,李翔海编,台湾联经出版事业公司,1986年。

34. 程同顺:《当代中国农村政治发展研究》,天津人民出版社,2000年。

35. 程同顺:《农民组织与政治发展:再论中国农民的组织化》,天津人民出版社,2006 年。

36. 程同顺:《中国农民组织化研究初探》,天津人民出版社,2003 年。

37. 从翰香主编:《近代冀鲁豫乡村》,中国社会科学出版社,1995 年。

38. 董江爱:《山西村治与军阀政治》,中国社会出版社,2001 年。

39. [美]杜维明:《道、学、政:论儒家知识分子》,钱文忠、盛勤译,人民出版社,2000 年。

40. [美]杜维明:《儒家传统的现代转化》,岳华编,中国广播电视出版社,1992 年。

41. 冯友兰等:《梁漱溟思想批判》(论文汇编)第一、二辑,生活·读书·新知三联书店,1955 年。

42. 复旦大学历史学系、复旦大学中外现代化进程研究中心编:《近代中国的乡村社会》,上海古籍出版社,2005 年。

43. 傅葆琛:《乡村教育纲要》,北京辅仁大学 1934 年夏令讲习会印。

44. 高力克:《五四的思想世界》,学林出版社,2003 年。

45. 郭德宏:《中国近现代农民土地问题研究》,青岛出版社,1993 年。

46. 郭蒸晨:《梁漱溟在山东》,人民日报出版社,2002 年。

47. 贺雪峰:《什么农村,什么问题》,法律出版社,2008 年。

48. 贺雪峰:《乡村的前途——新农村建设与中国道路》,山东人民出版社,2007 年。

49. 侯建新:《农民、市场与社会变迁》,社会科学文献出版社,2002 年。

50.《胡适文集》(11),欧阳哲生编,北京大学出版社,1998 年。

51. 季羡林:《此情犹思——季羡林回忆文集》(二),哈尔滨出版,2006 年。

52. 江问渔、梁漱溟编:《乡村建设实验》(第 3 集),中华书局,1938 年。

53. 焦必方、孙彬彬:《日本现代农村建设研究》,复旦大学出版社,2009 年。

54. 金太军、王庆五:《中国传统政治文化新论》,社会科学文献出版社,2006 年。

55. 柯文:《在传统与现代性之间——王韬与晚清改革》,江苏人民出版社,1995 年。

56. 况浩林:《简明近代中国经济史》,中央民族学院出版社,1989 年。

57. 李德芳:《民国乡村自治问题研究》,人民出版社,2001 年。

58. 李凌已:《梁漱溟学术文化随笔》,中国青年出版社,1996 年。

59. 李小云:《参与式发展概论》,中国农业出版社,2001 年。

60. 李小云:《谁是发展的主体》,中国农业出版社,1999 年。

61. 李泽厚:《中国现代思想史论》,东方出版社,1987 年。

62. 李长莉、左玉河:《近代中国的城市与乡村》,社会科学文献出版社,2006 年。

63. 李紫翔:《梁漱溟的四十年》,新知识出版社,1956 年。

64. 梁培恕:《梁漱溟传——我生有涯愿无尽》,香港明窗出版社,2001 年。

65. 梁培恕:《中国最后一个大儒——记父亲梁漱溟》,江苏文艺出版社,2011 年。

66. 梁漱溟:《东西文化及其哲学》,商务印书馆,2005 年。

67.《梁漱溟教育论文集》,开明书店,1948 年。

68.《梁漱溟教育文集》,江苏教育出版社,1987 年。

69.《梁漱溟全集》(第一—八卷),山东人民出版社,1990 年。

70.《梁漱溟学术论著自选集》,北京师范大学出版社,1992 年。

71.《梁漱溟自述》,河南人民出版社,2004 年。

72. 梁漱溟:《人心与人生》,学林出版社,1984 年。

73. 梁漱溟:《山东乡村建设研究院邹平实验区概况》,山东乡村建设研究院,1936 年。

74. 梁漱溟:《我的努力与反省》,漓江出版社,1987 年。

75. 梁漱溟:《我生有涯愿无尽》,中国人民大学出版社,2004 年。

76. 梁漱溟:《乡村建设论文集》,乡村书店,1936 年。

77. 梁漱溟:《忆往谈旧录》,中国文史出版社,1988 年。

78. 梁漱溟:《中国民族自救运动之最后觉悟》,中华书局,1933 年。

79. 梁漱溟:《中国文化要义》,上海人民出版社,2003 年。

80. 林毓生:《中国意识的危机——五四时期激烈的反传统主义》,贵州人民出版社,1988 年。

81. 刘东超:《中国当代儒学批判》,社会科学文献出版社,2008 年。

82. 陆学艺主编:《当代中国社会阶层分析报告》,社会科学文献出版社,

2002 年。

83. 吕思勉:《中国制度史》,上海教育出版社,1985 年。

84. 马德普主编:《中西政治文化论丛》(第一~六辑),天津人民出版社,2001—2009 年。

85. 马东玉:《梁漱溟传》,东方出版社,1993 年。

86. 马勇:《梁漱溟评传》,安徽人民出版社,1992 年。

87. 牟钟鉴:《走近中国精神》,华文出版社,1999 年。

88. 千家驹、李紫翔编:《中国乡村建设批判》,新知书店,1936 年。

89. 钱穆:《中国思想史》,台湾学生书局,1995 年。

90. 山东省政协文史资料委员会、邹平县政协文史资料协会编:《梁漱溟与山东乡村建设》,山东人民出版社,1991 年。

91. 山东省邹平县地方史志编纂委员会:《邹平县志》,中华书局,1992 年。

92. 沈垚:《落帆楼文集》(卷24),文物出版社,1987 年。

93. 石元康:《从中国文化到现代性:典范转移?》,生活·读书·新知三联书店,2000 年。

94. 宋恩荣编:《晏阳初文集》,教育科学出版社,1989 年。

95. 孙达人:《中国农民变迁论》,中央编译出版社,1996 年。

96. 孙冶方:《孙冶方全集》(第一卷),山西经济出版社,1998 年。

97. 唐德刚:《晚清七十年》,岳麓书社,1999 年。

98. 汪东林:《梁漱溟问答录》,湖南人民出版社,1988 年。

99. 王汎森:《中国近代思想与学术的系谱》,河北教育出版社,2001 年。

100. 王沪宁:《中国村落家族文化》,上海人民出版社,1991 年。

101. 王宗昱:《中国文化与中国哲学》,东方出版社,1986 年。

102. 韦政通:《儒家与现代中国》,台湾东大图书公司,1984 年。

103. 吴景超:《第四种国家的出路》,商务印书馆,2008 年。

104. 吴景超:《吴景超文集》,商务印书馆,2008 年。

105. 吴相湘:《晏阳初传》,岳麓书社,2001 年。

106. 吴稚晖:《一个新信仰的宇宙观及人生观》,南京中央军事政治学校政治部宣传科,1927 年。

107. [美]西奥多·W. 舒尔茨:《改造传统农业》,梁小民译,商务印书馆,2006 年。

108. 夏明方:《民国时期自然灾害与乡村社会》,中华书局,2000 年。

109. 萧功秦:《反思的年代》,复旦大学出版社,2010 年。

110. 谢阶树:《保富·约书》(卷 8),选自姚鹏等主编:《中国思想宝库》,中国广播电视出版社,1990 年。

111. 徐勇:《非均衡的中国政治》,中国广播电视出版社,1992 年。

112. 徐勇:《中国农村村民自治》,华中师范大学出版社,1997 年。

113. 许纪霖主编:《启蒙的遗产与反思》,江苏人民出版社,2010 年。

114. 许纪霖主编:《世俗时代与超越精神》,江苏人民出版社,2008 年。

115. 薛暮桥、冯和法编:《中国农村》论文选(上),人民出版社,1983 年。

116.《薛暮桥学术精华录》,北京师范学院出版社,1988 年。

117.《严复集》(一),中华书局,1986 年。

118. 严中平:《中国近代经济史统计资料选辑》,科学出版社,1955 年。

119. 阎秉华、李渊庭:《梁漱溟年谱》,广西师范大学出版社,2003 年。

120.《晏阳初全集》(一),湖南教育出版社,1989 年。

121. 姚惠泉、陆叔昂编:《试验六年期满之徐公桥》,中华职业教育社,1934 年。

122. 叶赋桂:《新制度与大革命——以近代知识分子和教育为中心》,教育科学出版社,2010 年。

123. 于建嵘主编:《中国农民问题研究资料汇编》(第一卷),中国农业出版社,2007 年。

124. 于语和、王景智、周滨编著:《中国传统文化概论》,天津大学出版社,2001 年。

125. 于语和:《中西传统文化散论续编》,香港天马图书有限公司,2003 年。

126. 余红:《中国农民社会负担与农村发展研究》,上海财经大学出版社,2000 年。

127. 袁镜身、冯华、张修志主编:《当代中国的乡村建设》,中国社会科学出版社,1987 年。

128. 苑书义等:《近代中国小农经济的变迁》,人民出版社,2001 年。

129. 岳琛:《中国农业经济史》,中国人民大学出版社,1989 年。

130. 张灏:《危机中的中国知识分子》,山西人民出版社,1989 年。

131. 张乐天:《告别理想:人民公社制度研究》,东方出版中心,1998 年。

132. 张太原:《〈独立评论〉与 20 世纪 30 年代的政治思潮》,社会科学文献出版社,2006 年。

133. 张英魁:《中国传统政治文化及其现代价值》,中央编译出版社,2009 年。

134. 章有义:《中国近代农业史资料》(第二辑),生活·读书·新知三联书店,1957 年。

135. 章元善编:《乡村建设实验》(第二集),中华书局,1935 年。

136. 郑大华:《梁漱溟学术思想评传》,北京图书馆出版社,1999 年。

137. 郑大华:《梁漱溟与胡适——文化保守主义与西化思潮的比较》,中华书局,1994 年。

138. 郑大华:《民国思想家史论》,中华书局,2006 年。

139. 郑大华:《民国乡村建设运动》,社会科学文献出版社,2000 年。

140. 中共中央文献研究室:《毛泽东传(1949—1976)》(下),中央文献出版社,2003 年。

141. 中国社会科学院农村发展研究所编:《中国农村发展研究报告 No.1》,社会科学文献出版社,2000 年。

142. 中国社会科学院农村研究所编:《中国农村发展研究报告 No.6》,社会科学文献出版社,2008 年。

153. 中国社会科学院农村研究所编:《中国农村发展研究报告 No.7》,社会科学文献出版社,2010 年。

144. 中国社会科学院农村研究所编:《中国农村发展研究报告——聚焦三农》,社会科学文献出版社,2006 年。

145. 周宁:《孔教乌托邦》,学苑出版社,2004 年。

146. 周宪、童强主编:《现代与传统之间》,北京大学出版社,2010 年。

147. 周晓虹:《传统与变迁》,生活·读书·新知三联书店,1998 年。

148. 朱传誉:《梁漱溟传记资料》(一),台湾天一出版社,1979 年。

149. 朱光磊等:《当代中国社会各阶层分析》,天津人民出版社,2007 年。

150. 朱汉国:《梁漱溟乡村建设研究》,山西教育出版社,1992 年。

151. 朱学勤:《道德理想国的覆灭》,上海三联书店,1994 年。

152. 朱云汉:《现代化与政治参与,中国现代化的历程》,时报出版社,1970 年。

153. 祝彦:《救活农村——民国乡村建设运动回眸》,福建人民出版社,2009 年。

二、中文文章

1. [美]墨子刻:《二十世纪中国知识分子的自觉问题》,载《学术思想评论》(三),辽宁大学出版社,1998 年。

2.《二十五年平教工作概览》,平民教育促进会 1936 年编印。

3. 柴向清:《邹平乡村建设时期的金融业》,载山东省政协文史资料委员会、邹平县政协文史资料协会编:《梁漱溟与山东乡村建设》,山东人民出版社,1991 年。

4. 陈翰笙:《现代中国的土地问题》,载《中国农村经济论》,黎明书局,1934 年。

5. 陈翰笙:《中国农民担负的税赋》,载章有义:《中国近代农业史资料》(第 2 辑),生活·读书·新知三联书店,1957 年。

6. 陈晖:《中国信用合作社的考察》,载薛暮桥、冯和法编:《〈中国农村〉论文选》(上),人民出版社,1983 年。

7. 成学炎:《梁漱溟先生谈山东乡村建设》,载山东省政协文史资料委员会、邹平县政协文史资料协会编:《梁漱溟与山东乡村建设》,山东人民出版社,1991 年。

8. 程同顺:《村民自治体系中的村民小组研究》,《晋阳学刊》,2010 年第 2 期。

9. 程同顺:《农民合作经济组织与社会主义新农村建设》,《河北学刊》,2006 年第 3 期。

10. 程同顺:《西方国家的农民政治组织与经济发展》,《毛泽东邓小平理论研究》,2003 年第 1 期。

11. 程同顺:《西方国家农民利益集团的功能与作用对我国新农村建设的启示》,《教学与研究》,2006 年第 9 期。

12. 程同顺:《重新认识村民自治的政治意义》,《晋阳学刊》,2009 年第 4 期。

13. 崔洪植:《关于梁漱溟乡村建设运动的理念目标研究》,《当代韩国》,2003 年 Z1 期。

14. 崔效辉:《"三农"问题视野中的东亚经》,《农村经济》,2005 年第 11 期。

15. 崔效辉:《从国家与农民间的关系理解中国农村的内卷化》,《二十一世纪》,2002 年第 3 期。

16. 崔效辉:《现代化视野中的梁漱溟乡村建设理论》,南京大学博士论文,2004 年。

17. 党国英:《农民组织与中国社会稳定》,载中国社会科学院农村研究所编:《中国农村发展研究报告》(六),社会科学文献出版社,2008 年。

18. 堵述初:《毛泽东先生会见记》,载宋恩荣编:《晏阳初文集》,教育科学出版社,1989 年。

19. 杜吟堂:《合作社在中国农村的地位和作用》,载中国社会科学院农村研究所编:《中国农村发展研究报告 2009》,社会科学文献出版社,2010 年。

20. 费孝通:《论梁漱溟先生的文化观》,《群言》,1988 年第 9 期。

21. 冯友兰:《批判梁漱溟的文化观和"村治"理论》,载《梁漱溟思想批判》(一),生活·读书·新知三联书店,1955 年。

22. 高放:《批判梁漱溟关于中国革命是"从外引发"的谬论》,载《梁漱溟思想批判》(二),生活·读书·新知三联书店,1955 年。

23. 葛力:《揭露梁漱溟的唯心主义的世界观》,载《梁漱溟思想批判》(一),生活·读书·新知三联书店,1955 年。

24. 郭沂:《国家意识形态与民族主体价值相辅相成——全球化时代马克思主义与儒学关系的再思考》,《哲学动态》,2007 年第 3 期。

25. 国怀林、于语和:《美国学者的"政治文化"概念、意义及其争论》,《宁夏社会科学》,2009 年第 3 期。

26. 何汝壁:《批判梁漱溟反对阶级和阶级斗争的反动观点》,载《梁漱溟思想批判》(二),生活·读书·新知三联书店,1955 年。

27. 何思源:《揭穿梁漱溟的反动本质》,载《梁漱溟思想批判》(二),生活·读书·新知三联书店,1955 年。

28. 贺麟:《批判梁漱溟的直觉主义》,载《梁漱溟思想批判》(一),生活

·读书·新知三联书店,1955年。

29.胡庆钧:《梁漱溟是怎样向马克思主义进攻的》,载《梁漱溟思想批判》(二),生活·读书·新知三联书店,1955年。

30.江恒源:《试验六年期满之徐公桥·序》,载姚惠泉、陆叔昂编:《试验六年期满之徐公桥》,中华职业教育社,1934年。

31.江恒源:《中华职业教育社之农村工作》,载章元善编:《农村建设实验》(第一集),中华书局,1935年。

32.金克木:《批判梁漱溟关于印度文化和哲学的谬论:兼论梁漱溟反动哲学的组成》,载《梁漱溟思想批判》(二),生活·读书·新知三联书店,1955年。

33.雷颐:《中国农村社会性质论战与新民主主义理论的形成》,《二十一世纪》,1996年第12期。

34.李成贵:《国家、利益集团与"三农"困境》,载中国社会科学院农村研究所编:《中国农村发展研究报告——聚焦三农》,社会科学文献出版社,2006年。

35.李卫平等:《我国农村卫生保健的历史、现状与问题》,《管理世界》,2003年第4期。

36.李在全:《神圣思维下的世俗建设:福建协和大学的乡村建设运动——兼及如何评价乡村建设运动》,载李长莉、左玉河:《近代中国的城市与乡村》,社会科学文献出版社,2006年。

37.李紫翔:《乡村建设运动的评价》,载千家驹、李紫翔编著:《中国乡村建设批判》,新知书店,1936年。

38.李紫翔:《中国合作运动之批判》,载千家驹、李紫翔编著:《中国乡村建设批判》,新知书店,1936年。

39.李紫翔:《中国农村运动的理论与实际》,《新中华》,第三卷第十八期。

40.李紫翔:《中国的歧路》,载千家驹、李紫翔编著:《中国乡村建设批判》,新知书店,1936年。

41.林毅夫、蔡舫、李周:《比较优势与发展战略——对"东亚奇迹"的再解释》,《中国社会科学》,1999年第5期。

42.刘邦富:《乡村建设运动的现代思考》,载梁漱溟乡村建设理论研究会编:《乡村:中国文化之本》,山东大学出版社,1989年。

43.鲁振祥:《三十年代乡村建设运动的初步考察》,《政治学研究》,1987年第4期。

44.陆定一:《两个政权——两个收成》,《斗争》,1934年9月23日。

45.罗俊:《战时的农村合作运动》,载薛暮桥、冯和法编:《〈中国农村〉论文选》(上),人民出版社,1983年。

46.骆耕漠:《信用合作事业与中国农村金融》,载薛暮桥、冯和法编:《〈中国农村〉论文选》(上),人民出版社,1983年。

47.马勇:《梁漱溟在反右运动中》,《理论视野》,2009年第10期。

48.孟辉峰:《谈到乡村去》,《乡村建设》,1936年第6卷第1期。

49.牛席卿:《我在邹平乡建期间所从事的卫生工作》,载山东省政协文史资料委员会、邹平县政协文史资料协会编:《梁漱溟与山东乡村建设》,山东人民出版社,1991年。

50.千家驹:《梁漱溟的乡村建设运动究竟为谁服务》,载《梁漱溟思想批判》(一),生活·读书·新知三联书店,1955年。

51.千家驹:《批判梁漱溟坚持中国落后反对工业化的谬论》,载《梁漱溟思想批判》(一),生活·读书·新知三联书店,1955年。

52.千家驹:《中国的歧路——评邹平乡村建设运动兼论中国工业化问题》,天津《益世报》农村周刊,1935年4月6日。

53.钱俊瑞:《关于乡村服务人员大团结的一个具体建议》,载薛暮桥、冯和法编:《〈中国农村〉论文选》(上),北京人民出版社,1983年。

54.钱俊瑞:《谈中日棉业合作》,载薛暮桥、冯和法编:《〈中国农村〉论文选》(上),人民出版社,1983年。

55.任辉献:《迈克尔·沃尔泽——左派、知识分子和政治哲学家》,载许纪霖主编:《世俗时代与超越精神》,江苏人民出版社,2008年。

56.任继愈:《揭穿梁漱溟的文化观点的买办性》,载《梁漱溟思想批判》(一),生活·读书·新知三联书店,1955年。

57.沙英:《批判梁漱溟关于阶级斗争问题的反动观点》,载《梁漱溟思想批判》(二),生活·读书·新知三联书店,1955年。

58.时一年:《传统文化现代转化的一次尝试——以梁漱溟在邹平的实验为例》,载梁漱溟乡村建设理论研究会编:《乡村:中国文化之本》,山东大学出版社,1989 年。

59. 素贞:《从试验县到实验县——介绍邹平的乡村建设》,《乡村建设》,第 1 卷第 10 期。

60. 孙定国:《驳斥梁漱溟的"职业分途"的反动理论》,载《梁漱溟思想批判》(一),生活·读书·新知三联书店,1955 年。

61. 孙晓春:《儒家天人观的政治哲学反省》,《史学集刊》,2007 年第 4 期。

62. 孙晓春:《先秦儒家王道理想述论》,《政治学研究》,2007 年第 4 期。

63. 孙晓春:《中国传统政治哲学的社会历史环境分析》,《史学集刊》,2004 年第 2 期。

64. 孙冶方:《乡村工作人员应走的路》,载千家驹、李紫翔编:《中国乡村建设批判》,新知书店,1936 年。

65. 汤用彤、任继愈:《批判梁漱溟的生命主义哲学》,载《梁漱溟思想批判》(一),生活·读书·新知三联书店,1955 年。

66. 童星、崔效辉:《梁漱溟工业化思想研究》,《江苏行政学院学报》,2002 年第 2 期。

67. 王若水:《梁漱溟所谓"理性"是什么》,载《梁漱溟思想批判》(一),生活·读书·新知三联书店,1955 年。

68. 吴鼎昌:《世运转移说》,载沈云龙主编:《近代中国史料丛刊三编》(五),台湾文海出版社,1985 年。

69. 吴国宝:《农村公路基础设施对减缓贫困的影响研究》,载中国社会科学院农村研究所编:《中国农村发展研究报告——聚焦三农》,社会科学文献出版社,2006 年。

70. 吴景超:《批判梁漱溟的乡村建设理论》,载《梁漱溟思想批判》(一),生活·读书·新知三联书店,1955 年。

71. 吴景超:《批判梁漱溟的中国文化论》,载《梁漱溟思想批判》(二),生活·读书·新知三联书店,1955 年。

72. 吴廷璆:《批判梁漱溟反动的历史观点》,载《梁漱溟思想批判》(一),生活·读书·新知三联书店,1955 年。

73. 西超:《全国乡村工作讨论会的印象》,载薛暮桥、冯和法编:《〈中国农村〉论文选》(上),北京人民出版社,1983 年。

74. 夏文渌、柴向清:《邹平乡村建设时期的金融业及其成就》,载山东省政协文史资料委员会、邹平县政协文史资料协会编:《梁漱溟与山东乡村建设》,山东人民出版社,1991年。

75. 晓亮:《梁漱溟和他的反动思想》,载《梁漱溟思想批判》(一),生活·读书·新知三联书店,1955年。

76. 徐宗勉:《梁漱溟对帝国主义采取什么态度》,载《梁漱溟思想批判》(一),生活·读书·新知三联书店,1955年。

77. 薛暮桥:《关于中国农村经济研究会及白区工作问题——给少奇同志的报告》,载薛暮桥、冯和法编:《中国农村》论文选(上),人民出版社,1983年。

78. 益圃:《新土地政策的实施问题》,载薛暮桥、冯和法编:《中国农村论文选》(上),人民出版社,1983年。

79. 于建嵘:《农会组织与建设新农村——基于台湾经验的政策建议》,载中国社会科学院农村研究所编:《中国农村发展研究报告》(六),社会科学文献出版社,2008年。

80. 于鲁溪:《山东乡村建设研究院农场四年来工作之回顾》,《乡村建设》,第5卷第4期。

81. 于语和:《国家法与民间法互动之反思》,《山东大学学报》(哲学社会科学版),2005年第1期。

82. 于语和:《农村社会从身份到契约的实现路径谈》,《政法论丛》,2007年第5期。

83. 余霖:《乡村工作的理论和实践——读了〈教育与民众〉七卷一二两期后的感想》,载薛暮桥、冯和法编:《中国农村论文选》(上),人民出版社,1983年。

84. 余霖:《怎样"助成地方自治"?怎样"促兴社会生产"?——评中国社会教育社第四届年会的中心问题讨论》,载薛暮桥、冯和法编:《中国农村论文选》(上),人民出版社,1983年。

85. 虞和平:《民国时期乡村建设运动的农村改造模式》,《近代史研究》,2006年第4期。

86. 袁方:《批判梁漱溟的"乡村建设运动"》,载《梁漱溟思想批判》(一),生活·读书·新知三联书店,1955年。

87. 苑鹏等:《工业化进程中村庄经济的变迁——以东部地区的一个发达村庄为例》,载中国社会科学院农村研究所编:《中国农村发展研究报告No.6》,社会科学文献出版社,2008年。

88. 苑鹏等:《中国农村社区工业化模式研究》,载中国社会科学院农村发展研究所编:《中国农村发展研究报告 No.1》,社会科学文献出版社,2000年。

89. 张灏:《中国近代思想史的转型时代》,《二十一世纪》,1999年第4期。

90. 张佩国:《质疑近代中国乡村史的概念化书写》,载复旦大学历史学系、复旦大学中外现代化进程研究中心编:《近代中国的乡村社会》,上海古籍出版社,2005年。

91. 张晓山:《有关"三农"问题的理论思考》,载中国社会科学院农村研究所编:《中国农村发展研究报告 No.6》,社会科学文献出版社,2008年。

92. 张志敏:《从整个民族经济上观察现在的乡村建设》,载千家驹、李紫翔编:《中国乡村建设批判》,新知书店,1936年。

93. 张志敏:《评梁漱溟先生的乡村建设理论之"方法问题"——客观主义与保守主义》,载千家驹、李紫翔编著:《中国乡村建设批判》,新知书店,1936年。

94. 章有义:《本世纪二三十年代我国地权分配的再估计》,《中国经济史研究》,1988年第2期。

95. 赵聚军:《乡镇改革研究的综述与思考》,《行政论坛》,2008年第2期。

96. 郑大华:《关于乡村建设运动的几个问题》,载李长莉、左玉河:《近代中国的城市与乡村》,社会科学文献出版社,2006年。

97. 周飞舟:《从汲取型政权到"悬浮型"政权——税费改革对国家与农民关系之影响》,《社会学研究》,2006年第3期。

三、英文文献

1. Almond, G. A. *A Return to Political Culture*, in Larry Diamond, *Political Culture and Democracy in Developing Countries*, Boulder: Lynne Rienner Publishers, Inc., 1994, pp9 – 10.

2. Baniste, Udith, Manufacturing Employment in China, *Monthly Labor Review*, *July*, 2005.

3. Coble, Parks, *The Shanghai Capitalists and the National Government:* *1927 – 1937*, Cambridge: Council on East Asian Studies, Harvard Universty,1980.

4. Ho, Ping-ti, *The Ladder of Success in Imperial China: Aspects of Social Mobility,1368 – 1911*, Columbia University Press,1959.

5. Huang, Philip, *Code, Custom, and Legal Practice in China*. Stanford: Stanford University Press. 2001.

6. Huang, Philip, *The Paradigmatic Crisis in Chinese Studies: Paradoxes in Social and Economic History*, *Modern China*, Vo 1, No. 3 1991.

7. Isett, Christopher Mills, *State Peasant, and Merchant in Qing Manchuria*, *1644 – 1862*. Stanford: Stanford University Press. 2007.

8. Khan, Azizur Rahman and Carl Riskin, *Growth and Distribution of Household Income in China between 1995 and 2002*, in Gustafsson, Li and Sicular eds. 2008.

9. Pye, Lucian W., *Politics, Personality, And Nation Building: Burma's Search For Identity*, New Heaven: Yale University Press, 1963.

10. Pye, Lucian W., *Aspect of Political Development*, Boston: Little, Brown, 1966.

11. Pye, Lucian W., *China: An Introduction*, Boston: Little Brown and Company, 1991.

12. Pye, Lucian W., *The Mandarin and the Cadre: China's Political Culture*, Ann Arbor, Mich: Center for Chinese Studies, the University of Michigan. 1988.

13. Pye, Lucian W., *The Spirit of Chinese Politics: A Psychocultural Study Of The Authority Crisis In Political Development*, Cambridge: M. I. T. Press, 1968.

14. Solomon, Richard H., *Mao's Revolution and the Chinese Political Culture*, Berkley: University of California Press. 1955.

15. Walder, Andrew G, *Zouping in Transition: The Process of Reform in Rural North China*, Harvard University Press, 1998.

16. Walzer, Michael, *Interpretation and Social Critics*, Harvard University Press, 1987.